国家文化产业资金支持媒体融合重大项目

会计专业岗位实操系列规划教材

财务会计实务

Financial Accounting in Practice

熊玉红　徐振强　主编

东北财经大学出版社
Dongbei University of Finance & Economics Press
大连

图书在版编目（CIP）数据

财务会计实务 / 熊玉红，徐振强主编. —大连：东北财经大学出版社，2023.2

（会计专业岗位实操系列规划教材）

ISBN 978-7-5654-4701-3

Ⅰ. 财… Ⅱ. ①熊… ②徐… Ⅲ. 财务会计-会计实务-教材 Ⅳ. F234.4

中国版本图书馆CIP数据核字（2022）第235518号

东北财经大学出版社出版

（大连市黑石礁尖山街217号 邮政编码 116025）

网 址：http://www.dufep.cn

读者信箱：dufep@dufe.edu.cn

大连天骄彩色印刷有限公司印刷 东北财经大学出版社发行

幅面尺寸：185mm×260mm 字数：365千字 印张：15.5 插页：1

2023年2月第1版 2023年2月第1次印刷

责任编辑：包利华 责任校对：张晓鹏

封面设计：原 皓 版式设计：原 皓

定价：49.00元

教学支持 售后服务 联系电话：（0411）84710309

高等职业教育本着“以能力为本位，以够用为度，以使用为目的”的培养目标，主要培养以职业素养为根本、综合能力为中心、岗位技能为重点的人才。本教材彰显了社会经济发展对会计高等职业教育内容的要求，使学生在完成知识学习过程中锤炼技能，潜移默化地培养职业素养，提升可持续发展能力。

自2016年5月1日全面推行“营改增”以来，增值税改革不断深化，一般纳税人销售一般货物、劳务的增值税税率由17%降为13%，销售农产品等列举货物的增值税税率由13%降为9%；列举服务、土地使用权、不动产等的增值税税率由11%降为9%；小规模纳税人征收率由3%降为1%等。同时《企业会计准则第14号——收入》《企业会计准则第22号——金融资产》等新会计准则历经了颁布到全面实施。这些变化导致对应的会计处理方法也经历了大变革。另外，随着职教20条的不断推进，建设“三教改革”中的教材阵地——编写一本与会计行业理论与实务并重这一特点相适应的职教教材也刻不容缓。本教材即在这些变革中应运而生，为职业教育的发展贡献一份力量。

本教材具有以下特色与创新：

（1）**打破传统财务会计教材框架，构建全新学习体系**。本教材实现了工作任务导引，按生产企业经营特点，构建筹资、对内投资（含资产处置）、供应与付款、生产、销售与收款、对外投资、税费、期末事项等模块化结构，使学习内容既与企业运营相结合，与企业会计岗位设置具有一定的重合度，又具有相对独立性与完整性，避免了人为分割业务的弊端。

（2）**业务流程管控总领业务发生，内控执行与核算监督有效融合**。通过业务流程学习，让学习者领会业务发生过程及其结果与会计资料形成的关系，让学习者树立业务管控意识，增强对原始凭证的辨识能力。

（3）**理论学习与实务操作高度融合，突破财务会计学习与应用屏障**。对重难点理论知识在配置扫码视频、思维导图的前提下，均以实际工作场景——原始凭证为工具进行应用性讲解，既简明扼要，又与实际工作场景下的职业判断相融合，对重难点知识的掌握与应用起了关键作用。同时以企业业务流程为起点，按工作内容设置任务化知识学习与技能考核、职业素养考查。

（4）**学习效果全方位检测，培养全面成长的会计人才**。从职业素养、理论知识、实务操作全方位检测学习效果。各模块知识自测与一套综合案例工作任务贯穿教材始终，思政、知识、技能、素质融合，分散考核与综合应用于一体。理论知识考核与实务考查均配套扫码学习资源，便于随时进行知识检测。

本教材由具有30年教学经验的重庆工程职业技术学院熊玉红教授与具有20余年企业会计工作经验的徐振强会计师共同主编。具体分工如下：税务师、注册会计师袁晓峰编写了模块二和模块七，熊玉红负责其他模块的编写并统撰本教材，助理会计师吴艳审编了知识自测题、制作相关图表，参与了文字编写工作，徐振强负责原始业务框架设计与审定。本教材为**立体活页式教材**，扫码文字教材、扫码任务测试、扫码微课视频、案例由会计团队共同制作。另外，还制作了与本教材配套的**在线开放课程“业财会计”**，读者可登录重庆高等教育智慧教育平台（http://www.cqooc.com/course/list?key=2&keyword=%E4%B8%9A%E8%B4%A2%E4%BC%9A%E8%AE%A1）学习并下载资料。

随着社会经济的发展，会计理论与实践、财税法规以及高等职业教育理念和方法也会不断发展变化，本教材也可能会出现各种不足，欢迎大家批评指正。我们也将不断修订本教材，以满足教学实践需要。

为方便教学，本教材提供了交流QQ群（群号：523052230），任课教师可入群下载教学资料或反馈教学中遇到的问题，或通过以下方式与出版社取得联系：

电话：0411-84711800或15998687360

邮箱：184510119@qq.com

编　者

2023年2月

模块一

资金筹集业务会计分析与应用

核心目标

- 能识别资金筹集业务相关原始凭证并进行分析应用，培养经济业务解读能力。

能力目标

- 1.基本会办理借款、吸收投资等筹资业务；
- 2.能根据不同的业务资料，结合财经法规和企业要求，进行基本职业判断；
- 3.能对取得借款、借款期内计提利息、归还借款正确进行账务处理；
- 4.能对实收资本（股本）的取得及其增减变动正确进行账务处理。

素养目标

- 在实操过程中培养诚实守信、遵守契约、遵纪守法等职业素养。

为系统掌握本教材各工作场景的具体应用，开始学习前需要熟悉企业具体会计核算方法与前期经营数据（查阅《财务会计实训》教材第一部分）。在此基础上继续开展经营活动并进行会计处理。

注：本教材的学习需要结合熊玉红和蒋丽鸿主编的《财务会计实训》（第四版，东北财经大学出版社，ISBN：978-7-5654-4609-2，出版时间：2022年8月）完成实务操作，完成各业务模块理论学习与对应实务操作以及证账表系统性应用。

案例引入

重庆渝中摩托制造有限公司2022年发生的资金筹集业务如下：

查阅《财务会计实训》教材中以下原始凭证：1-1、1-2、2、49、50-1、50-2、50-3、51-1、51-2、51-3、51-4、51-5、65。

问题思考：

1.这些原始凭证载明了什么经济业务？

2.如何确定这些经济业务的真实性？

3.对确认无误的原始凭证如何进行账务处理？

资金筹集业务及流程认知

资金是企业生产经营必需的经济资源，任何企业都需要通过一定渠道、采取适当方式来筹措生产经营所必需的资金。

1.筹集资金的必要性

（1）满足企业创建和发展对资金的需要；

（2）日常经营活动顺利进行的重要保证；

（3）有效调整资金（本）结构。

2.筹集资金的渠道

（1）按其期限长短可以分为短期资金和长期资金；

（2）按其权利义务可以分为股权资金（自有资金）和负债资金（借入资金）。

3.筹资方式

（1）吸收货币投资；

（2）实物资产及无形资产投资；

（3）发行债券；

（4）向金融机构借款等。

4.借入款项业务流程

公司的治理结构不同，从银行取得借款的流程略有不同，大致如图1.1.1所示。

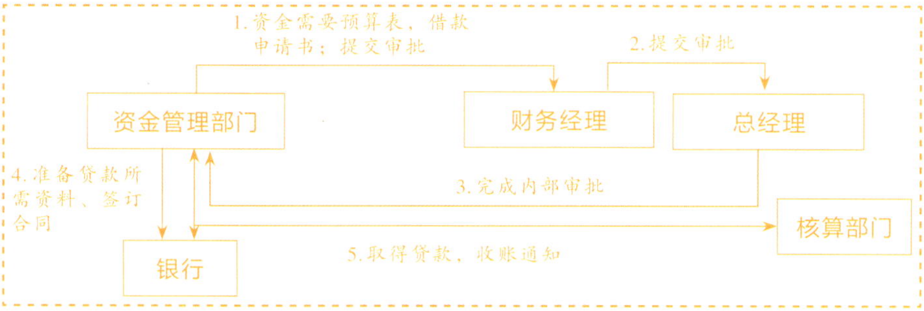

图 1.1.1　银行借款业务流程图

微课
银行借款业务流程

5.引进投资业务流程

投资人类别不同，引进投资者的流程也不完全一致，基本流程如图 1.1.2 所示。

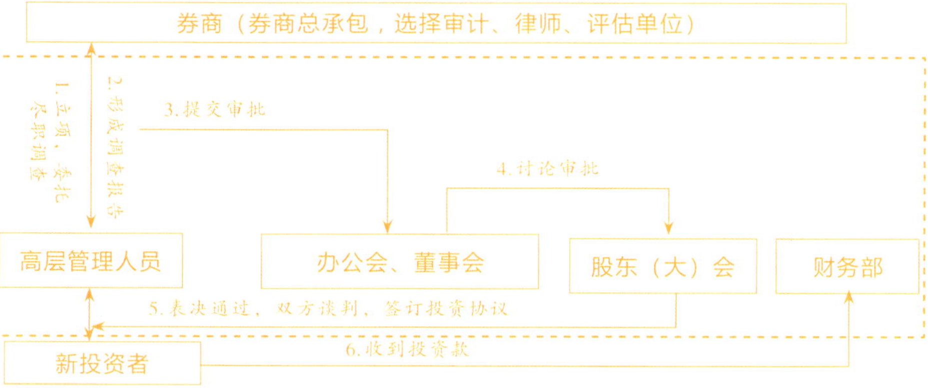

图 1.1.2　引进投资业务流程图

微课
引进投资业务流程

任务 1.1　短期借款业务会计分析与应用

任务说明

在上期经营基础上，根据本月收到的票据（原始凭证 1-1、1-2、2、65）进行业务分析并进行规范的记账凭证编制。（为便于模块化学习与综合应用，记账凭证待月末统一编号并登账，下同）

学习目标

能对短期借款业务熟练地进行职业分析并正确进行会计处理，树立诚实守信的职业意识。

知识储备

扫码文字教材
短期借款核算

扫码微课视频
短期借款核算

1.短期借款界定

借款期限≤1年，日常经营周转用。

2.短期借款业务常用账户对应关系

短期借款主要账户对应关系如图1.1.3所示。

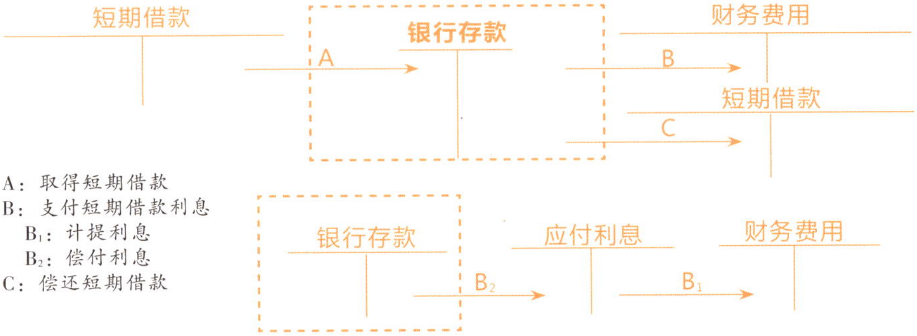

图1.1.3 短期借款主要账户对应关系图

学习情境描述

会计主体：重庆WJ丰田汽车销售服务有限公司

学习情境1.1.1

重庆WJ丰田汽车销售服务有限公司根据厂家分拨的授信额度，选择了招商银行作为本公司法透业务[①]融资银行。在DMS[②]平台查询得知，自2022年1月20日起3天内需要从厂家购买丰田汽车一批，通过网上银行办理了贷款，如原始凭证1.1.1所示。

原始凭证1.1.1

X762380045240　招商银行 CHINA MERCHANTS BANK

信贷业务客户收款回单

日期：2022年01月20日

账号：123603198010506　　信贷业务编号：1038047283

户名：重庆WJ丰田汽车销售服务有限公司

产品名称：自助贷款　　开户行：北京分行朝阳门支行

发生金额（大写）：人民币捌拾肆万玖仟陆佰肆拾贰元肆角陆分

发生金额（小写）：CNY849 642.46

摘要：贷款发放

经办：K78230　复核：KS9077　　回单编号：4690005645076　　打印日期：2022年01月20日

招商银行股份有限公司 电子回单专用章

回单验证码：UV8IOA7R

提示：1.电子回单验证码相同表示同一笔业务回单，请勿重复记账使用。

2.已在银行柜台领用业务回单的单位，请注意核对，请勿重复记账使用。

回单实际打印时间：2022-01-20 16:52:50

---

① 法透业务：就是法人账户透支业务，是指在企业获得银行授信额度后，银行为企业在约定的账户、约定的限额内以透支的形式提供的短期融资和结算便利的业务。当企业有临时资金需求而存款账户余额不足以对外支付时，法人账户透支为企业提供主动融资便利。4S店大都以银行承兑汇票或法透融资方式获得资金从厂家购入汽车，待收到客户车款时，再回车款给银行取得合格证。

② DMS：DMS是数据库管理系统（Database Management System）的简称，是一种操纵和管理数据库的大型软件。企业利用基于IT、internet技术的Database平台，对自身积累的客户信息资源、消费者数据库、潜在市场目标人群资料进行相关市场营销分析，并借助IT和Internet，通过电子刊物发送、产品与服务信息传递、用户满意调研、在线销售服务等多种方式来提供企业的市场营销能力和水平。

情境分析：

原始凭证 1.1.1 为重庆 WJ 丰田汽车销售服务有限公司取得信用贷款的原始凭证。该借款属于短期借款，其会计处理为：

借：银行存款　　849 642.46

　贷：短期借款——招商银行　　849 642.46

学习情境 1.1.2

重庆 WJ 丰田汽车销售服务有限公司 2022 年 1 月 21 日通过 POS 机收款的销售汽车款已于 2022 年 1 月 22 日到账，通过网银办理了还贷业务，如原始凭证 1.1.2、原始凭证 1.1.3 所示。

原始凭证 1.1.2

XS90850353777　招商银行 CHINA MERCHANTS BANK

信贷业务客户利息回单

日期：2022 年 01 月 22 日

账号：123603198010506　　信贷业务编号：1038046727

户名：重庆 WJ 丰田汽车销售服务有限公司

产品名称：自助贷款　　开户行：北京分行朝阳门支行

应计利息：CNY266.78　　实扣利息：CNY266.78

起息日：2022 年 01 月 06 日　　止息日：2022 年 01 月 22 日

利率：4.57000000%　　利息本金：CNY131 346.66

摘要：其他结息

经办：KS9065　复核：KS9065　回单编号：1370005768594　打印日期：2022 年 01 月 22 日

（印章：招商银行股份有限公司 电子回单专用章）

回单验证码：MW9XTA2F

提示：1. 电子回单验证码相同表示同一笔业务回单，请勿重复记账使用。

2. 已在银行柜台领用业务回单的单位，请注意核对，请勿重复记账使用。

回单实际打印时间：2022-01-22 08:22:56

原始凭证 1.1.3

MS9850353566　招商银行 CHINA MERCHANTS BANK

信贷业务客户付款回单

日期：2022 年 01 月 22 日

账号：123603198010506　　信贷业务编号：1038047284

户名：重庆 WJ 丰田汽车销售服务有限公司

产品名称：自助贷款　　开户行：北京分行朝阳门支行

发生金额（大写）：人民币壹拾叁万壹仟叁佰肆拾陆元陆角陆分

发生金额（小写）：CNY131 346.66

摘要：贷款归还

经办：KS9065　复核：KS9065　回单编号：0040006114005　打印日期：2022 年 01 月 22 日

（印章：招商银行股份有限公司 电子回单专用章）

回单验证码：MC31728K7

提示：1. 电子回单验证码相同表示同一笔业务回单，请勿重复记账使用。

2. 已在银行柜台领用业务回单的单位，请注意核对，请勿重复记账使用。

回单实际打印时间：2022-01-22 08:20:06

情境分析：

原始凭证1.1.2、原始凭证1.1.3为归还短期借款并支付对应利息。因法透业务按天计息，故未计提利息。其会计处理为：

借：财务费用——利息支出 266.78

短期借款——招商银行 131 346.66

贷：银行存款 131 613.44

任务要求与分析

1.根据《财务会计实训》中原始凭证1-1、1-2、2、65分析

（1）这四张原始凭证的会计主体是________。

（2）原始凭证1-1、1-2、2中业务发生的时间是________；原始凭证65中业务发生的时间是________；属于外来原始凭证的是________；属于自制原始凭证的是________。

（3）原始凭证1-1描述了什么会计事项？可能涉及的相关账户是什么？

____

（4）原始凭证1-1里被扣划的利息是否计提过？如何确定？

____

（5）原始凭证1-2描述了什么会计事项？可能涉及的相关账户是什么？

____

（6）原始凭证1-1、1-2组合在一起描述了什么会计事项？账户对应关系是什么？

____

（7）原始凭证65描述了什么会计事项？其金额如何确定？账户对应关系是什么？

____

（8）根据以上分析结果填制记账凭证。

（9）完成该记账凭证的审核。

深入学习与实施步骤

（1）原始凭证1-1、1-2是否可以单独使用？单独使用与组合使用有何关系？用哪种方式更好？为什么？

____

（2）短期借款管理：关注到期时间，提前安排还款资金。这是为什么？

____

2.职业素养：讲信用

《国务院办公厅关于加快推进社会信用体系建设 构建以信用为基础的新型监管机制的指导意见》（国办发〔2019〕35号）提出："在办理适用信用承诺制的行政许可事项时，申请人承诺符合审批条件并提交有关材料的，应予即时办理。申请人信用状况较好、部分申报材料不齐备但书面承诺在规定期限内提供的，应先行受理，加快办理进度。书面承诺履约情况记入信用记录，作为事中、事后监管的重要依据，对不履约的申请人，视情节实施惩戒。要加快梳理可开展信用承诺的行政许可事项，制定格式规范的信用承诺书，并依托各级信用门户网站向社会公开。鼓励市场主体主动向社会做出信用承诺。支持行业协会商会建立健全行业内信用承诺制度，加强行业自律。”

阐述自己对“信用”的理解以及失信带来的影响。

3.任务评价（2%）

小组编号：		小组长姓名：	小组长评分：
序号	评价内容	评价标准	分值
1	原始凭证审核	审核并正确描述业务	2
2	账户对应关系	相关账户及方向运用正确	3
3	金额确定	各账户金额正确	3
4	记账凭证其他要素	正确填制日期及附件、制单、审核	2

4.知识自测

扫码任务测试

任务1.2　长期借款业务会计分析与应用

任务说明

在上期经营基础上，根据本月收到的票据（原始凭证49）进行业务分析并进行规范的记账凭证编制。

学习目标

能对长期借款业务熟练地进行职业分析并正确进行会计处理，树立诚实守信的职业意识。

知识储备

扫码文字教材

长期借款核算

扫码微课视频

长期借款核算

1.长期借款界定

借款期限>1年，用于经营周转、对内或对外投资等长期经营能力的保持等。

2.长期借款业务常用账户对应关系

长期借款业务常用账户的对应关系如图1.2.1所示。

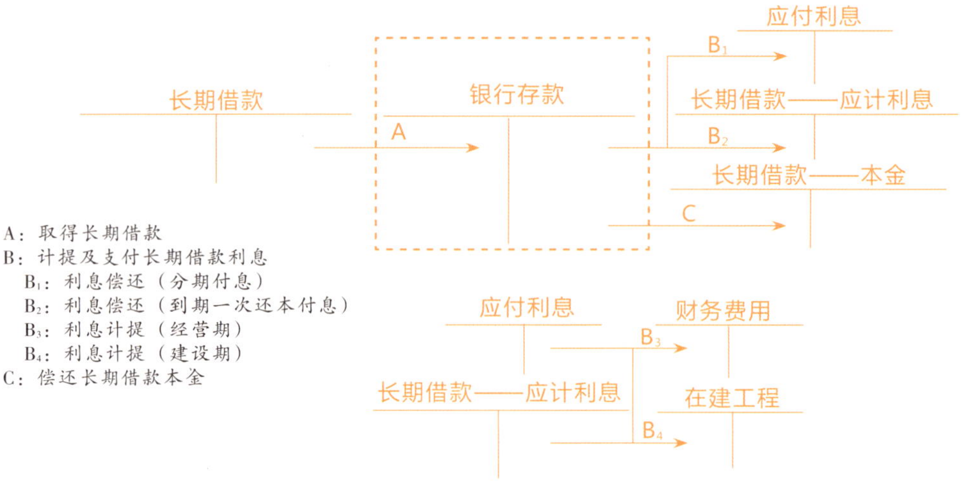

图 1.2.1　长期借款主要账户对应关系图

学习重难点突破：

利息承担对象：根据利息支出受益期、受益对象分别记入“在建工程”“财务费用”等相关账户；

计提的欠付利息：根据付息方式分别记入“应付利息”或“长期借款——应计利息”账户。

学习情境描述

会计主体：重庆ZJ再生资源开发有限公司

学习情境 1.2.1

重庆ZJ再生资源开发有限公司2022年与招商银行签订了授信业务总合同，其编号为（2022）渝银综授总字第00160号，授信额度最高限额为人民币壹亿贰仟万元整，授信额度敞口最高限额为人民币贰仟万元整，授信有效期为2022-11-19—2023-09-03。在此基础上，双方分别于2022年12月4日和2022年12月20日签订了“人民币中长期贷款合同”，核心内容摘录如下：

（1）编号（2022）渝银综授总字第00160-02号

借款金额：人民币（大写）伍拾万元整，（小写）¥500 000.00。

借款期限：（大写）贰年，自2022-12-04至2024-12-04（实际借款期限、借款金额以本合同项下借款借据或其他债权债务凭证所记载的期限、日期和金额为准）。

借款用途：日常经营周转或置换流动资金。

利率：贷款市场报价利率（LPR）加165个基点（1个基点=0.01%），具体适用的期限档次以借款借据或其他债权债务凭证为准。

按固定利率执行，采用实际放款当日利率。

利息计算：按贷款起息日起算，按实际贷款额和贷款天数计算（利息=本金×实际天数×日利率；日利率=年利率/360）。

结息方式：按月结息，每月20日为结息日，21日为付息日。

罚息、复利：挪用贷款罚息利率为贷款执行利率上浮100%。从挪用之日起直至清偿本息为止；不能按期支付利息、罚息，从逾期之日起按罚息利率计收复利。

提款时间及方式：自2022-12-04起180日内提清借款。

还款：定期付息，分期还本。按下列计划偿还本金：

序 次	还款日期	还款金额
1	20230603	25 000.00元
2	20231203	25 000.00元
3	20240603	25 000.00元
4	20241203	425 000.00元

还款方式：不迟于每一笔本息到期前10个工作日在下述还款账户中存入足额资金以备还款。还款账户户名：重庆ZJ再生资源开发有限公司。账号：9550880217075700877。

（2）编号（2022）渝银综授总字第00160-03号

借款金额：人民币（大写）壹仟玖佰伍拾万元整，（小写）¥19 500 000.00。

借款期限：（大写）贰年，自2022-12-20至2024-12-20（实际借款期限、借款金额以本合同项下借款借据或其他债权债务凭证所记载的期限、日期和金额为准）。

借款用途：日常经营周转。

利率：贷款市场报价利率（LPR）加165个基点（1个基点=0.01%），具体适用的期限档次以借款借据或其他债权债务凭证为准。

按固定利率执行，采用实际放款当日利率。

利息计算：按贷款起息日起算，按实际贷款额和贷款天数计算（利息=本金×实际天数×日利率；日利率=年利率/360）。

结息方式：按月结息，每月20日为结息日，21日为付息日。

罚息、复利：挪用贷款罚息利率为贷款执行利率上浮100%。从挪用之日起直至清偿本息为止；不能按期支付利息、罚息，从逾期之日起按罚息利率计收复利。

提款时间及方式：自2022-12-20起180日内提清借款。

还款：定期付息，分期还本。按下列计划偿还本金：

序 次	还款日期	还款金额
1	20230624	975 000.00元
2	20231224	975 000.00元
3	20240624	975 000.00元
4	20241224	16 575 000.00元

还款方式：不迟于每一笔本息到期前10个工作日在下述还款账户中存入足额资金以备还款。还款账户户名：重庆ZJ再生资源开发有限公司。账号：9550880217075700877。

情境分析：

根据授信合同于12月4日取得第一笔长期借款的借款借据，如原始凭证1.2.1所示。

原始凭证 1.2.1

招商银行 CHINA MERCHANTS BANK **借款借据**

2022 年 12 月 4 日

借款单位全称	重庆ZJ再生资源开发有限公司	还款账号	9550880217075700877	放款账号	123088021707877	借款用途	日常经营周转或置换流动资金
申请借款金额	人民币（大写） 伍拾万元整						
贷款种类	长期贷款	年利率	5.35%	借款日期	2022 年 12 月 04 日	还款日期	2024 年 12 月 04 日
此笔贷款已全额发放给借款人（银行签章）		借款人盖章			法定代表人签章 李梅 2022年 12月 4日		

十	亿	万	仟	百	十	万	千	百	十	元	角	分
					¥	5	0	0	0	0	0	0

招商银行股份有限公司 受理凭证专用

重庆ZJ再生资源开发有限公司 91500227580543792H

信贷客户经理 罗小明　　信贷机构负责人 李爱梅　　经办柜员 黎　露

其会计处理为：

借：银行存款　　500 000.00

　贷：长期借款——招商银行　　500 000.00

根据授信合同取得第二笔长期借款的借款借据，如原始凭证 1.2.2 所示。

原始凭证 1.2.2

招商银行 CHINA MERCHANTS BANK **借款借据**

2022 年 12 月 20 日

借款单位全称	重庆ZJ再生资源开发有限公司	还款账号	9550880217075700877	放款账号	123088021707877	借款用途	日常经营周转
申请借款金额	人民币（大写） 壹仟玖佰伍拾万元整						
贷款种类	长期贷款	年利率	5.35%	借款日期	2022 年 12 月 20 日	还款日期	2024 年 12 月 20 日
此笔贷款已全额发放给借款人（银行签章）		借款人盖章			法定代表人签章 李梅 2022年 12月 20日		

十	亿	万	仟	百	十	万	千	百	十	元	角	分
			¥	1	9	5	0	0	0	0	0	0

招商银行股份有限公司 受理凭证专用

重庆ZJ再生资源开发有限公司 91500227580543792H

信贷客户经理 罗小明　　信贷机构负责人 李爱梅　　经办柜员 黎　露

其会计处理为：

借：银行存款　　19 500 000.00

　贷：长期借款——招商银行　　19 500 000.00

学习情境 1.2

收到银行网银扣划利息的电子回单，如原始凭证 1.2.3 所示。

原始凭证 1.2.3

XL90850354583

招商银行 CHINA MERCHANTS BANK

信贷业务客户利息回单

日期： 2022年12月21日

账号：9550880217075700877　　信贷业务编号：1038046866
户名：重庆ZJ再生资源开发有限公司
产品名称：长期贷款　　开户行：北京分行朝阳门支行
应计利息：CNY1 188.89　　实扣利息：CNY1 188.89
起息日：2022年12月04日　　止息日：2022年12月20日
利率：5.35000000%　　利息本金：CNY500 000.00
摘要：其他结息
经办：KS9077　复核：KS9077　回单编号：1370005768674　打印日期：2022年12月21日

招商银行股份有限公司 电子回单专用章

回单验证码：UV8IOA7R
提示：1.电子回单验证码相同表示同一笔业务回单，请勿重复记账使用。
2.已在银行柜台领用业务回单的单位，请注意核对，请勿重复记账使用。
回单实际打印时间：2022-12-21 08:22:56

情境分析：

原始凭证1.2.3为支付长期借款12月份利息。因本贷款业务为每月结算并支付，故未计提利息。其会计处理为：

借：财务费用——利息支出　　1 188.89

　贷：银行存款　　1 188.89

在本次贷款业务中，每月都会取得银行根据未偿还本金、约定利率于借款结息时间扣取利息的电子回单。

若贷款是用于建设工程或研发无形资产，则在建设期或研发期间内发生的利息支出，应记入“在建工程”“研发支出”等相关账户；若利息不是按月支付，则应于月末时自行计算利息，分别记入“应付利息”（分期支付利息）或“长期借款——应付利息”（将于借款到期时一次支付利息）等账户。

学习情境 1.2.3

收到银行网银扣划贷款本金的电子回单，如原始凭证1.2.4所示。

原始凭证 1.2.4

XL90850354584

招商银行 CHINA MERCHANTS BANK

信贷业务客户付款回单

日期：2023年06月03日

账号：9550880217075700877　　信贷业务编号：1038047285
户名：重庆ZJ再生资源开发有限公司
产品名称：长期贷款　　开户行：北京分行朝阳门支行
发生金额（大写）：人民币贰万伍仟元整
发生金额（小写）：CNY25 000.00
摘要：贷款归还
经办：KS9066　复核：KS9066　回单编号：0040006115006　打印日期：2023年06月04日

招商银行股份有限公司 电子回单专用章

回单验证码：XH67829L7
提示：1.电子回单验证码相同表示同一笔业务回单，请勿重复记账使用。
2.已在银行柜台领用业务回单的单位，请注意核对，请勿重复记账使用。
回单实际打印时间：2023-06-04　08:28:06

情境分析：

原始凭证1.2.4是银行网银扣划贷款本金的电子回单，按合同规定第一期偿还贷款本金。其会计处理为：

借：长期借款——本金　　25 000.00

　贷：银行存款　　25 000.00

任务要求与分析

1.根据《财务会计实训》中原始凭证49分析以下问题并填制和审核会计凭证（暂不编号）

（1）原始凭证49的会计主体是____________________。

（2）原始凭证49业务发生的时间是____________________。

（3）原始凭证49描述了什么会计事项？可能涉及的相关账户是什么？

____

（4）根据以上分析结果填制记账凭证。

（5）完成该记账凭证的审核。

深入学习与实施步骤

（1）取得该笔借款并投入使用后，2022年7月末是否应计提利息？计提多少？如何进行会计处理？______________________________

____

____

（2）当会计期间到达2026年6月30日时，该笔借款应归类到资产负债表中的哪个项目？为什么？______________________________

____

2.职业素养：遵纪守法

阅读以下资料，树立专款专用意识，阐述自己的理解：

贷款使用与回收的跟踪检查规定：要密切跟踪贷款资金的流向，确保贷款按照约定的用途使用。企业在使用贷款资金时，要由信贷员审查企业的用款计划、购货合同等，以保证贷款按照合同规定的用途使用。当发现贷款用途与合同约定不一致被挪作他用时，要暂停企业用款，限期纠正。固定资产贷款发放后，要转入该项目开设的存款账户，实行专户管理，专款专用，严格把好贷款支付关。

____

____

3.任务评价（1%）

小组编号：		小组长姓名：	小组长评分：
序号	评价内容	评价标准	分值
1	原始凭证审核	审核并正确描述业务	2
2	账户对应关系	相关账户及方向运用正确	3
3	金额确定	各账户金额正确	3
4	记账凭证其他要素	正确填制日期及附件、制单、审核	2

4.知识自测

扫码任务测试

任务1.3 应付债券业务会计分析与应用（选修）

知识储备

扫码文字教材

应付债券

扫码微课视频

应付债券核算

任务1.4 资本金业务会计分析与应用

任务说明

分析《财务会计实训》教材所提供的原始凭证50-1、50-2、50-3、51-1、51-2、51-3、51-4、51-5，对其代表的经济业务进行分析并正确填制和审核记账凭证。

学习目标

能对资本金取得与注销业务熟练地进行职业分析并正确进行会计处理。

知识储备

扫码文字教材

资本金

扫码微课视频

资本金核算

1.资本金界定

设立企业必须有法定的资本金。资本金是指企业在公司登记机关依法登记的注册资金，是股东认缴或认购的出资额。当企业收到股东的出资时，即形成实收资本或股本。

2.资本金业务常用账户对应关系

资本金业务常用账户对应关系如图1.4.1所示。

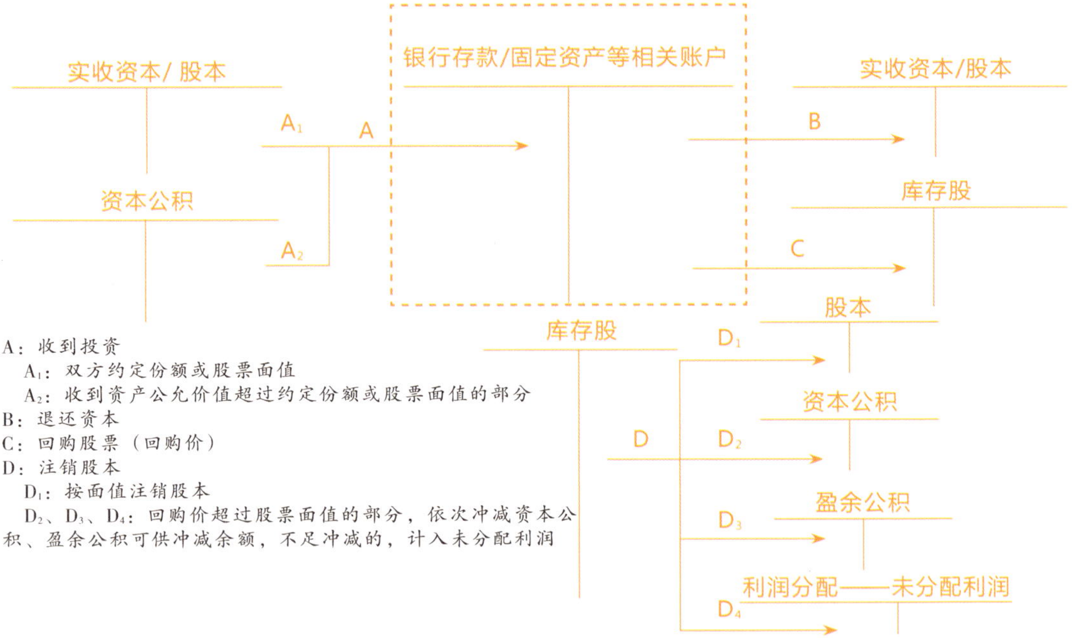

图 1.4.1　资本金业务常用账户对应关系图

学习重难点突破

收到投资时，会计主体为股份有限公司，使用“股本”账户，按股票面值入账；会计主体为非股份有限公司的，使用“实收资本”账户，按双方约定权益份额入账。该入账金额与所收资产（或减少负债）公允价值的差额则通过“资本公积”账户进行核算。

股本注销时，按回购价先用“库存股”账户（该账户为“股本”的抵减账户）进行核算，之后与股本对冲注销，回购价大于股票面值的部分，依次冲减资本公积、盈余公积可供冲减余额，不足冲减的，则计入未分配利润。

学习情境描述

会计主体：重庆ZJ再生资源开发有限公司

学习情境 1.4.1

相关业务如图 1.4.2、原始凭证 1.4.1、原始凭证 1.4.2 所示。

投资入股协议书

甲方：重庆ZJ再生资源开发有限公司
统一社会信用代码：91500227580543792H
法定代表人：李梅
地址：重庆渝北区金渝大道66号

乙方：西藏TLE股份有限公司
统一社会信用代码：91540000670895222B
法定代表人：汤恩伦
地址：拉萨市城关区夺底路18号

鉴于：

1. 甲方系2010年4月28日成立的有限责任公司，统一社会信用代码为91500227580543792H。截至本协议签署日，注册资本为5 000万元，实收资本为4 000万元。因发展需要，优化公司股权结构，完善公司治理结构，甲方股东会于2021年12月14日对本次股权调整形成了第2021106号决议，同意乙方向甲方投资。

2. 乙方系2018年3月12日成立的股份有限公司。

3. 甲方现有股东同意对其股权进行调整并确认放弃对新增股东所认缴出资股份的认购优先权。

为此，经友好协商，双方就公司入资事宜达成本协议，以资共同信守：

1.根据甲方股东会决议，决定吸收乙方参股经营且经乙方股东大会决议同意，由乙方以现金方式进行出资并持有甲方25%股权。

2.以经甲乙双方审计评估确认的现有净资产3 965.71万元为依据，协商确定本协议中确定的25%股权出资或认购价为人民币991.43万元。

3.出资时间：

乙方应在双方签订合作框架协议并分步实施后签订本协议。自本协议签订之日起10个工作日内根据合作框架协议商定的资金用度及步骤分步出资：

（1）第一次出资：自签订框架协议之日起30个工作日内支付100万元，占乙方出资总额的10.08%。

（2）第二次出资：自公司变更登记机关办理变更登记完成后20个工作日内支付694万元，占乙方出资总额的70%。

（3）剩余未出资部分，由甲乙双方根据公司的经营发展和战略需要，协商逐步支付。

4.甲方指定收款账户信息：

户名：重庆ZJ再生资源开发有限公司

开户银行：广发银行重庆分行

收款账户：9550880217886700286

5.变更登记：

甲方自收到乙方出资起，收到按本协议所列金额后向乙方出具出资证明，将乙方载于股东名册，享有股份项下的全部股东权利，承担股东义务。根据协议修改公司章程，完成股权转让的工商变更登记手续。

甲方：重庆ZJ再生资源开发有限公司　　乙方：西藏TLE股份有限公司

法定代表人或授权代表（签章）李梅　　法定代表人或授权代表（签章）汤恩伦

签订时间：2021年12月14日　　签订时间：2021年12月14日

图1.4.2　投资协议（复印件）

原始凭证1.4.1

广发银行|CGB　进账单　（收账通知）　3

2021年12月20日

付款人	全称	西藏TLE股份有限公司	收款人	全称	重庆ZJ再生资源开发有限公司
	账号	50001143600089799287		账号	9550880217886700286
	开户银行	中国工商银行西藏拉萨分行		开户银行	广发银行重庆分行
金额	人民币（大写）	壹佰万元整		亿千百十万千百十元角分	¥100000000
票据种类	转账支票	票据张数	1		
票据号码	XII0079285			开户银行签章	
附言：第一次投资款					
复核：吴孟达	记账：谢凌华				

此联是收款人开户银行交给收款人的收账通知

原始凭证 1.4.2

广发银行|CGB 进账单 收账通知 3

2021 年 12 月 30 日

付款人	全称	西藏TLE股份有限公司	收款人	全称	重庆ZJ再生资源开发有限公司
	账号	500011436000089799287		账号	9550880217886700286
	开户银行	中国工商银行西藏拉萨分行		开户银行	广发银行重庆分行
金额	人民币（大写）	陆佰玖拾肆万元整		亿千百十万千百十元角分	¥694000000
票据种类	转账支票	票据张数	1		
票据号码	XII0089830				
附言：第一次投资款			广发银行重庆分行 电子业务专用章		
复核：吴孟达	记账：谢凌华		开户银行签章		

此联是收款人开户银行交给收款人的收账通知

情境分析：

原始凭证 1.4.1 为按投资协议规定收到第一次投资款（采用权益法核算）。同时，投资协议中明确了第二次认缴资本的时间与金额，应确认对应的权益与金融资产。其会计处理为：

借：银行存款　　1 000 000

　　其他应收款——应收认缴资本　　6 940 000

　贷：实收资本——西藏TLE股份有限公司　　7 940 000

特别说明：剩余认缴资本未做出明确说明，不进行账务处理。

投资协议（复印件）不是严格意义上的原始凭证。但实务中往往会附在记账凭证后作为业务的辅助说明，便于了解业务的合同执行情况。

原始凭证 1.4.2 为按投资协议规定收到第二次投资款，因之前确认了金融资产“其他应收款——应收认缴资本”，此时做其收回的会计处理：

借：银行存款　　6 940 000

　贷：其他应收款——应收认缴资本　　6 940 000

学习情境 1.4.2

相关业务如图 1.4.3、原始凭证 1.4.3 所示。

投资入股协议书

本投资入股协议书（以下简称“本协议”）由以下各方于2022年1月28日在重庆汽博中心签订：

甲方：重庆ZJ再生资源开发有限公司
统一社会信用代码：91500227580543792H
法定代表人：李梅
地址：重庆渝北区金渝大道66号

乙方：重庆恒达资源处理技术股份有限公司
统一社会信用代码：91500011356209967Q
法定代表人：魏永发
地址：重庆渝西区永川胜利街18号

鉴于：

1.甲方系2010年4月28日成立的有限责任公司，统一社会信用代码为91500227580543792H，截至本协议签署日，注册资本为5 000万元，实收资本为4 000万元。因发展需要，优化公司股权结构，完善公司治理结构，甲方股东会于2022年1月28日对本次股权调整形成了第2022009号决议，同意乙方向甲方投资。

2.乙方系2018年3月12日成立的股份有限公司。

3.甲方现有股东同意对其股权进行调整并确认放弃对新增股东所认缴出资股份的认购优先权。

为此，经友好协商，双方就公司入资事宜达成本协议，以资共同信守：

1.根据甲方股东会决议，决定吸收乙方参股经营且经乙方股东大会议决议同意，由乙方以专利权——沥青转良专利技术方式出资并持有甲方5%股权。

2.以经甲乙双方审计评估确认的现有净资产3 966.82万元为依据，协商确定本协议中确定的5%股权出资或认购价为人民币198.34万元。

3.出资时间：

乙方应在双方签订合作框架协议之日起30个工作日内办理完成专利权转让手续。

4.变更登记：

甲方自收到乙方专利权起，向乙方出具出资证明，将乙方载于股东名册，享有股份项下的全部股东权利，承担股东义务。根据协议修改公司章程，完成股权转让的工商变更登记手续。

⋮

甲方：重庆ZJ再生资源开发有限公司　　　　乙方：重庆恒达资源处理技术股份有限公司

法定代表人或授权代表（签章）李梅　　　　法定代表人或授权代表（签章）魏永安

签订时间：2022年1月28日　　　　签订时间：2022年1月28日

图1.4.3　投资协议（复印件）

在投资入股协议书基础上，双方于2022年2月8日进一步签订了“专利权转让协议”（略）。

原始凭证1.4.3

重庆市增值税普通发票

5023557468　　　　No 00961345

发票联　　　　开票日期：2022年2月21日

购买方	名　　称：重庆ZJ再生资源开发有限公司 纳税人识别号：91500227580543792H 地 址、电 话：重庆渝北区金渝大道66号023-61004328 开户行及账号：广发银行重庆分行9550880217886700286					密码区	（略）	
货物或应税劳务、服务名称	规格型号	单位	数量	单价	金额	税率	税额	
*无形资产*专利技术*沥青转良技术		项	1	1 680 000.00	1 680 000.00	6%	100 800.00	
*信息技术服务*技术咨询		项	1	200 000.00	200 000.00	6%	12 000.00	
合　计					¥1 880 000.00		¥112 800.00	
价税合计（大写）	⊗壹佰玖拾玖万贰仟捌佰元整				（小写）¥1 992 800.00			
销售方	名　　称：重庆恒达资源处理技术股份有限公司 纳税人识别号：91500011356209967Q 地 址、电 话：重庆渝西区永川胜利街18号023-47457722 开户行及账号：重庆工商银行永川分行3100056909100064776					备注		

收款人：王志　　复核：程浩　　开票人：李志　　销售方（章）

第二联 发票联 购买方记账凭证

情境分析：

原始凭证1.4.3为收到对方开具的增值税普通发票。根据投资协议，收到新股东的专利权投资入股，公允价值为199.28万元，双方约定的表决权资本为198.34万元，计入实收资本，差额0.94万元计入资本公积。因收到的是普通发票，增值税计入专利权成本。其会计处理为：

借：无形资产——专利权　　1 992 800

　贷：实收资本——重庆恒达资源处理技术股份有限公司　　1 983 400

　　　资本公积——资本溢价　　9 400

任务要求与分析

1.根据《财务会计实训》中原始凭证50-1、50-2、50-3、51-1、51-2、51-3、51-4、51-5分析以下问题

（1）整套编号为50的原始凭证的会计主体是____________。

（2）整套编号为50的原始凭证描述了什么会计事项？可能涉及的相关账户是什么？

____

（3）根据原始凭证51-1、51-2分析：

收到的资产含税总价值为____________元；为对方确定的表决权资本为____________元；资产含税总价值与表决权资本的差额应记入的会计账户是____________。

（4）根据原始凭证51-3和51-5确定收到资产应分别确认为____________和____________。

（5）原始凭证51-4是否作为记账凭证附件？应如何处理？

____

（6）根据以上分析结果填制记账凭证。

（7）完成该记账凭证的审核。

深入学习与实施步骤

（1）增值税抵扣联是否一定要在当期完成抵扣？具体是如何规定的？

____

____

（2）实行电子发票管理后还有抵扣联吗？如果没有，是用什么作为抵扣依据的？

____

2.职业素养：树立契约精神，按章办事

阅读以下契约精神故事，结合生活与工作，谈谈自己对契约精神的认识。

扫码职业素养

契约精神故事：晋文公不贪伐原之利

____

____

3.任务评价（1%）

小组编号：		小组长姓名：	小组长评分：
序号	评价内容	评价标准	分值
1	原始凭证审核	审核并正确描述业务	2
2	账户对应关系	相关账户及方向运用正确	3
3	金额确定	各账户金额正确	3
4	记账凭证其他要素	正确填制日期及附件、制单、审核	2

4.知识自测

扫码任务测试

本模块任务参考答案

扫码实训

资金筹集业务

本模块思维导图

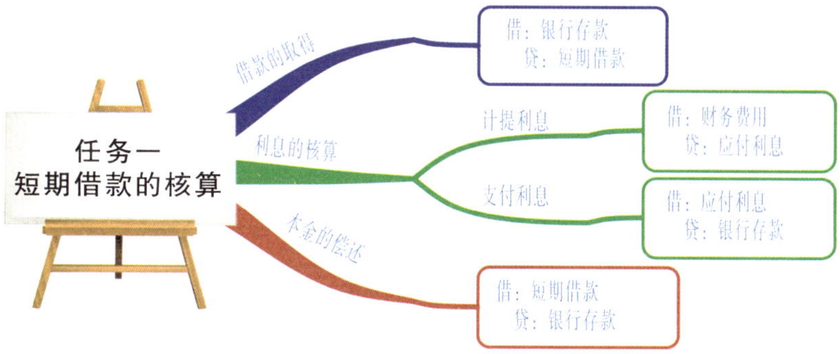

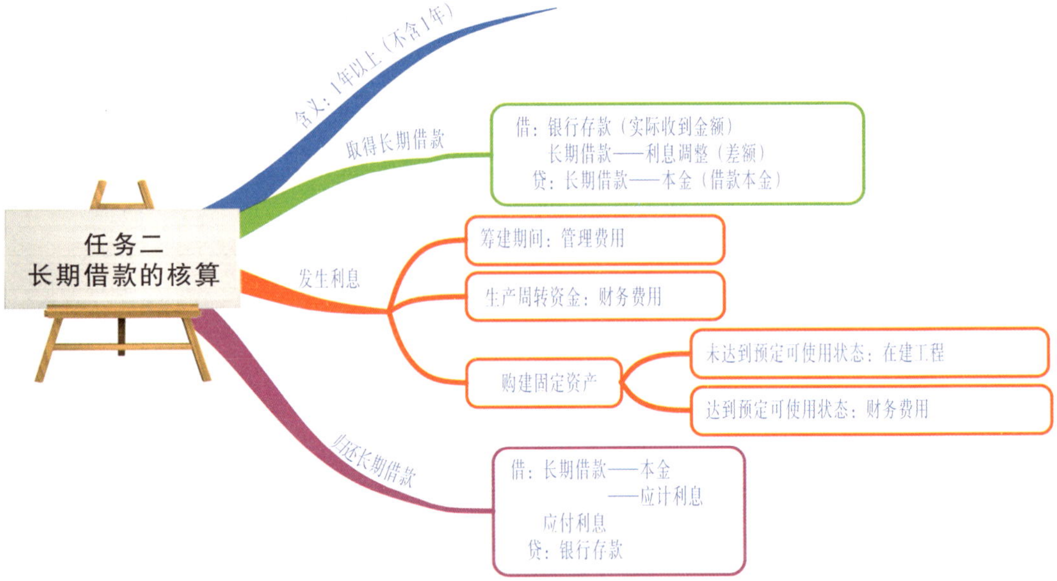

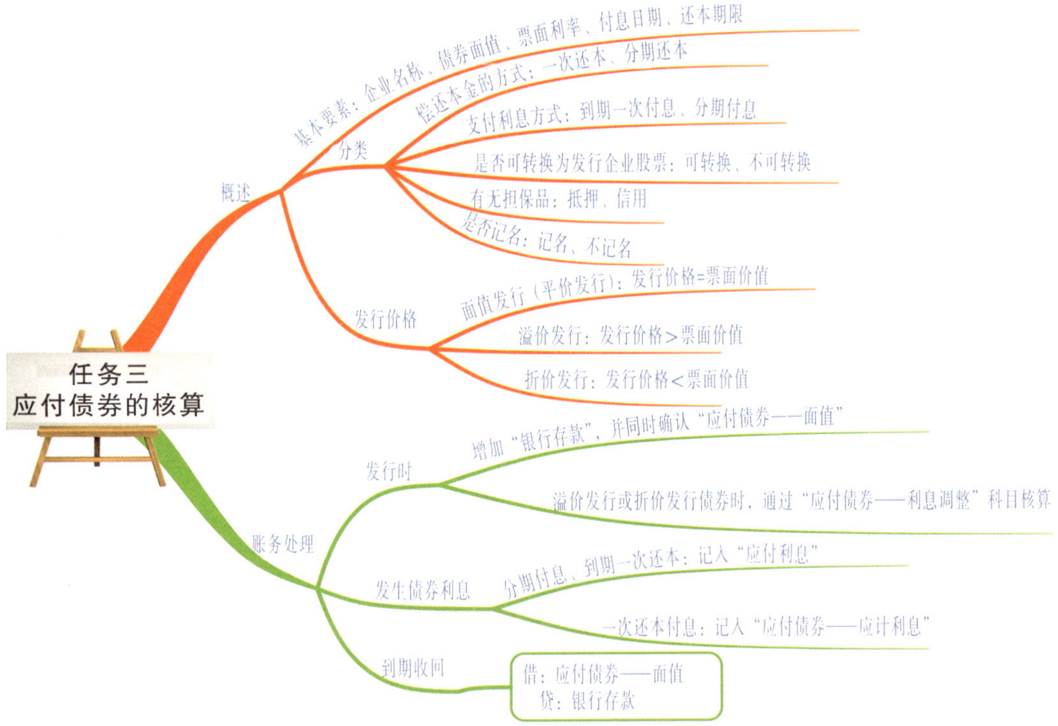

项目4　生产经营过程业务核算

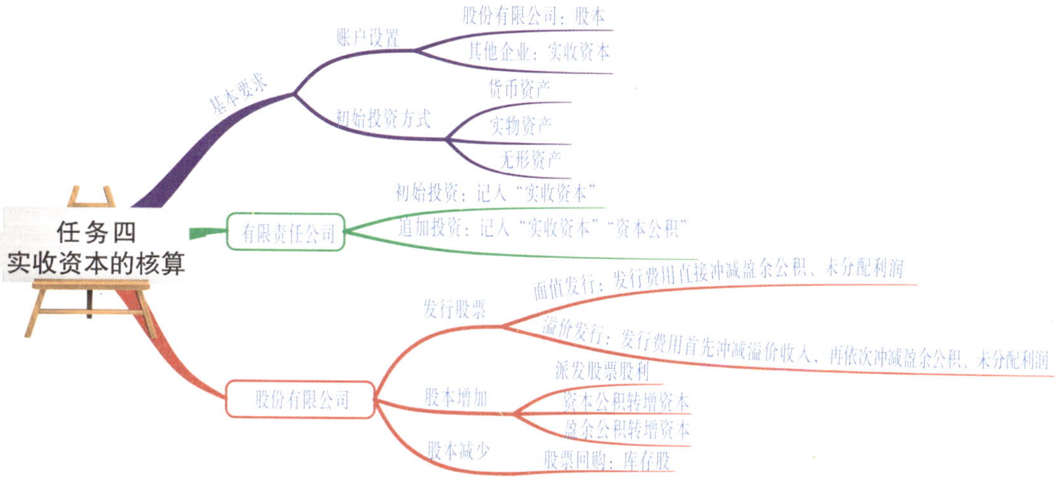

本模块学习评价与反馈：小组学习总结与PPT展示

学习过程评价小组自评表

班级	组名	日期	年 月 日
评价指标	评价内容	成绩评定	
信息检索	能有效利用网络、图书资源、工作手册查找有用的相关信息等；能用自己的语言有条理地去解释、表述所学知识；能将查到的信息有效地传递到工作中		
感知工作	熟悉工作岗位，认同工作价值；在工作中能获得满足感		
参与态度	积极主动参与工作，能吃苦耐劳，崇尚劳动光荣、技能宝贵；与教师、同学之间能够相互尊重、理解、平等相处；与教师、同学之间能够保持多向、丰富、适宜的信息交流		
	探究式学习、自主学习不流于形式，处理好合作学习与独立思考的关系，做到有效学习；能提出有意义的问题或能发表个人见解；能按要求正确操作；能够倾听别人意见、协作共享		
学习方法	操作技能符合规范；能按要求正确操作；获得了进一步学习的能力		
工作过程	平时上课的出勤情况和每天完成工种任务情况；善于多角度分析问题，能主动发现、提出有价值的问题		
思维态度	能发现问题、提出问题、分析问题、解决问题、创新问题		
自评反馈	按时按质完成工作任务；较好地掌握了专业知识点；具有较强的信息分析能力和理解能力；具有较为全面、严谨的思维能力并能条理清楚、明晰地表达成文		
小组评定			
有益的经验和做法			
从其他组得到的启发			
总结反馈建议			

教师评价表

班级		组名		姓名
出勤情况				
评价内容	评价要点	考察要点	分数	分数评定
1.任务描述、接受任务	口述内容细节	（1）表述仪态自然、吐字清晰	2分	表述仪态不自然或吐字模糊扣1分
		（2）表达思路清晰、层次分明、准确		表达思路模糊或层次不清扣1分
2.任务分析、分组情况	依据原始凭证分析业务，小组分工	（1）分析原始凭证关键点准确	30分	表达思路模糊或层次不清扣20分
		（2）涉及理论知识回顾完整，分组分工明确		知识不完整扣5分，分工不明确扣5分
3.任务实施	会计工作准备	（1）记账凭证准备	5分	每漏一项扣1分
		（2）书写用具准备		没有检查扣1分
		（3）辅助用具准备		实操期间缺失扣1分
	会计工作实施	（1）正确组合原始凭证	5分	选择错误扣1分，扣完为止
		（2）查阅资料，正确填制记账凭证并完成配套整理	25分	选择错误扣1分，扣完为止
		（3）正确完成审核任务	10分	
	现场恢复	（1）工作过程中保持环境干净、整洁	5分	每漏一项扣1分，扣完为止
		（2）办公室环境恢复	5分	每违反一项扣1分，扣完为止
4.总结	任务总结	（1）依据自评分数	5分	
		（2）依据个人总结评分报告	8分	依据总结内容是否到位酌情给分
合计			100分	

模块二 对内投资业务会计分析与应用

核心目标

- 能识别固定资产、投资性房地产、无形资产业务相关原始凭证并进行分析应用，树立经营性投资理念，为企业高效运营打下基础。

能力目标

- 1. 能根据不同的业务资料，对固定资产（动产和不动产）的取得、折旧、减值以及处置进行账务处理；
- 2. 能对投资性房地产在成本计量模式、公允价值计量模式下的取得、折旧（摊销）、减值、处置进行账务处理；
- 3. 能根据不同的业务资料，对无形资产的取得、摊销、减值以及处置进行账务处理。

素养目标

- “工欲善其事，必先利其器”，树立合理的经营投资理念，树立服务于经营一线的管理理念。

案例引入

重庆渝中摩托制造有限公司2022年发生的对内投资业务如下：

查阅《财务会计实训》教材中以下原始凭证：13、28、30、35、40、42、54、61、62。

问题思考：

1.这些原始凭证载明了什么经济业务？

2.如何确定这些经济业务的真实性？

3.对确认无误的原始凭证如何进行账务处理？

对内投资业务及流程认知

对内投资业务是指企业根据发展规划，将资金投入营运的经济活动，如购置房屋、设备、技术等，以期实现企业价值最大化。

本项目主要介绍固定资产、投资性房地产、无形资产三种资产的直接投资与日常管理。

对内投资活动一般都是大额资金活动，应根据企业内部控制制度进行相关的审批论证程序后才能付诸实施。其业务流程一般如图2.1.1所示。

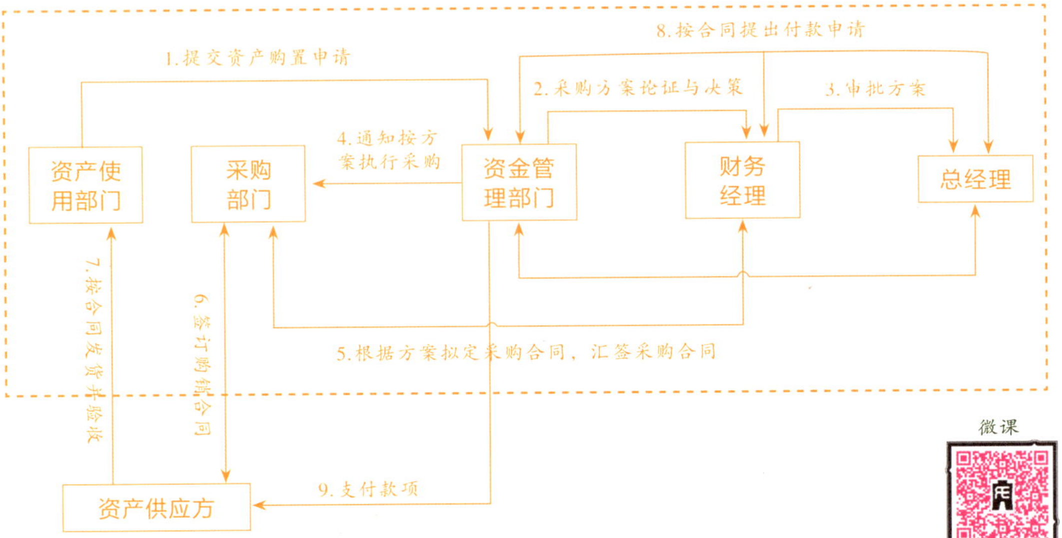

图2.1.1 对内投资业务流程图

微课

对内投资业务流程

任务2.1 固定资产业务会计分析与应用

任务说明

在上期经营基础上，根据本月收到的票据（原始凭证13、28、30、35、40、61）进行业务分析并进行规范的记账凭证编制。

学习目标

能对固定资产的取得与使用业务进行分析，做出正确的职业判断。

知识储备

扫码文字教材

固定资产

1. 固定资产认知

固定资产是企业进行生产经营的物质技术基础，管好用好固定资产，促进固定资产不断增值和提高固定资产的使用效益，是会计工作的重要任务。

固定资产须同时具备以下特点：

①为生产经营而持有（不是为出售而持有）；

②使用寿命超过1年；

③有形资产。

2. 固定资产相关业务账户对应关系

固定资产相关业务账户的对应关系如图2.1.2至图2.1.4所示。

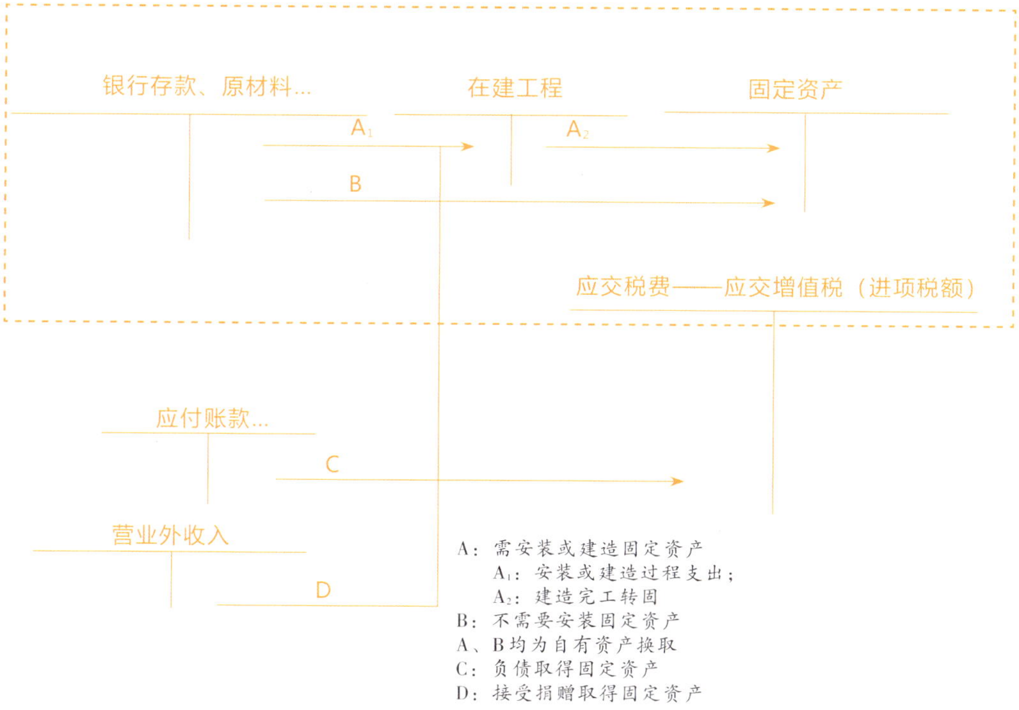

图2.1.2　固定资产取得业务主要账户对应关系图

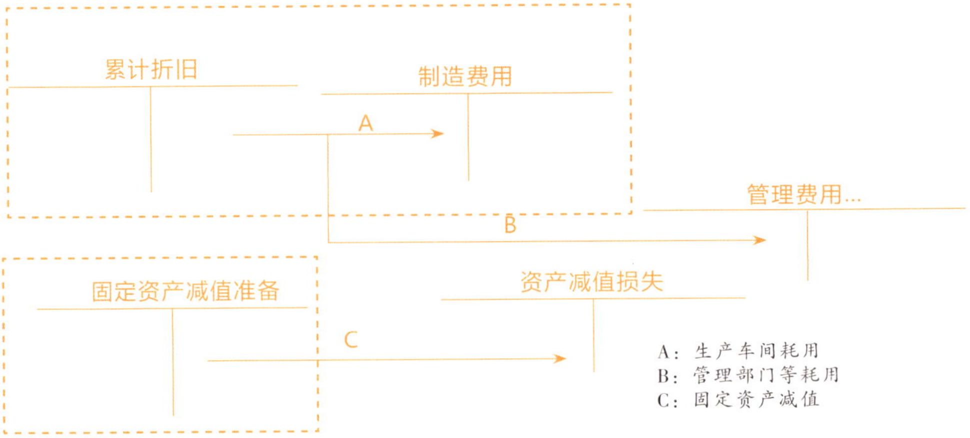

图 2.1.3　固定资产期末计提折旧与减值准备业务主要账户对应关系图

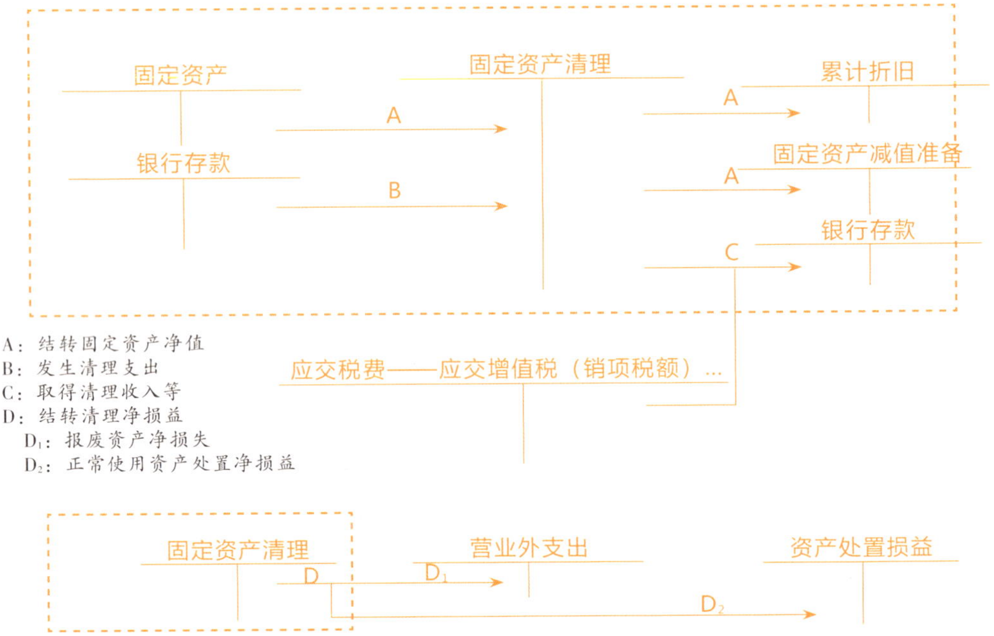

图 2.1.4　固定资产处置业务主要账户对应关系图

固定资产一般按历史成本确定入账价值（达到预定可使用状态前所发生的相关价款、税费）；盘盈固定资产按完全重置成本入账（全新市价-估计折旧）且通过“以前年度损益调整”账户按“前期差错”进行会计处理。

学习情境描述

固定资产取得及计价

扫码微课视频

固定资产核算

学习情境2.1.1

会计主体：重庆ZJ再生资源开发有限公司

固定资产取得及计价业务如图2.1.5及相关原始凭证所示。

重庆ZJ再生资源开发有限公司厂房修建工程

竣工决算书

甲方：重庆ZJ再生资源开发有限公司

乙方：重庆宏宇建设集团有限公司

施工项目名称：重庆ZJ再生资源开发有限公司厂房修建工程

建筑面积：1 000M²

结构形式：现浇+砖混

结算造价：人民币贰佰肆拾陆万捌仟玖佰陆拾叁元整

（小写：¥2 468 963.00）

编制人：李浩然

审核人：董林盛

重庆ZJ再生资源开发有限公司（签章）　　重庆宏宇建设集团有限公司（签章）

2022年3月18日　　2022年3月18日

图2.1.5　工程竣工决算书

注：竣工决算书具体内容略，仅为表述工作场景，不作原始凭证。

原始凭证2.1.1

重庆宏宇建设集团有限公司

请贵公司根据后附清单核对确认后，于工程款往来对账函（回函）上盖章并返回本公司。如有异议，请一并告之。感谢您的配合！

重应ZJ再生资源开发有限公司

工程款往来对账函（回函）

	核对余额	确认金额		核对金额	确认金额
已付工程款	1 200 000.00	1 200 000.00	已收发票款	1 000 000.00	1 000 000.00
未付工程款	1 268 963.00	1 268 963.00	应收发票款	1 468 963.00	1 468 963.00

根据双方合同规定，未付工程款中人民币贰拾万元（¥200 000.00）为工程尾款，于清算后1年内付清。

签章

2022年3月23日

原始凭证 2.1.2

重庆市增值税专用发票

No 00963217

5023558568

开票日期：2022年3月25日

购买方	名　　称：重庆ZJ再生资源开发有限公司 纳税人识别号：91500227580543792H 地 址、电 话：重庆渝北区金渝大道66号023-61004328 开户行及账号：广发银行重庆分行9550880217886700286				密码区	（略）		
货物或应税劳务、服务名称	规格型号	单位	数量	单价	金额	税率	税额	
*建筑服务*工程服务		项	1	1 347 672.48	1 347 672.48	9%	121 290.52	
合　计					1 347 672.48		121 290.52	
价税合计（大写）	⊗壹佰肆拾陆万捌仟玖佰陆拾叁元整				（小写）¥1 468 963.00			
销售方	名　　称：重庆宏宇建设集团有限公司 纳税人识别号：91500227461436621D 地 址、电 话：重庆渝北区星光5路16号023-61456616 开户行及账号：重庆工商银行渝北支行310005690870006536				备注	重庆宏宇建设集团有限公司 91500227461436621D 发票专用章		

收款人：王浩　　复核：李月　　开票人：向志远　　销售方（章）

第三联 发票联 购买方记账凭证

原始凭证 2.1.3

广发银行 | CGB

转账支票存根

Ⅳ 05200721

附加信息 ________

出票日期：2022年3月25日

收 款 人：	重庆宏宇建设集团有限公司
金　　额：	¥1 268 963.00
用　　途：	支付工程款

单位主管：张浩　　会计：林洋

原始凭证 2.1.4

固定资产验收单

名称		厂房08		资产来源	委托建造	取得原因	建造
原值	2 157 241.59	预计净残值	0	已提折旧	0	年折旧率	2%
规格	现浇+砖混	数量	1幢	生产厂家	重庆宏宇建设集团有限公司	使用部门	三厂区五车间
使用寿命		50年		验收日期	2022年2月20日		

主管：赵勇　　验收：杨利　　采购：　　制表：陈程

原始凭证 2.1.5

付款申请单　　单据编号：FK2022032200020

填报日期：2022 年 3 月 22 日　　制单人：李婧　　附件：0 张
合同签约方：重庆宏宇建设集团有限公司　　申请部门：基建工程处
收款单位：重庆宏宇建设集团有限公司　　开户行：广发银行重庆分行
9550880217886700286
收款账户：310005690870006536　　申请员工：李婧
申请金额：¥1 268 963.00　　核销金额合计：¥0.00
稽核金额：¥1 268 963.00
实付金额：¥1 268 963.00　　金额大写：人民币壹佰贰拾陆万捌仟玖佰陆拾叁元整
付款说明：支付厂房08修建款（决算价¥2 468 963.00，已支付¥1 000 000.00，本次支付¥1 268 963.00，余款¥200 000.00一年内支付）

序号	款项日期	款项责任部门	款项责任人	款项类别	所属部门	申请金额	稽核金额
1	2022.3.22	基建工程处	杨利	自主支付	后勤部	1 268 963.00	1 268 963.00
合　计						1 268 963.00	1 268 963.00

职务	审批人	审批时间	审批内容
部门负责人	杨利	2022.3.23　08:56:41	审批意见：同意；审批结论：通过。
分管领导	赵勇	2022.3.23　10:08:24	审批意见：同意；审批结论：通过。
总经理	刘启月	2022.3.24　08:22:15	审批意见：同意；审批结论：通过。
财务经理	魏明	2022.3.24　10:25:24	审批意见：同意；审批结论：通过。

情境分析 1：

图 2.1.5 表示本公司已与施工方完成了竣工验收与竣工决算。原始凭证 2.1.1～2.1.5 为收到施工方发票并支付工程款。结合对账单（收工程款）并查阅该工程明细账，确定“在建工程——厂房安装工程”余额为 917 431.19 元（$1\ 000\ 000-\frac{1\ 000\ 000}{1+9\%}\times 9\%$）。本次决算根据以上单据继续计入在建工程（验收手续于上月办理，但未办理转固手续）。其会计处理为：

借：在建工程——厂房安装工程　　1 347 672.48
　　应交税费——应交增值税（进项税额）　　121 290.52
　贷：银行存款　　1 268 963.00
　　　应付账款——重庆宏宇建设集团有限公司　　200 000.00

经查阅建筑承包合同，总价款 2 468 963 元（价：2 265 103.67 元，税：203 859.33 元）中包含为安装设备而特意修筑的地面空槽与基座，按规定应单独入账。经了解市场行情，单独修建厂房公允价值为 2 400 000 元，单独修建地面空槽与基座公允价值为 120 000 元。为此，需要将总价按其各自公允价值比例进行分割，分别确定厂房与设备基础设施的入账价值：

$$厂房入账价值=2\ 265\ 103.67\times\frac{2\ 400\ 000}{2\ 400\ 000+120\ 000}=2\ 157\ 241.59（元）$$

$$设备基础价值=2\ 265\ 103.67\times\frac{120\ 000}{2\ 400\ 000+120\ 000}=107\ 862.08（元）$$

原始凭证 2.1.4 在完成转固手续后再进行账务处理，由在建工程转为固定资产（“在建工程——厂房安装工程”转固验收报告于 3 月 25 日完成，报告略）。

其会计处理为：

借：固定资产——厂房08　　2 157 241.59

　贷：在建工程——厂房安装工程　　2 157 241.59

该厂房于4月开始计提折旧，月折旧额=43 144.83÷12=3 595.40元。

建立固定资产卡片账（厂房转固，交付车间备用），如图2.1.6所示。

固定资产卡片　　第22004号

类别：房屋建筑物　　2022年3月27日

编号	FW037	名称	厂房08	新旧程度	全　新	财产来源	委托建造
型号		规格		财产原值	2 157 241.59	保管地点	三厂区
数量	1	特征	现浇框架	来源时间	2022.03	已使用年限	—
使用部门	五车间						
折旧价格	2 157 241.59	折旧年限	50年	年折旧额	43 144.83	预计净残值	0
备注	直线法折旧						

固定资产折旧记录　　单位：元

年度	折旧额	累计额	年度	折旧额	累计额	年度	折旧额	累计额	年度	折旧额	累计额
2022	32 358.62	32 358.62									
2023	43 144.83	75 503.45									
⋮											

图2.1.6　固定资产卡片账（正面+背面）

原始凭证2.1.6

付款申请单　　单据编号：FK2022032600012

填报日期：2022年3月26日　　制单人：万洋　　附件：0张

合同签约方：重庆筑路设备有限公司　　申请部门：采购处

收款单位：重庆筑路设备有限公司　　开户行：广发银行重庆分行

9550880217886700286

收款账户：6214663766101191　　申请员工：万洋

申请金额：¥440 700.00　　核销金额合计：¥0.00

稽核金额：¥440 700.00　　金额大写：人民币肆拾肆万零柒佰元整

实付金额：¥440 700.00

付款说明：第二次支付BSB变性沥青生产设备款（合同价¥734 500.00，已支付30%，本次支付60%，余款于设备验收后支付）

序号	款项日期	款项责任部门	款项责任人	款项类别	所属部门	申请金额	稽核金额
1	2022.3.26	采购处	张闯	自主支付	经营部	440 700.00	440 700.00
合　计						440 700.00	440 700.00

职务	审批人	审批时间	审批内容
部门负责人	张闯	2022.3.26　09:56:21	审批意见：同意；审批结论：通过。
分管领导	郝志远	2022.3.27　10:28:22	审批意见：同意；审批结论：通过。
总经理	刘启月	2022.3.28　10:22:15	审批意见：同意；审批结论：通过。
财务经理	魏明	2022.3.28　11:20:14	审批意见：同意；审批结论：通过。

原始凭证 2.1.7

广发银行 | CGB

转账支票存根

Ⅳ 05200724

附加信息 ________________

出票日期：2022年3月29日

收 款 人：	重庆筑路设备有限公司
金 额：	￥440 700.00
用 途：	支付设备款

单位主管：张浩　　会计：林洋

情境分析 2：

原始凭证 2.1.6、2.1.7 属于按合同预付货款，其会计处理为：

借：预付账款——预付设备款　　440 700

　贷：银行存款　　440 700

原始凭证 2.1.8

付款申请单　　单据编号：FK20220405000

填报日期：2022 年 4 月 5 日　　制单人：万洋　　附件：1 张

合同签约方：重庆筑路设备有限公司　　申请部门：采购处

收款单位：重庆筑路设备有限公司　　开户行：广发银行重庆分行 9550880217886700286

收款账户：6214663766101191　　申请员工：万洋

申请金额：￥73 450.00　　核销金额合计：￥0.00

稽核金额：￥73 450.00　　金额大写：人民币柒万叁仟肆佰伍拾元整

实付金额：￥73 450.00

付款说明：第三次支付 BSB 变性沥青生产设备款（合同价￥734 500.00，已支付 90%，本次验收后支付 10%）

序号	款项日期	款项责任部门	款项责任人	款项类别	所属部门	申请金额	稽核金额
1	2022.4.6	采购处	张闯	自主支付	经营部	73 450.00	73 450.00
合 计						73 450.00	73 450.00

职务	审批人	审批时间	审批内容
部门负责人	张闯	2022.4.5 09:16:21	审批意见：同意；审批结论：通过。
分管领导	郝志远	2022.4.5 10:20:02	审批意见：同意；审批结论：通过。
总经理	刘启月	2022.4.6 10:22:11	审批意见：同意；审批结论：通过。
财务经理	魏明	2022.4.6 11:40:37	审批意见：同意；审批结论：通过。

原始凭证 2.1.9

固定资产验收单

设备名称		BSB 变性沥青生产设备		设备来源	重庆筑路设备有限公司	取得原因	购买
原值	757 862.08	预计净残值	7 578.62	已提折旧	0	年折旧率	20%
规格	BSB	数量	1 套	生产厂家	重庆筑路设备有限公司	使用部门	三厂区五车间
使用寿命		10 年		验收日期	2022 年 4 月 5 日		

主管：张阔　　验收：王成　　采购：万洋　　制表：陈程

原始凭证 2.1.10

广发银行 | CGB

转账支票存根

Ⅳ 05210720

附加信息

出票日期：2022年4月6日

收 款 人：	重庆筑路设备有限公司
金　　额：	￥73 450.00
用　　途：	支付设备余款

单位主管：张浩　　会计：林洋

原始凭证 2.1.11

重庆市增值税专用发票

发票联

№ 00961211

5023557409

开票日期：2022年4月3日

购买方	名　　称：重庆ZJ再生资源开发有限公司 纳税人识别号：91500227580543792H 地 址、电 话：重庆渝北区金渝大道66号 023-61004328 开户行及账号：广发银行重庆分行 9550880217886700286	密码区	（略）			
货物或应税劳务、服务名称	规格型号	单位	数量	单价	金额	税率	税额
*专用设备*变性沥青生产设备	BSB	套	1	650 000.00	650 000.00	13%	84 500.00
合　计					￥650 000.00		￥84 500.00
价税合计（大写）	⊗柒拾叁万肆仟伍佰元整				（小写）￥734 500.00		
销售方	名　　称：重庆筑路设备有限公司 纳税人识别号：91500011356211253H 地 址、电 话：重庆渝北区金童路28号 023-60012568 开户行及账号：重庆建设银行渝北支行 6214663766101191	备注	重庆筑路设备有限公司 91500011356211253H 发票专用章			

第三联 发票联 购买方记账凭证

收款人：李薇　　复核：张晓林　　开票人：李莉　　销售方（章）

情境分析：

原始凭证2.1.8～2.1.11表示在自建安装底座（已分配建造成本107 862.08元，见学习情境2.1.1的情境分析1）基础上外购设备完成并验收，收到全款发票的同时付清余款。建筑基础与其上附着设备一起构成该生产设备原值。其会计处理为：

借：固定资产——BSB变性沥青生产设备　　757 862.08

　　应交税费——应交增值税（进项税额）　　84 500.00

　贷：预付账款——预付设备款　　661 050.00

　　　在建工程——厂房安装工程　　107 862.08

　　　银行存款　　73 450.00

建立固定资产卡片账，如图2.1.7所示。

固定资产卡片　　　　第22005号

类别：机器设备　　　　2022年4月5日

编号	JQ0120	名称	BSB变性沥青生产设备	新旧程度	全　新	财产来源	外　购
型号	BSB	规格		财产原值	757 862.08	保管地点	三厂区
数量	1	特征		来源时间	2022.04	已使用年限	—
使用部门	五车间						
折旧价格	750 283.46	折旧年限	10年	年折旧额		预计净残值	7 578.62
备注	双倍余额递减法折旧						

固定资产折旧记录　　　　单位：元

年度	折旧额	累计额	年度	折旧额	累计额	年度	折旧额	累计额	年度	折旧额	累计额
2022	101 048	101 048	2027	53 806	542 637	2032	19 928.46	750 283.46			
2023	131 363	232 411	2028	43 045	585 682						
2024	105 090	337 501	2029	34 436	620 118						
2025	84 072	421 573	2030	50 452	670 570						
2026	67 258	488 831	2031	59 785	730 355						

备注：计算结果取整。

图2.1.7　固定资产卡片账（正面+背面）

表2.1.1

折旧计算表

折旧年度	原值	预计净残值	年折旧率	年折旧额	累计折旧	折余价值	会计年度	年折旧额	累计折旧	折余价值
0	757 862.08					757 862.08				
1	757 862.08	—	20%	151 572	151 572	606 290.08	2022	101 048	101 048	656 814.08
2	757 862.08		20%	121 258	272 830	485 032.08	2023	131 363	232 411	525 451.08
3	757 862.08		20%	97 006	369 836	388 026.08	2024	105 090	337 501	420 361.08
4	757 862.08		20%	77 605	447 441	310 421.08	2025	84 072	421 573	336 289.08
5	757 862.08		20%	62 084	509 525	248 337.08	2026	67 258	488 831	269 031.08
6	757 862.08		20%	49 667	559 192	198 670.08	2027	53 806	542 637	215 225.08
7	757 862.08		20%	39 734	598 926	158 936.08	2028	43 045	585 682	172 180.08
8	757 862.08		20%	31 787	630 713	127 149.08	2029	34 436	620 118	137 744.08
9	757 862.08	7 578.62	47%	59 785	690 498	67 364.08	2030	50 452	670 570	87 292.08
10	757 862.08	7 578.62	47%	59 785.46	750 283.46	7 578.62	2031	59 785	730 355	27 507.08
							2032	19 928.46	750 283.46	7 578.62

计算说明：

第1年从5月开始计提折旧。

折旧年限到期2年之前采用双倍余额递减法计提折旧：不考虑残值，年折旧率为2/n，按年初折余价值计算年折旧额，并据此计算年内各月折旧额（平均）。

折旧到期最后两年改为平均年限法：

净残值率=7 578.62÷127 149.08×100% ≈5.96%

年折旧率=（1- 5.96%）÷2≈47%

第 9 年年折旧额=（127 149.08-7 578.62）÷2=59 785（元）（取整）

第 10 年年折旧额=67 364.08-7 578.62=59 785.46（元）

2022 会计年度折旧额=151 572÷12×8=101 048（元）（取整）

2023 会计年度折旧额=151 572÷12×4+121 258÷12×8=131 363（元）（取整）

以此类推。

说明：计算结果以公式计算并取整，尾差于最后一年倒挤。

【情境拓展】

如果采用年数总和法，则：

年折旧率=尚可使用年限（年初）÷年数总和

（年限为 10 年时，年数总和=1+2+……+10=10×（1+10）÷2=55）

折旧基数=原值-预计净残值

若计提了固定资产减值准备，这部分减值损失不能再提折旧，应从下月开始，重新确定折旧基数，在剩余时间里重新计算并计提折旧。

扫码微课视频

固定资产折旧

学习情境 2.1.2

会计主体：重庆 WJ 红叶汽车销售服务有限公司

原始凭证 2.1.12

机动车销售统一发票

发票联

发票代码：150001922080

开票日期：2022 年 3 月 25 日　　　　发票号码：02428295

机打代码 机打号码 机器编号	150001922080 02428295 661513481378		税控码	略	
购买方名称	重庆 WJ 红叶汽车销售服务有限公司		纳税人识别号/统一社会信用代码/身份证号码	91500000339673067B	
车辆类型	轿车	厂牌型号	红旗牌/HQS5 轿车 TV7218B9	产地	吉林长春
合格证号	WAS191001465226	进口证明书号		商检单号	
发动机号码	CA4GC18TD-12		车辆识别代号/车架号码	LEMAN54K8L0085521	
价税合计	⊗贰拾陆万玖仟玖佰伍拾柒元整			小写 ¥269 957.00	
销货单位名称	一汽 HQ 汽车销售有限公司		电话	0431-82034436	
纳税人识别号	91220103MA16CNKAWG		账号	22050146080009987899	
地址	吉林长春高新区硅谷大道 5216 号		开户银行	建行吉林一汽公司支行	
增值税税率或征收率	13%	增值税税额 ¥31057.00	主管税务机关及代码	国家税务总局长春一汽税务所 1220103100	
不含税价	小写¥238 900.00	完税凭证号码	吨位 1.80	限乘人数	5

销货单位盖章　　　开票人：李志　　　备注：一车一票

第一联 发票联（购货单位付款凭证）（手开无效）

原始凭证 2.1.13

中华人民共和国
税收完税证明

№：35001521080013296

税务机关：国家税务总局重庆市南岸区税务局第一税务所

填发日期：2022年3月25日

纳税人识别号	91500000339673067B		纳税人名称	重庆WJ红叶汽车销售服务有限公司	
原凭证号	税种	品目名称	税款所属时期	入（退）库日期	实缴（退）金额
35001621080099121	车辆购置税	车辆购置税	2022-03-25～2022-03-25	2022-03-26	21 000.00
金额合计（大写）	人民币贰万壹仟元整				¥21 000.00
税务机关（盖章） 国家税务总局重庆市南岸区税务局 0125 征税专用章	填票人 王晓黎		备注 课税核定计算依据：210 000.00，税率0.1，发票价格238 900.00，厂牌型号：红旗牌/HQS5轿车TV7218B9，发动机号：CA4GC18TD-12，车辆识别代号：LEMAN54K8L0085521，免（减）税额：0.0，主管税务所（科、分局）：国家税务总局长春一汽税务所&		

收据联 交纳税人作完税证明

妥善保管、手写无效

原始凭证 2.1.14

固定资产验收单

设备名称		轿车		设备来源	吉林一汽	取得原因	购买
原值	259 900.00	预计净残值	25 990.00	已提折旧	0	年折旧率	9%
规格		数量	1辆	生产厂家	吉林一汽	使用部门	销售部
使用寿命		10年		验收日期	2022年3月30日		

主管：张晔　　验收：杨黎　　采购：张翠　　制表：肖恩华

情境分析：

原始凭证2.1.12～2.1.14为购入轿车、交纳车辆购置税并交付使用。根据固定资产入账价值规定，买价及相关税费（进口关税、车辆购置税、运杂费等）应计入固定资产原值。经查，按约定购入货车一律使用预付款结算。其会计处理为：

借：固定资产——轿车　　259 900.00

　　应交税费——应交增值税（进项税额）　　31 057.00

　贷：预付账款——预付购车款　　269 957.00

　　　银行存款　　21 000.00

建立固定卡片账（略）。

如果购置货车，应采用工作量法按每期所行驶的吨公里数来计算应计折旧额。

机动车销售统一发票为一式六联，具体如图2.1.8所示。

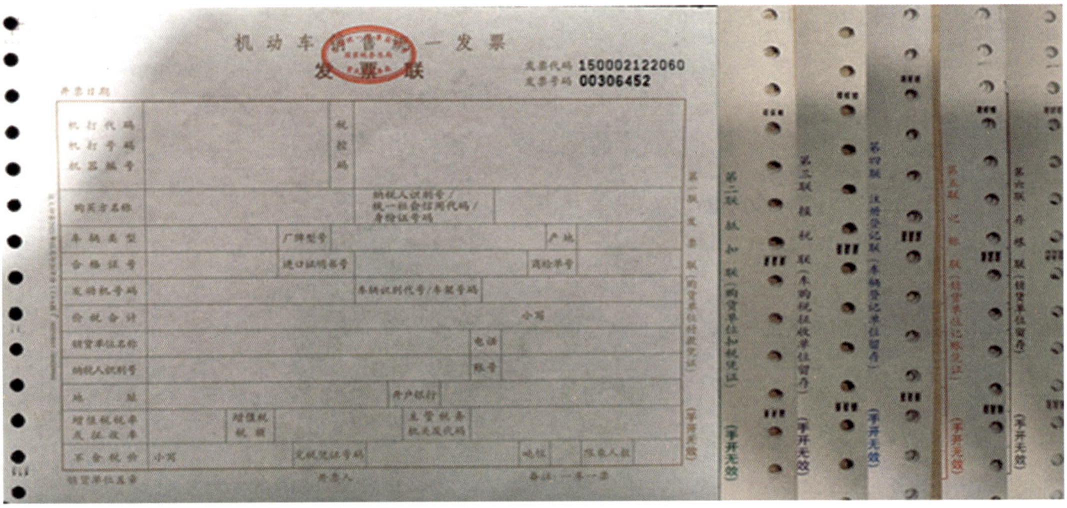

图2.1.8 机动车发票套票票样

学习情境2.1.3

会计主体：重庆ZJ再生资源开发有限公司

原始凭证2.1.15

固定资产折旧费用分配表

2022年7月31日

单位：元

项目/部门		固定资产原值	上月折旧额	上月增加固定资产		上月减少固定资产		本月折旧额	备注
				原值	月折旧额	原值	月折旧额		
房屋及建筑物	管理部门	23 750 000	113 750	767 570	12 793	—	—	126 543	
	高层次人才公寓	12 678 000	89 670	—	—	—	—	89 670	免费居住
	生产车间	89 700 000	562 750	—	—	—	—	562 750	
机器设备	管理部门	300 000	4 500	—	—	10 000	450	4 050	
	生产车间	9 800 000	147 000	—	—	—	—	147 000	
	经营出租	520 000	6 600					6 600	
	研发车间	4 260 000	127 800					127 800	
合　计		141 008 000	1 052 070	767 570	12 793	10 000	450	1 064 413	

主管：张浩　　　　制单：龚瑶

情境分析：

本情境为企业在月末根据固定资产卡片统计各部门固定资产应计折旧额（根据月初在册固定资产来统计，即当月增减不影响当月折旧额）并按受益原则记入各相关成本费用账户。其会计处理为：

借：管理费用　　130 593.00
　　应付职工薪酬——非货币性福利　　89 670.00
　　制造费用　　709 750.00
　　其他业务成本　　6 600.00
　　研发支出——费用化支出　　127 800.00
　贷：累计折旧　　1 064 413.00

为员工提供免费居住房屋属于企业给员工提供的非货币性福利待遇。在计提折旧时视为发放非货币性福利，在分配职工薪酬时记入“管理费用”等相关账户。

扫码微课视频

固定资产处置

学习情境 2.1.4

会计主体：重庆ZJ再生资源开发有限公司

原始凭证 2.1.16

固定资产报废审批登记表

单位名称：重生ZJ再生资源开发有限公司　　　　申请日期：2022年3月3日

申请部门（项目）	二厂区三车间		
资产名称	生产设备——沥青融化设备	型号规格	KLR-3
资产编号	SCSB02004	存放地点	二厂区
资产原值	230 000.00	已提折旧	180 320.00
资产净值	49 680.00	资产净残值	4 600.00
购置日期	2014年4月10日	规定使用年限	10年
已使用年限	8年	账列尚可使用年限	2年
报废原因	无法生产合格品		
申请人	申请提前报废。请领导审批。	签字：杨礼宜	日期：2022.3.3
主管部门意见	情况属实，同意报废。	签字：钱守义	日期：2022.3.4
后勤部意见	情况属实，同意报废。	签字：赵勇	日期：2022.3.4
总经理意见	同意。	签字：刘启月	日期：2022.3.5
处理结果	同意报废。		

情境分析：

此情境为将固定资产报废。应当将不再使用的该固定资产相关账面记录结平，进入固定资产清理环节。其会计处理为：

借：固定资产清理　　49 680.00

　　累计折旧　　180 320.00

　贷：固定资产　　230 000.00

若已计提减值准备，也应结平。

原始凭证 2.1.17

5:39

〈　交易详情

重庆有凌资源回收公司

¥ 2 060.00

当前状态　已收钱

收款时间　2022年3月5日　11:24:11

收款单号　100010710120221032601743157605796

收款方备注　出售旧机器　修改

原始凭证 2.1.18

重庆增值税电子普通发票

发票代码：050002100111
发票号码：12558370
开票日期：2022年03月05日
检验码：05273 89566 75355 61758

机器编码：4990994260139

购买方	名　　称：重庆有凌资源回收公司 纳税人识别号：91500227580531891H 地址、电话：重庆九龙坡区前进路12-2号023-62004412 开户行及账号：中国邮政银行九龙坡支行6217996900001875459				密码区	（略）	
项目名称	规格型号	单位	数量	单价	金额	税率	税额
*通用设备*通用设备		套	1	2 000.00	2 000.00	3%	60.00
合　计					¥2 000.00	3%	¥60.00
价税合计（大写）	⊗贰仟零陆拾元整				（小写）¥2 060.00		
销售方	名　　称：重庆ZJ再生资源开发有限公司 纳税人识别号：91500227580543792H 地址、电话：重庆渝北区金渝大道66号023-61004328 开户行及账号：广发银行重庆分行9550880217886700286				备注	废旧机器	

开票人：李远

情境分析：

本情境为出售旧机器，微信收款。其会计处理为：

借：其他货币资金——微信存款　　2 060.00

　贷：固定资产清理　　2 000.00

　　　应交税费——简易计税　　60.00

借：应交税费——简易计税　　20.00

　贷：其他收益　　20.00

2008年以前购入的设备未抵扣进项税额（2009年1月1日起可计入进项税额），财税〔2014〕57号规定按照简易办法依照3%征收率减按2%征收增值税。在填写增值税申报表时：

1.将处置收入不含税金额2 000元填入按“简易征收办法征税货物销售额”

2.将发票上注明的增值税金额60元填入“简易征收办法计算的应纳税额”

3.将减征金额20元填入“应纳税额减征额”。

原始凭证 2.1.19

处置固定资产损益计算表

2022年3月5日　　单位：元

项　目	固定资产处置收入	固定资产净值	固定资产处置支出	固定资产处置净损益	备　注
金额	2 000.00	49 680.00	—	47 680.00	报废处置
批准意见：转营业外支出		2022年3月5日			

主管：张浩　　审核：魏力　　制表：龚瑶

固定资产报废清理结束，结转清理净损失。其会计处理为：

借：营业外支出　　47 680.00

　贷：固定资产清理　　47 680.00

处理完结后，抽出该固定资产卡片，单独保管，按会计档案规定进行处理。

任务要求与分析

1.根据《财务会计实训》中原始凭证13、28、30、35、40、61分析以下问题并填制记账凭证

（1）整套编号为13的原始凭证所表述的是企业什么业务的发生过程？________整个过程需要使用的过渡性账户是________。

（2）会计根据原始凭证13-1需要做什么业务处理？原始价值和已提折旧额在报废前分别列在什么账户？________

____

（3）原始凭证13-2证明了什么业务的发生？________

（4）原始凭证13-3、13-4、13-5结合在一起证明了什么业务的发生？________

（5）原始凭证13-6中处置净损益是如何计算出来的？________需要完成的会计业务是什么？________

（6）原始凭证28-1证明了什么业务的发生？________为何会发生？________证据是什么？________

（7）原始凭证28-2证明了什么业务的发生？________为何会发生？________证据是什么？________

（8）原始凭证28-1、28-2、28-3、28-4合并在一起所表述的业务是什么？________是否能直接记入“固定资产”账户？为什么？________应交税费——应交增值税（进项税额）应记金额是多少？________

（9）原始凭证30与28有何关联？应该记入什么账户？________

（10）整套编号为35的原始凭证表述的是什么业务？________原始凭证35-2与35-4的发票名称有何区别？其增值税核算有何不同？________

（11）原始凭证40-1中资产的取得原因是________，应记入的账户是________，开始计提折旧的时间是________。

（12）原始凭证61是自制原始凭证还是外来原始凭证？________有何用途？________其中“本月折旧额”如何确定？其理论依据是什么？

____

深入学习与实施步骤

（1）若处置的固定资产在取得时属于非增值税应税范围（2009年1月1日前），本业务属于普通纳税还是简易计税？________开具发票时的适用税率是________，应交增值税所使用的会计账户是________。

（2）原始凭证28传到会计部门时，是否可以暂时不做账务处理，待原始凭证30中的业务发生时一起处理？该如何处理？

____

2.职业素养：塑造经营管理意识

会计是企业财政大臣，只有懂得经营所需，才能管好用好财政资金。请搜集资料并阐述如何在大额的固定资产投资中发挥会计的作用。

____

____

3.任务评价（2%）

小组编号：		小组长姓名：	小组长评分：
序号	评价内容	评价标准	分值
1	原始凭证审核	审核并正确描述业务	2
2	账户对应关系	相关账户及方向运用正确	3
3	金额确定	各账户金额正确	3
4	记账凭证其他要素	正确填制日期及附件、制单、审核	2

4.知识自测

扫码任务测试

任务2.2　投资性房地产业务会计分析与应用

任务说明

在上期经营基础上，根据本月收到的票据（原始凭证54-1、54-2）进行业务分析，并进行规范的记账凭证编制。

学习目标

能对投资性房地产业务熟练地进行职业分析并正确进行会计处理，树立让企业资产价值最大化的意识。

知识储备

扫码文字教材　　投资性房地产

扫码微课视频　　投资性房地产的核算

1.投资性房地产界定

持有目的：出租或待增值后出售，或两者兼有。如已出租的土地使用权、建筑物，持有并准备增值后转让的土地使用权。

条件：能够单独计量和出售，已经出租（或确定增值后转让）。

计量模式：成本计量、公允价值计量。

业务类型：对大部分企业而言，是与其主要经营活动相关的其他经营活动，其投资过程中的收入或支出应记入“其他业务收入”或“其他业务成本”账户。

2.投资性房地产业务常用账户对应关系

投资性房地产业务常用账户对应关系（公允价值计量模式下）如图2.2.1所示。

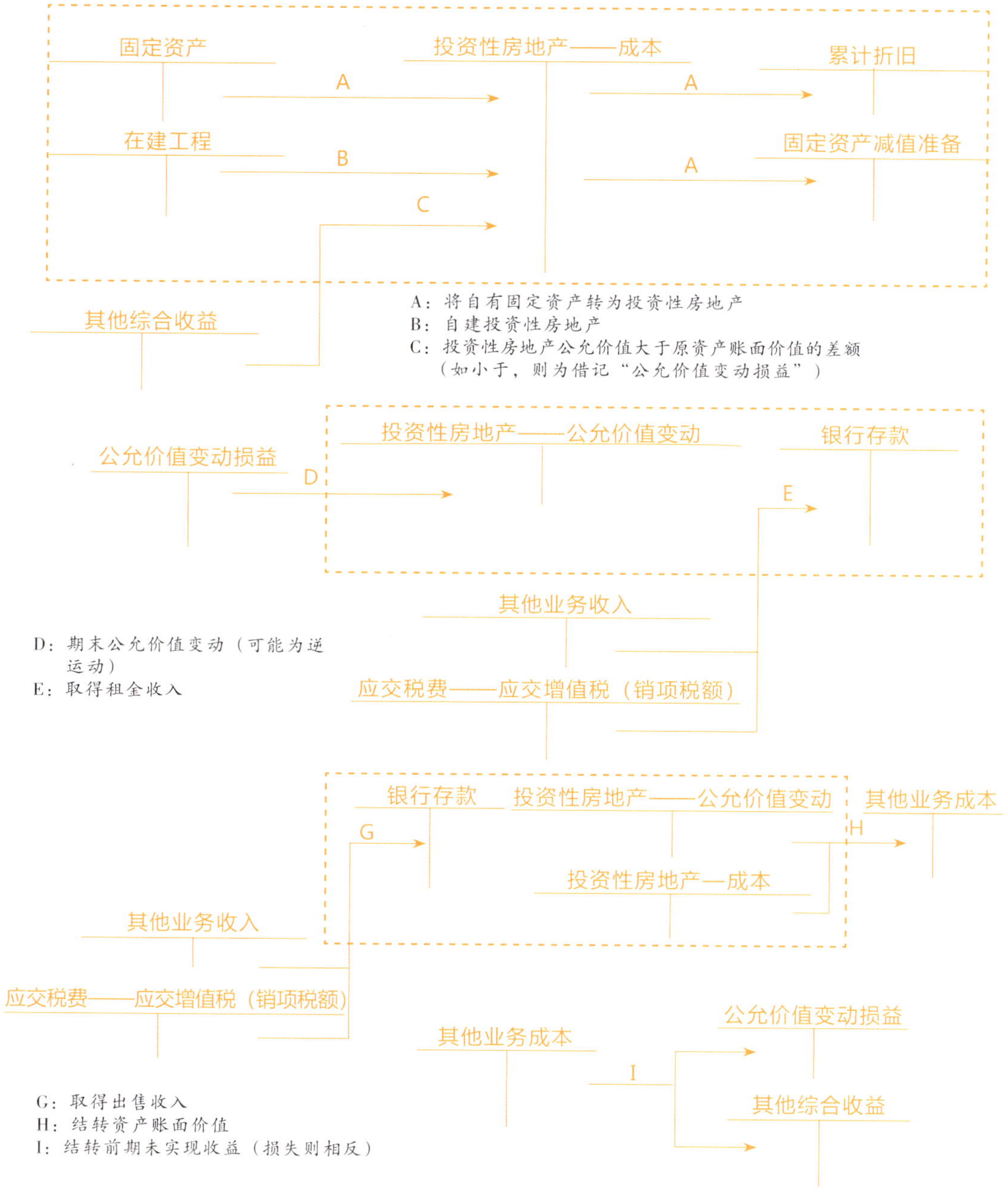

图2.2.1　投资性房地产业务常用账户对应关系图

成本计量模式下其账户对应关系原理与固定资产相似，原值以“投资性房地产”核算，折旧以“投资性房地产累计折旧（或摊销）”核算。

学习情境描述

学习情境2.2.1

会计主体：重庆ZJ再生资源开发有限公司

原始凭证2.2.1

固定资产改变用途审批登记表

单位名称：重庆ZJ再生资源开发有限公司　　　　申请日期：2022年5月3日

审请部门（项目）	老厂区办公楼		
资产名称	办公楼	型号规格	砖混（三层）
资产编号	FW001	存放地点	江津鼎山26号
资产原值	1 436 400.00	已提折旧	574 560.00
资产净值	861 840.00	资产净残值	—
购置日期	2002年5月20日	规定使用年限	50年
已使用年限	20年	账列尚可使用年限	30年
改变用途原因	完成整体搬迁相关事宜，用于出租充分发挥其使用价值		
申请人	申请出租，请领导审批。　签字：赵林玲　日期：2022.5.3		
主管部门意见	情况属实，同意出租。　签字：赵　勇　日期：2022.5.4		
后勤部意见	情况属实，同意出租。　签字：赵　勇　日期：2022.5.4		
总经理意见	同意。　签字：刘启月　日期：2022.5.4		
处理结果	同意出租。该办公楼公允价值为2 400 000.00元		

原始凭证2.2.2

房屋租赁合同

合同编号：HT21038

本合同双方当事人

出租方（甲方）：重庆ZJ再生资源开发有限公司

承租方（乙方）：重庆江津鼎城房地产开发有限公司

根据相关国家法律、法规和本市规定，甲、乙双方在自愿、平等、互利的基础上经协商一致，就甲方将其合法拥有的房屋出租给乙方，乙方承担使用甲方房屋事宜，订立本合同。

一、房屋的座落、面积及装修、设施

1-1　甲方将其合法拥有的坐落在江津鼎山大道26号的办公楼出租给乙方使用。

1-2　甲方出租给乙方使用的该房屋建筑面积共 1 020 平方米。

1-3　该房屋的现有装修及设施状况，由双方在合同附件一中加以列明。除双方另有约定外，该附件作为甲方按本合同约定交付乙方使用和乙方在本合同租赁期满交还该房屋时的验收依据。

二、租赁用途

2-1　本合同签订前，甲方已向乙方出示了该房屋的产权证明。

2-2　乙方向甲方承诺，租赁该房屋仅作为办公楼使用。

2-3　在租赁期限内，未事前征得甲方的书面同意，乙方不得擅自改变该房屋用途及常住人数，也不得擅自更改房屋内部设施格局；如甲方发现有合租或群租现象，甲方有权终止本合同及收回房屋，并收缴押金作为赔偿金。

三、租赁期限

3-1　该房屋租赁期共 36 个月，自 2022 年 6 月 1 日起至 2025 年 5 月 31 日止。

3-2　租赁期满，甲方有权收回全部出租房屋，乙方应如期交还。乙方如要求续租，则必须在租赁期满前的一个月向甲方书面提出意向，经甲方同意后，重新签订租赁合同。

四、租金及支付方式

4-1　该房屋每月租金总计为 50 000.00 元（不含税），大写：人民币伍万元整。

4-2　该房屋租金支付方式如下：每季初支付。

乙方如逾期支付租金，每逾期1天，则须按月租金的0.3%向甲方支付滞纳金；逾期10天，则甲方有权终止本合同，自行收回房屋，甲方将根据乙方实际居住天数计算租金。

五、其他费用、押金及佣金

5-1　乙方在租赁期限内，使用的水、电、气、有线电视费、物业管理费等由乙方按照有关规定自行负担。

5-2　甲方于签约时收取乙方押金 10 000.00 元，该押金作为对房屋装潢附属设施、家电的担保。租赁期满后，如乙方没有造成房屋或设施的损坏，则甲方全额退还该押金。

六、房屋修缮责任

（略）

情境分析：

本情境为将自用办公楼改为出租并已完成出租手续，应重归类为投资性房地产，并采用公允价值模式计量。2022年6月1日，应做如下会计处理：

借：投资性房地产——成本（出租办公楼）　　2 400 000.00

　　累计折旧　　574 560.00

　贷：固定资产——办公楼（FW001）　　1 436 400.00

　　　其他综合收益　　1 538 160.00

原始凭证2.2.3

重庆增值税电子专用发票

发票代码：050002100111
发票号码：12559271
开票日期：2022年06月01日
校验码：05575 89566 86455 72658

机器编码：4990994260139

购买方	名　　称：重庆江津鼎城房地产开发有限公司 纳税人识别号：91500226390542791F 地址、电话：重庆江津区西园路81号 023-62214413 开户行及账号：中国邮政银行鼎山支行 6217996900002375773				密码区	（略）	
项目名称	规格型号	单位	数量	单价	金额	税率	税额
*房屋租赁*租金		m^2	1 020	49.00	50 000.00	9%	4 500.00
合　计					¥50 000.00	9%	¥4 500.00
价税合计（大写）	⊗伍万肆仟伍佰元整					（小写）	¥54 500.00
销售方	名　　称：重庆ZJ再生资源开发有限公司 纳税人识别号：91500227580543792H 地址、电话：重庆渝北区金渝大道66号 023-61004328 开户行及账号：广发银行重庆分行 9550880217886700286				备注		

开票人：李远

原始凭证2.2.4

广发银行|CGB　　**进账单（收账通知）**　　3

2022年6月8日

付款人	全　称	重庆江津鼎城房地产开发有限公司	收款人	全　称	重庆ZJ再生资源开发有限公司
	账　号	6217996900002375773		账　号	9550880217886700286
	开户银行	中国邮政银行鼎山支行		开户银行	广发银行重庆分行
金额	人民币（大写）	壹拾陆万肆仟伍佰元整		亿千百十万千百十元角分	¥ 1 6 4 5 0 0 0 0
票据种类	转账支票	票据张数 1			
票据号码	XII0079236				
复核 吴孟达		记账 谢凌华	开户银行签章		

此联是收款人开户银行交给收款人的收账通知

情境分析：

此情境为按合同收到押金及6—8月份租金，开具6月份租金的增值税专用发票，应做如下会计处理：

借：银行存款　　164 500.00
　贷：其他业务收入　　50 000.00
　　应交税费——应交增值税（销项税额）　　4 500.00
　　合同负债——预收房屋租金　　100 000.00
　　其他应付款——预收押金　　10 000.00

任务要求与分析

1.根据《财务会计实训》中原始凭证54-1和54-2分析以下问题并填制记账凭证

（1）对外出租办公楼的应记账户为______________。

（2）对外出租办公楼的公允价值为______________。

（3）对外出租办公楼的账面净值为____________；该账面净值与公允价值的差额为____________；该差额应记入__________账户。

深入分析与实施步骤

（1）在出租期间，办公楼公允价值上升，应借记________账户，贷记________账户。

（2）如果后期出售了该办公楼，取得的收入应记入__________账户；其账面价值转入__________账户；前期所记的公允价值变动损益、其他综合收益应转入的账户是______________。

2.职业素养：拓展思路，挖掘资产使用价值

资产是能为企业创造价值的经济资源，同样的资产，在不同的使用者手中能发挥出不同的使用价值。根据你的生活经验，分享你发现的在生活中让东西变废为宝、化腐朽为神奇的奇思妙想。

3.任务评价（1%）

小组编号：		小组长姓名：	小组长评分：
序　号	评价内容	评价标准	分　值
1	原始凭证审核	审核并正确描述业务	2
2	账户对应关系	相关账户及方向运用正确	3
3	金额确定	各账户金额正确	3
4	记账凭证其他要素	正确填制日期及附件、制单、审核	2

4.知识自测

扫码任务测试

任务2.3　无形资产业务会计分析与应用

任务说明

在上期经营基础上。根据本月收到的票据（原始凭证42、62）进行业务分析并进行规范的记账凭证编制。

学习目标

能对无形资产业务熟练地进行职业分析并正确进行会计处理，树立企业核心竞争力与创新意识。

知识储备

扫码文字教材

无形资产

扫码微课视频

无形资产的核算

1.无形资产界定

①无形资产属于没有实物形态的可辨认（能与企业自身分离）的非货币性资产。

②无形资产有一种综合盈利能力，与其他资产相结合能在超过一个营业周期内为企业创造经济利益，但这经济利益具有较大的不确定性。

③无形资产通常包括专利权、非专利技术、商标权、著作权、土地使用权等。

2. 无形资产业务主要账户对应关系

无形资产业务主要账户对应关系（自主研发）如图2.3.1所示。

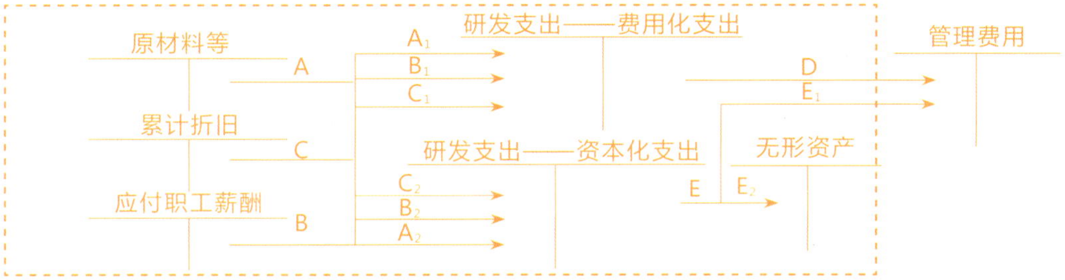

A：研发产品领用材料等

B：研发产品发生人工费

C：研发产品承担的折旧费

D：期末结转费用化支出

E：研发结束，结转资本化支出（E_1：研发失败；E_2：研发成功）

A_1、B_1、C_1：研究阶段支出和开发阶段不符合资本化条件的支出

A_2、B_2、C_2：开发阶段符合资本化条件的支出

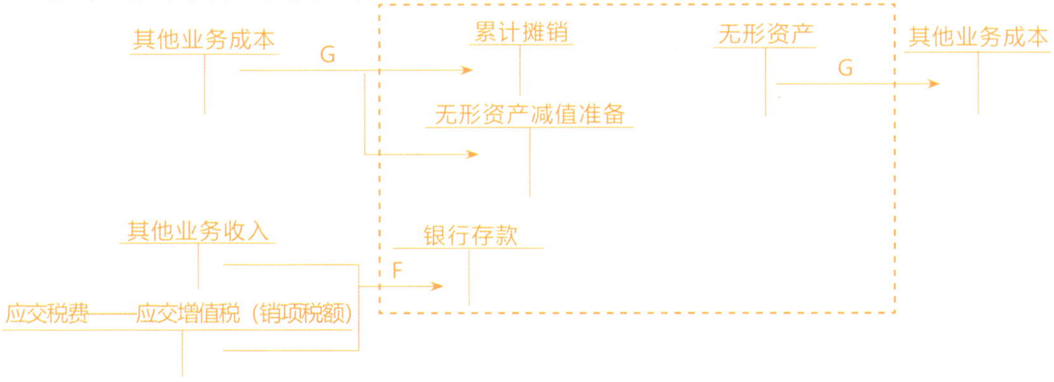

F：取得出售收入

G：结转资产账面价值

图2.3.1　无形资产业务主要账户对应关系图

无形资产摊销的规定：

①形成的当月开始摊销，处置的当月不再摊销；

②使用寿命有限的无形资产在使用期间按不短于10年的时间摊销；

③摊销金额为：账面价值-残值；

④摊销额一般计入当期损益（管理费用等）；

⑤无法确定使用寿命的，不应摊销（只做减值测试）。

学习情境描述

学习情境2.3.1

会计主体：重庆ZJ再生资源开发有限公司

原始凭证2.3.1

证书号第101:2195号

专利技术证书

专利技术名称：沥青高温抗化技术

发明人：戚华

专利号：ZL2022 1 2034405.1

专利申请日：2021年06月02日

专利权人：重庆ZJ再生资源开发有限公司

地址：400001重庆渝北区金渝大道66号

授权公告日：2022年03月06日　　授权公告号：CN202226366F

国家知识产权局依照《中华人民共和国专利法》经过初步审查，决定授予专利权，颁发专利技术证书并在专利登记簿上予以登记，专利权自授权公告之日起生效，专利权期限为十年，自申请日起算。

专利技术证书记载专利权登记时的法律状况，专利权的转移、质押、无效、终止、恢复和专利权人的姓名或名称、国籍、地址变更等事项记载在专利登记簿上。

局长
申长雨

申长雨

国家知识产权局
2022年03月06日

第1页（共2页）

情境分析：

该情境为获得专利技术证书。查账面记录为："研发支出——资本化支出（沥青高温抗化技术）"账户账面余额为234 230.00元，"研发支出——费用化支出（沥青高温抗化技术）"账户账面余额为12 478.00元。应在收到专利技术证书的会计期间内做如下会计处理：

借：管理费用——研发支出　　12 478.00
　　无形资产——沥青高温抗化技术　　234 230.00
　贷：研发支出——资本化支出（沥青高温抗化技术）　　234 230.00
　　　　　　——费用化支出（沥青高温抗化技术）　　12 478.00

同时，还需要从当期开始按10年期限对无形资产进行摊销。每月计提摊销时，会计处理为：

借：管理费用　　1 952.00
　贷：累计摊销　　1 952.00

按当前税法规定，企业研发支出可在实际发生额的基础上加计100%进行税前扣除，以此鼓励企业加大创新与技术研发投入，提高社会整体科研水平。

任务要求与分析

1.根据《财务会计实训》中原始凭证42-1、42-2、62，分析以下问题并填制记账凭证

（1）原始凭证42-1是签发支票还是收到支票?________应该记入________账户。

（2）原始凭证42-2是普通发票还是专用发票，其增值税应该如何处理？

____

（3）原始凭证62是自用无形资产还是出租无形资产？________其折旧费应记入的账户是________________。

2.职业素养：增强企业核心竞争力意识

作为企业，想要在激烈的市场竞争中坐稳一席之地甚至开疆拓土，必须有自己的"秘方"。搜集相关资料，阐述如果自己是管理者，如何让这一"秘方"持久不衰、高人一筹?

____

____

3.任务评价（1%）

小组编号：		小组长姓名：	小组长评分：
序　号	评价内容	评价标准	分　值
1	原始凭证审核	审核并正确描述业务	2
2	账户对应关系	相关账户及方向运用正确	3
3	金额确定	各账户金额正确	3
4	记账凭证其他要素	正确填制日期及附件、制单、审核	2

4.知识自测

扫码任务测试

本模块任务参考答案

扫码实训

对内投资业务

本模块思维导图

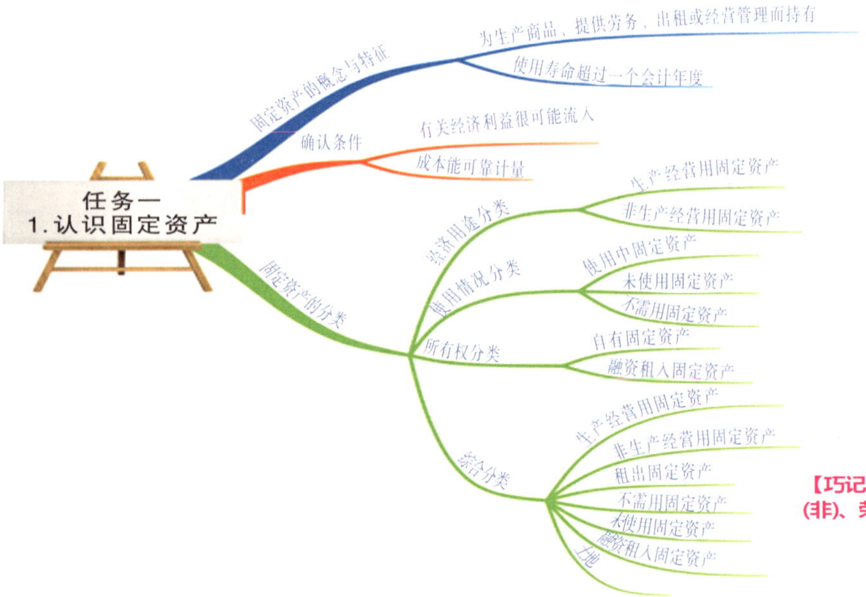

【巧记】不畏（未）土匪（非）、荣（融）祖（租）生

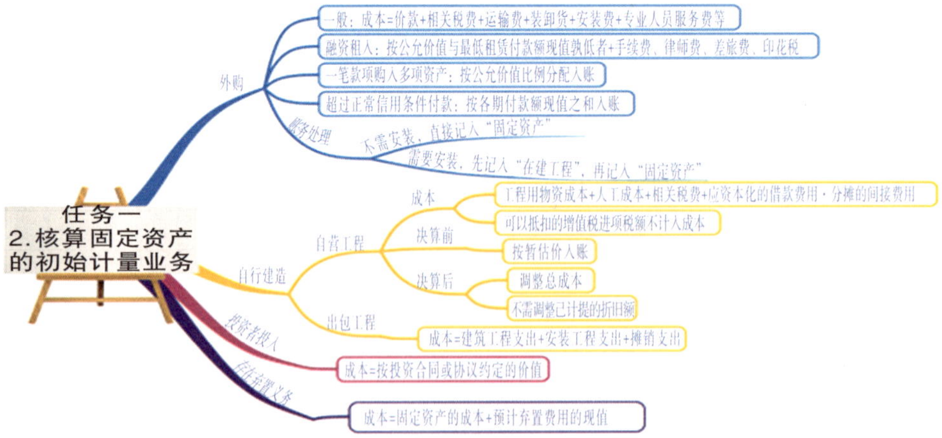

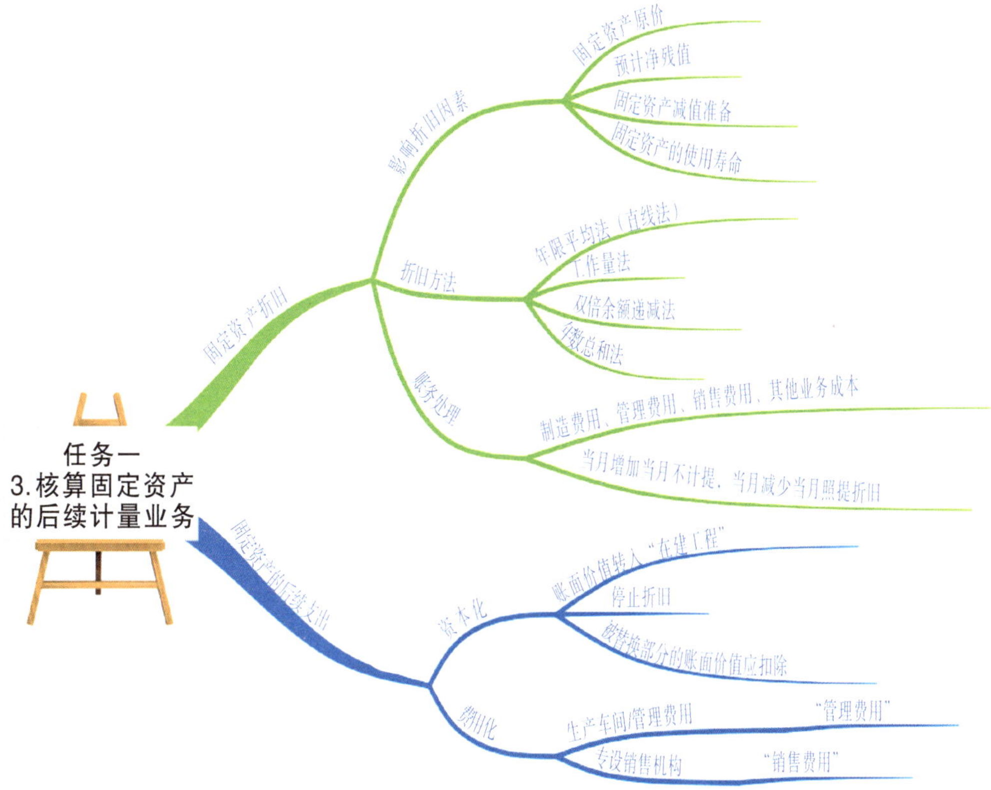
任务一
3.核算固定资产的后续计量业务
固定资产折旧
影响折旧因素
固定资产原价
预计净残值
固定资产减值准备
固定资产的使用寿命
折旧方法
年限平均法（直线法）
工作量法
双倍余额递减法
年数总和法
账务处理
制造费用、管理费用、销售费用、其他业务成本
当月增加当月不计提，当月减少当月照提折旧
固定资产的后续支出
资本化
账面价值转入“在建工程”
停止折旧
被替换部分的账面价值应扣除
费用化
生产车间/管理费用
“管理费用”
专设销售机构
“销售费用”

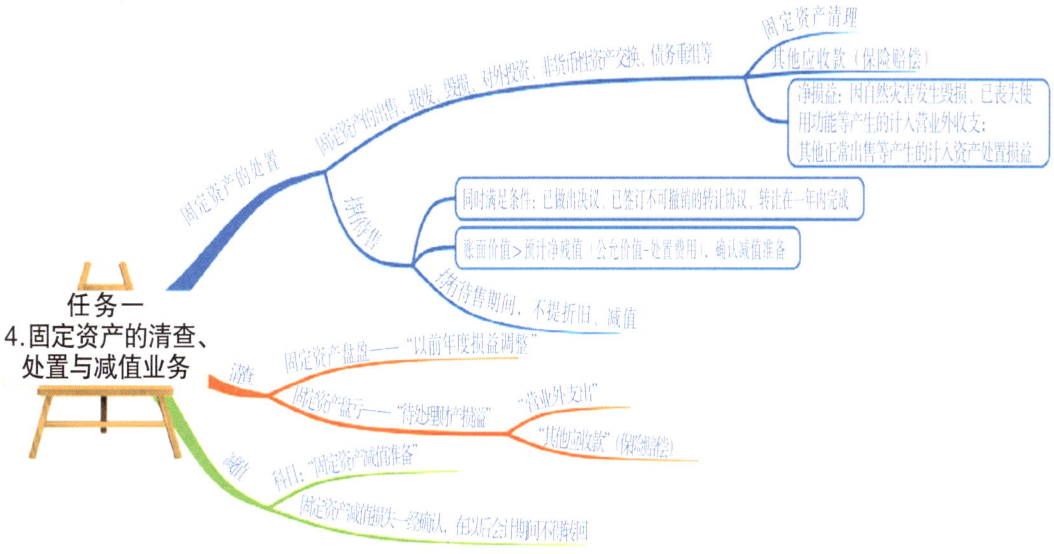
任务一
4.固定资产的清查、处置与减值业务
固定资产的处置
固定资产的出售、报废、毁损、对外投资、非货币性资产交换、债务重组等
固定资产清理
其他应收款（保险赔偿）
净损益：因自然灾害发生毁损、已丧失使用功能等产生的计入营业外收支；其他正常出售等产生的计入资产处置损益
持有待售
同时满足条件：已做出决议、已签订不可撤销的转让协议、转让在一年内完成
账面价值>预计净残值（公允价值-处置费用），确认减值准备
持有待售期间，不提折旧、减值
清查
固定资产盘盈——“以前年度损益调整”
固定资产盘亏——“待处理财产损溢”
“营业外支出”
“其他应收款”（保险赔偿）
减值
科目：“固定资产减值准备”
固定资产减值损失一经确认，在以后会计期间不得转回

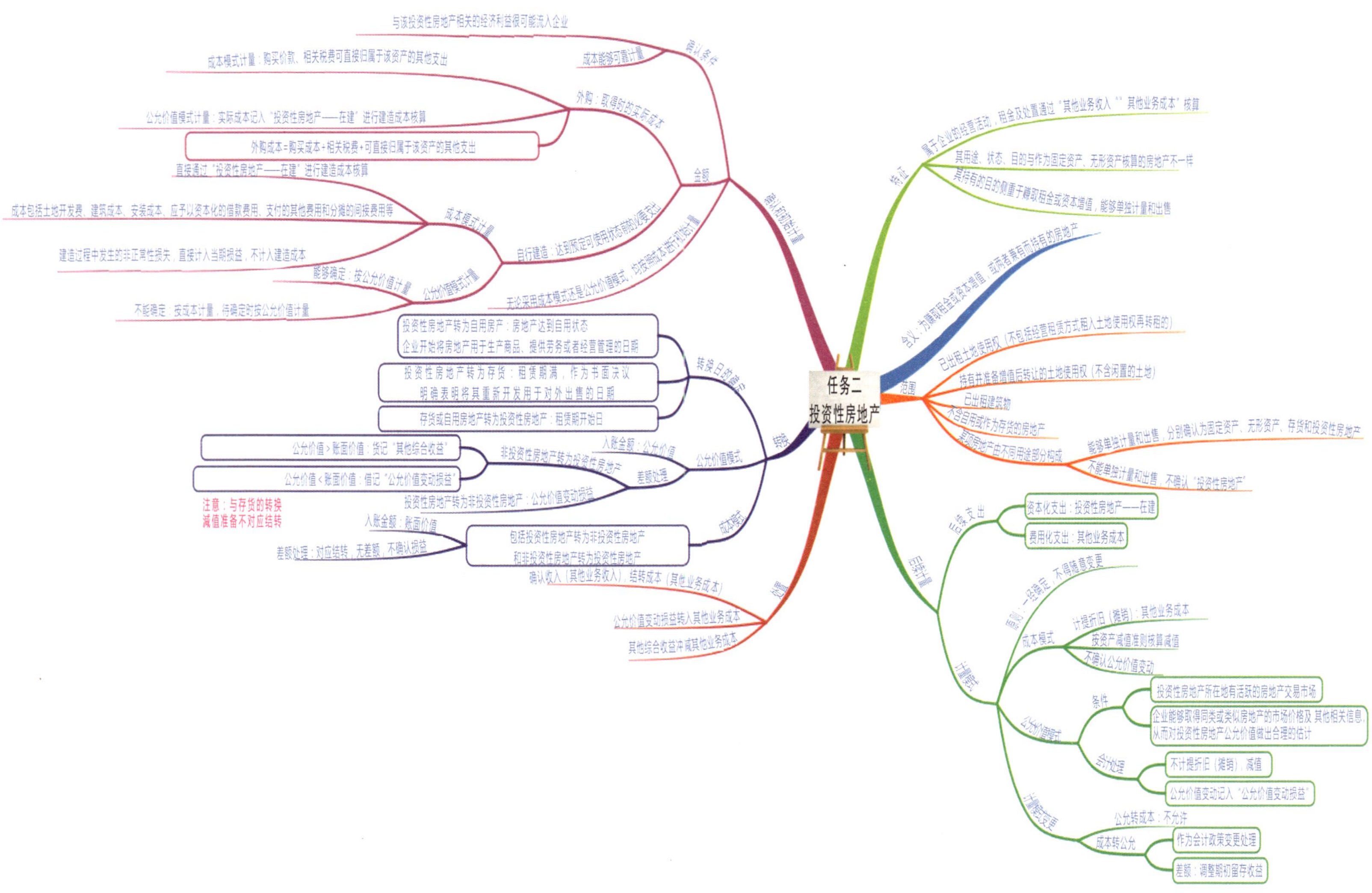
任务二
投资性房地产
特征
属于企业的经营活动，租金及处置通过“其他业务收入”“其他业务成本”核算
其用途、状态、目的与作为固定资产、无形资产核算的房地产不一样
其持有的目的侧重于赚取租金或资本增值，能够单独计量和出售
含义：为赚取租金或资本增值，或两者兼有而持有的房地产
范围
已出租土地使用权（不包括经营租赁方式租入土地使用权再转租的）
持有并准备增值后转让的土地使用权（不含闲置的土地）
已出租建筑物
不含自用或作为存货的房地产
某项房地产由不同用途部分构成
能够单独计量和出售，分别确认为固定资产、无形资产、存货和投资性房地产
不能单独计量和出售，不确认“投资性房地产”
后续计量
后续支出
资本化支出：投资性房地产——在建
费用化支出：其他业务成本
计量模式
原则：一经确定，不得随意变更
成本模式
计提折旧（摊销）：其他业务成本
按资产减值准则核算减值
不确认公允价值变动
公允价值模式
条件
投资性房地产所在地有活跃的房地产交易市场
企业能够取得同类或类似房地产的市场价格及其他相关信息，从而对投资性房地产公允价值做出合理的估计
会计处理
不计提折旧（摊销）、减值
公允价值变动记入“公允价值变动损益”
计量模式变更
公允转成本：不允许
成本转公允
作为会计政策变更处理
差额：调整期初留存收益
处置
确认收入（其他业务收入），结转成本（其他业务成本）
公允价值变动损益转入其他业务成本
其他综合收益冲减其他业务成本
转换
转换日的确定
投资性房地产转为自用房产：房地产达到自用状态
企业开始将房地产用于生产商品、提供劳务或者经营管理的日期
投资性房地产转为存货：租赁期满，作为书面决议明确表明将其重新开发用于对外出售的日期
存货或自用房地产转为投资性房地产：租赁期开始日
公允价值模式
非投资性房地产转为投资性房地产
入账金额：公允价值
差额处理
公允价值＞账面价值：贷记“其他综合收益”
公允价值＜账面价值：借记“公允价值变动损益”
投资性房地产转为非投资性房地产：公允价值变动损益
注意：与存货的转换
减值准备不对应结转
成本模式
包括投资性房地产转为非投资性房地产
和非投资性房地产转为投资性房地产
入账金额：账面价值
差额处理：对应结转，无差额，不确认损益
确认和初始计量
确认条件
与该投资性房地产相关的经济利益很可能流入企业
成本能够可靠计量
金额
外购：取得时的实际成本
成本模式计量：购买价款、相关税费可直接归属于该资产的其他支出
公允价值模式计量：实际成本记入“投资性房地产——在建”进行建造成本核算
外购成本=购买成本+相关税费+可直接归属于该资产的其他支出
自行建造：达到预定可使用状态前的必要支出
成本模式计量
直接通过“投资性房地产——在建”进行建造成本核算
成本包括土地开发费、建筑成本、安装成本、应予以资本化的借款费用、支付的其他费用和分摊的间接费用等
建造过程中发生的非正常性损失，直接计入当期损益，不计入建造成本
公允价值模式计量
能够确定：按公允价值计量
不能确定，按成本计量，待确定时按公允价值计量
无论采用成本模式还是公允价值模式，均按照成本进行初始计量

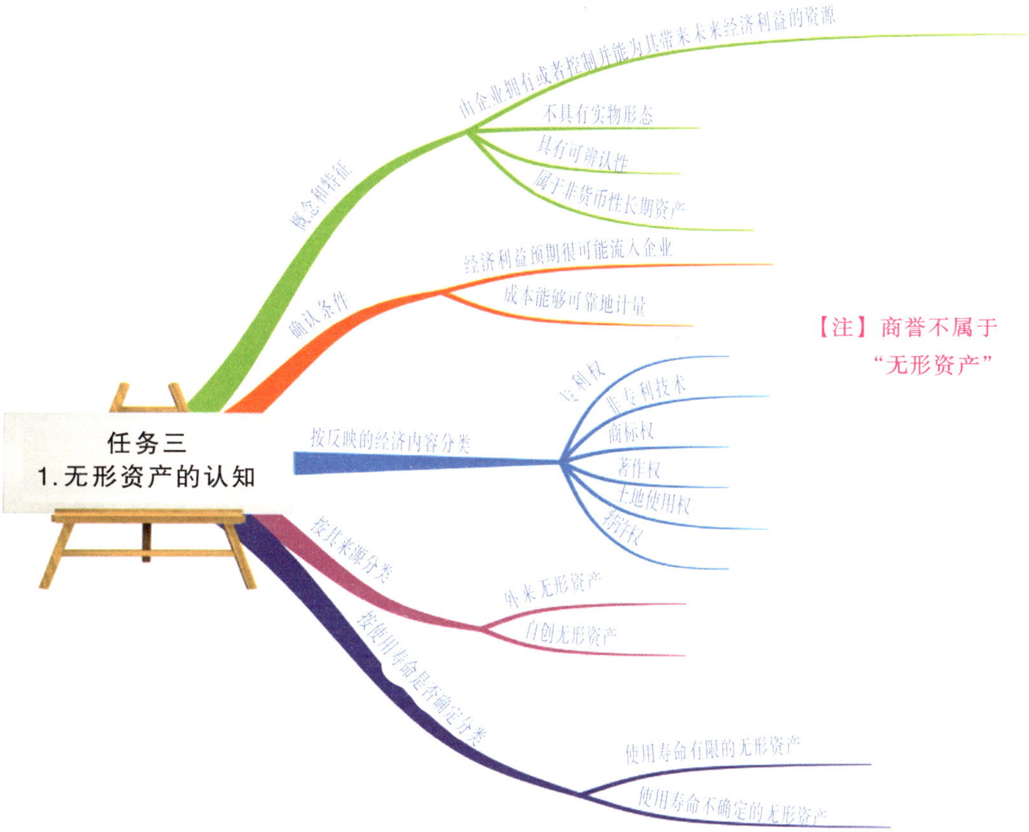

【注】商誉不属于“无形资产”

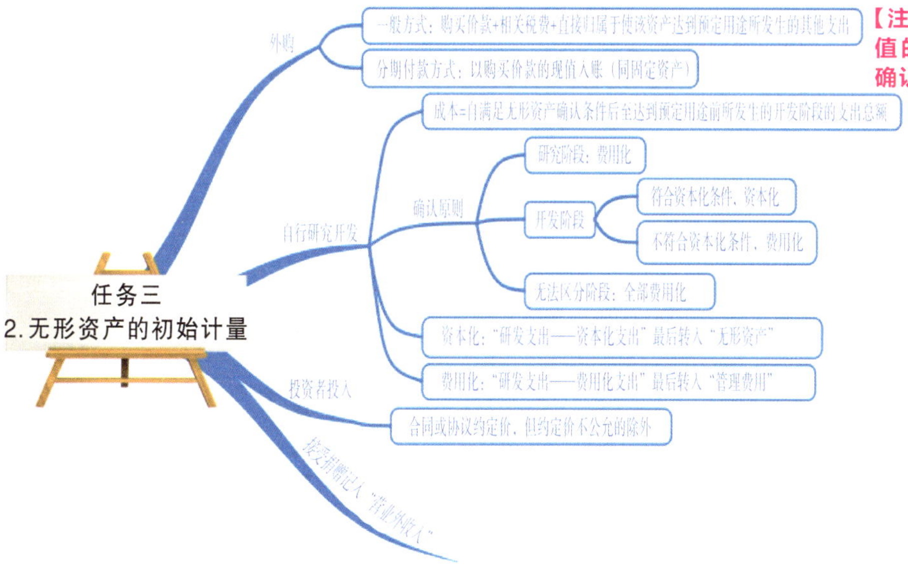

【注】购买价款与现值的差额，计入未确认融资费用

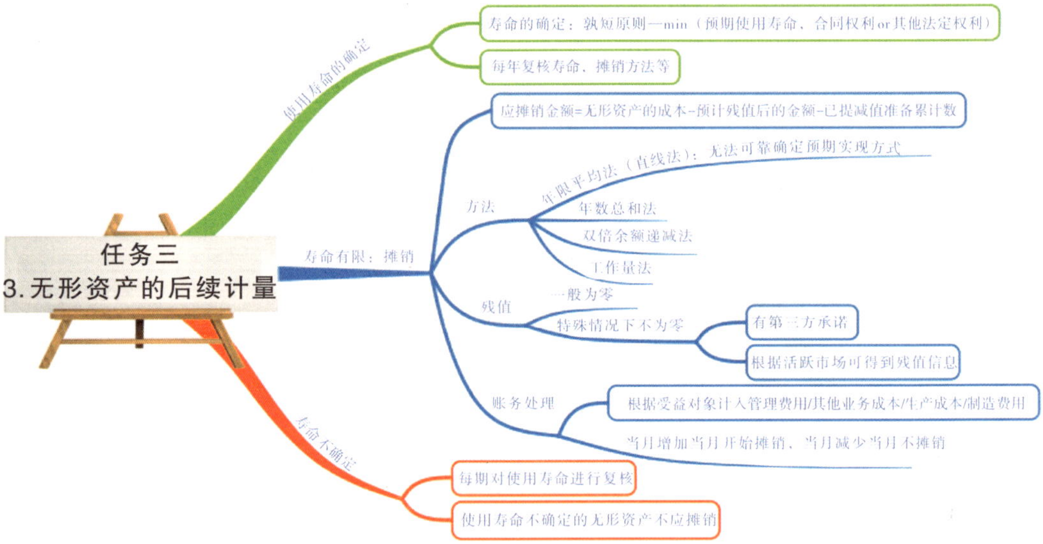

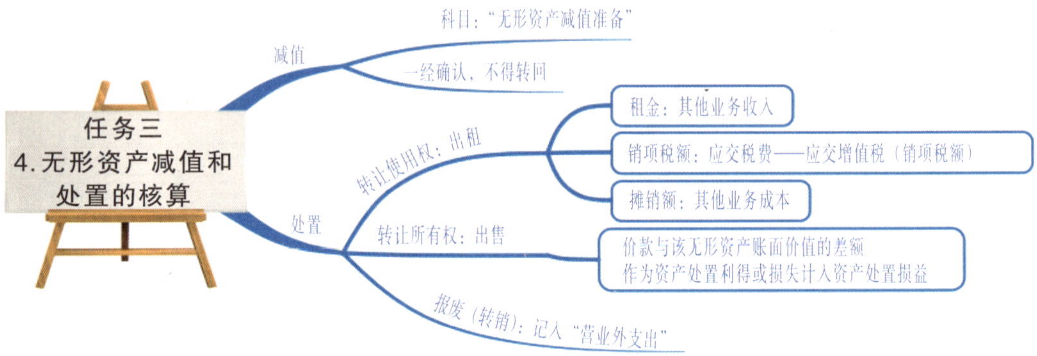

本模块学习评价与反馈：小组学习总结与PPT展示

学习过程评价小组自评表

班 级		组 名		日 期	年 月 日
评价指标	评价内容			成绩评定	
信息检索	能有效利用网络、图书资源、工作手册查找有用的相关信息等；能用自己的语言有条理地去解释、表述所学知识；能将查到的信息有效地传递到工作中				
感知工作	熟悉工作岗位，认同工作价值；在工作中能获得满足感				
参与态度	积极主动参与工作，能吃苦耐劳，崇尚劳动光荣、技能宝贵；与教师、同学之间能够相互尊重、理解、平等相处；与教师、同学之间能够保持多向、丰富、适宜的信息交流				
参与态度	探究式学习、自主学习不流于形式，处理好合作学习与独立思考的关系，做到有效学习；能提出有意义的问题或能发表个人见解；能按要求正确操作；能够倾听别人意见、协作共享				

续表

评价指标	评价内容	成绩评定		
学习方法	操作技能符合规范；能按要求正确操作；获得了进一步学习的能力			
工作过程	平时上课的出勤情况和每天完成工种任务情况；善于多角度分析问题，能主动发现、提出有价值的问题			
思维态度	能发现问题、提出问题、分析问题、解决问题、创新问题			
自评反馈	按时按质完成工作任务；较好地掌握了专业知识点；具有较强的信息分析能力和理解能力；具有较为全面、严谨的思维能力并能条理清楚、明晰地表达成文			
小组评定				
有益的经验和做法				
从其他组得到的启发				
总结反馈建议				

教师评价表

班　级		组　名		姓　名	
出勤情况					
评价内容	评价要点	考察要点	分数	分数评定	
1. 任务描述、接受任务	口述内容细节	（1）表述仪态自然、吐字清晰	2分	表述仪态不自然或吐字模糊扣1分	
		（2）表达思路清晰、层次分明、准确		表达思路模糊或层次不清扣1分	
2. 任务分析、分组情况	依据原始凭证分析业务，小组分工	（1）分析原始凭证关键点准确	30分	表达思路模糊或层次不清扣20分	
		（2）涉及理论知识回顾完整，分组分工明确		知识不完整扣5分，分工不明确扣5分	
3. 任务实施	会计工作准备	（1）记账凭证准备	5分	每漏一项扣1分	
		（2）书写用具准备		没有检查扣1分	
		（3）辅助用具准备		实操期间缺失扣1分	
	会计工作实施	（1）正确组合原始凭证	5分	选择错误扣1分，扣完为止	
		（2）查阅资料，正确填制记账凭证并完成配套整理	25分	选择错误扣1分，扣完为止	
		（3）正确完成审核任务	10分		
	现场恢复	（1）工作过程中保持环境干净、整洁	5分	每漏一项扣1分，扣完为止	
		（2）办公室环境恢复	5分	每违反一项扣1分，扣完为止	
4. 总结	任务总结	（1）依据自评分数	5分		
		（2）依据个人总结评分报告	8分	依据总结内容是否到位酌情给分	
合　计			100分		

模块三

供应与付款业务会计分析与应用

核心目标

- 能在识别不同的付款结算方式基础上，对取得的各种材料业务相关原始凭证进行分析应用，合理确定材料取得成本，树立遵守结算规章、诚信经营的理念，打造良好的运营环境。

能力目标

- 1.能根据不同的结算凭证正确完成货款结算；
- 2.能合理确定取得材料的实际成本；
- 3.能在计划成本与实际成本管理方法下对取得材料的原始凭证进行职业判断并进行账务处理。

素养目标

- 培养具有合法使用货币资金并诚信付款的财会工作者；树立整体经营意识，为更好地为开展生产提供物质保障。

案例引入

重庆渝中摩托制造有限公司2022年发生的供应与付款业务如下：

查阅《财务会计实训》教材中以下原始凭证：3、4、5、9、19、21、26、31、32、34、36、37、39、43、44、46、47、48。

问题思考：

1.这些原始凭证载明了什么经济业务？

2.如何确定这些经济业务的真实性？

3.对确认无误的原始凭证如何进行账务处理？

供应与付款业务及流程认知

企业进行生产经营之前，必须先具备生产开工的基本条件，如生产产品必需的原材料、设备与厂房以及必要的专利技术等。这些资产的取得过程即为供应过程，而这些资产的取得都需要予以支付对价进行结算。这一交易过程称为供应与付款业务过程。

采购业务主要流程如图3.1.1所示。

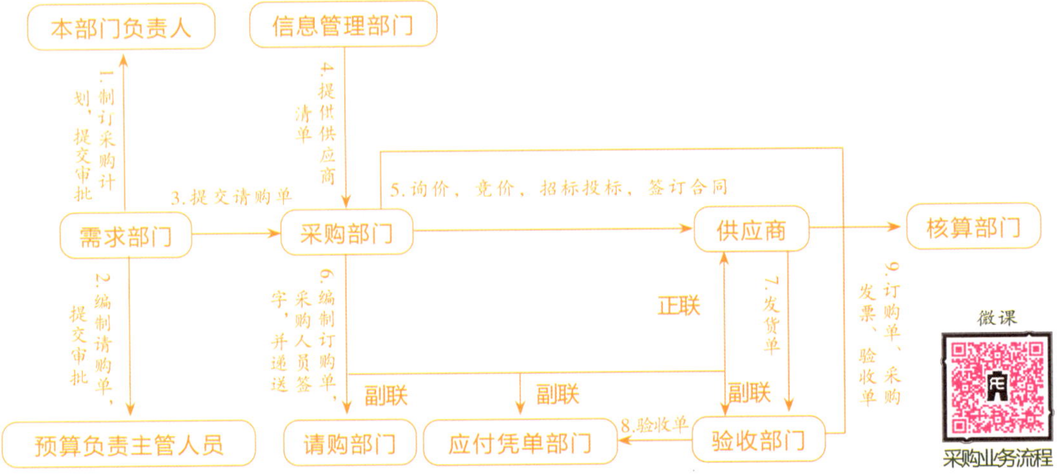

图3.1.1 采购业务主要流程图

采购业务涉及的主要单据及其作用见表3.1.1。

表3.1.1 **采购业务主要单据及其作用**

主要单据	作用
采购计划	企业以销售和生产计划为基础，考虑供需关系及市场计划变化等因素，制订采购计划，并经适当的管理层审批后执行；部门留存
供应商清单	防止虚构供应商、虚构应付账款；部门留存
请购单	由生产、仓库等相关部门的有关人员填写，送交采购部门；部门内部连续编号，并经主管人员签字批准；部门留存

续表

主要单据	作　用
订购单	由采购部门填写，经适当的管理层审核后发送供应商；部门留存
采购合同	证明采购行为发生的证据；原件采购部门留存，财会部门可复印作业务支撑辅助用
验收单	验收部门收到商品后编制的凭据，列示通过质检的、从供应商处收到的商品的种类和数量等内容
入库单	仓库管理员填写的验收合格品入库的凭证
采购发票	供应商开具，交给买方以载明发运的货物或提供的劳务、应付款金额和付款条件等事项的凭证
付款凭单	应付凭单部门编制，载明已收到的商品、资产或接受的劳务及应付款金额和付款日期的凭证；是采购方企业内部记录和支付负债的授权证明文件

任务 3.1　货币收付的方法

任务说明

在上期经营基础上，根据本月收到的票据（原始凭证 5、19、26、43）进行业务分析，并进行规范的记账凭证编制。（为便于模块化学习与综合应用，记账凭证待月末统一编号并登账，下同）

学习目标

熟悉库存现金的相关规定，能正确管理并使用现金；理解支付结算工具的结算程序，能用不同的结算方式完成货款支付；熟悉其他货币资金的内容。理解资金管理的内部控制，树立不相容岗位职责分离、诚实守信的职业意识。

知识储备

扫码文字教材　　　　扫码微课视频

货币收付　　　　货币收付的方法

1. 货币收付基础认知

企业与其他单位和个人之间的货币收付的方法分为现金结算和支付结算两种。现金结算的使用范围极其有限，大部分货币收付都通过银行办理支付结算。

支付结算的具体方式有支票、银行本票、银行汇票、商业汇票、委托收款、托收承付、汇兑、信用卡、信用证等。

（1）库存现金管理规定

使用范围规定：现金仅限于向个人支付的薪酬、奖金、必要的差旅费以及向个人收购农副产品和银行结算起点以下的零星支出等。

内控管理要求：会计人员与出纳人员分工明确；出纳人员应做到“日清月结”；出纳人员应定期与会计人员核对账目，以保证账账相符；实行交易分开，不能坐支现金；严格审核制度。

企业的一切收支，都必须取得或填制合法的原始凭证，以作为收付款的证明。

（2）银行存款结算方式

银行存款是指企业存放于银行和其他金融机构的货币资金。银行存款账户分为基本存款账户、一般存款账户、临时存款账户和专用存款账户。

支付结算方式有支票、银行本票、银行汇票、商业汇票、委托收款、托收承付、汇兑、信用卡、信用证等。

①支票。

收款单位收到支票，应及时办理收款业务；付款单位根据签发的支票存根和有关原始凭证及时编制付款凭证。支票票样如图 3.1.2、图 3.1.3 所示。

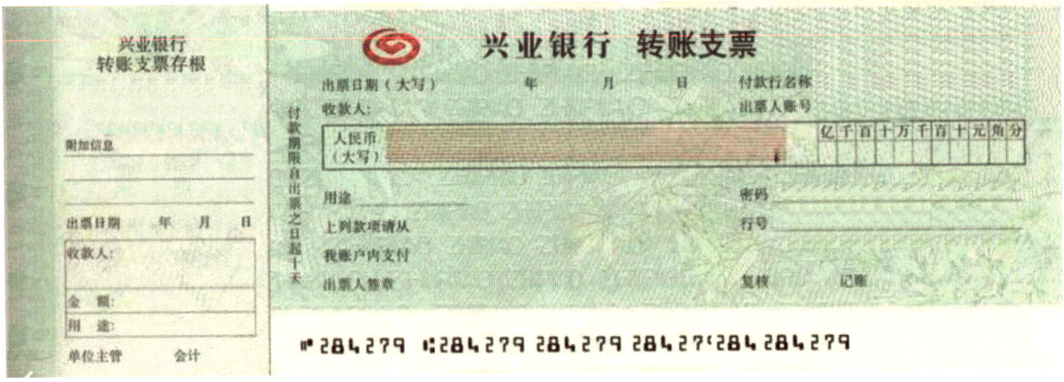

图 3.1.2　支票票样（正面）

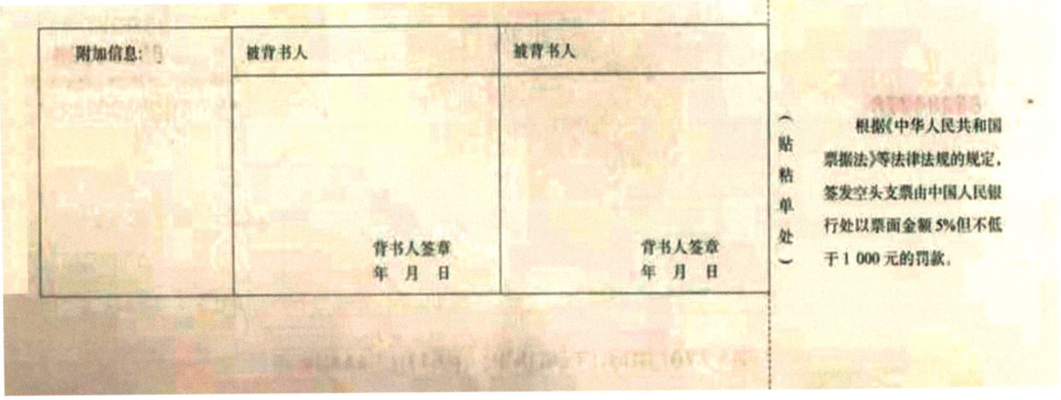

图 3.1.3　支票票样（背面）

②银行本票。

同城使用。付款单位在填送银行本票申请书并将款项交存银行、收到银行签发的银行本票后，根据银行本票申请书存根联及时编制付款凭证。

③银行汇票。

异地使用。付款单位在收到银行签发的银行汇票后，根据银行汇票申请书存根联及时编制付款凭证。其账务处理方法与银行本票基本相同。

银行汇票的提示付款期为1个月；一律记名，可以背书转让；汇款金额起点为500元。

④商业汇票。

商业汇票根据承兑人的不同，分为商业承兑汇票和银行承兑汇票。票样如图3.1.4、图3.1.5、图3.1.6所示。

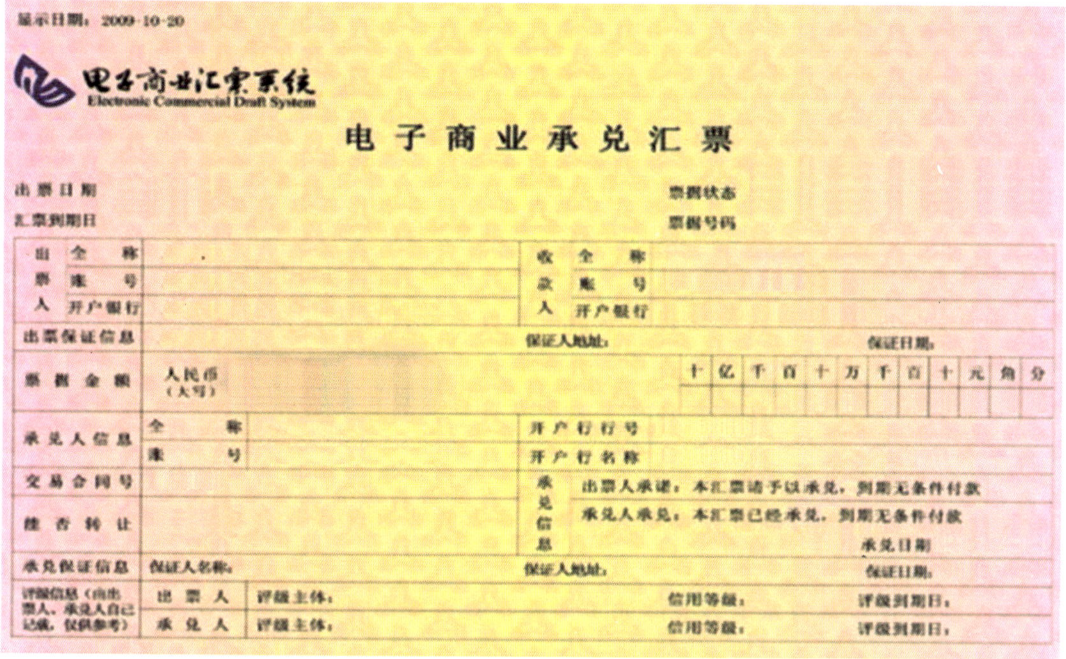

显示日期：2009-10-20

电子商业汇票系统

Electronic Commercial Draft System

电子商业承兑汇票

出票日期			票据状态		
汇票到期日			票据号码		
出票人	全称		收款人	全称	
	账号			账号	
	开户银行			开户银行	
出票保证信息		保证人地址：		保证日期：	
票据金额	人民币（大写） [illegible]		十 亿 千 百 十 万 千 百 十 元 角 分		
承兑人信息	全称		开户行行号		
	账号		开户行名称		
交易合同号			承兑信息	出票人承诺：本汇票请予以承兑，到期无条件付款	
能否转让				承兑人承兑：本汇票已经承兑，到期无条件付款	
				承兑日期	
承兑保证信息	保证人名称：	保证人地址：		保证日期：	
评级信息（由出票人、承兑人自己记载，仅供参考）	出票人	评级主体：	信用等级：	评级到期日：	
	承兑人	评级主体：	信用等级：	评级到期日：	

图3.1.4　电子商业承兑汇票票样

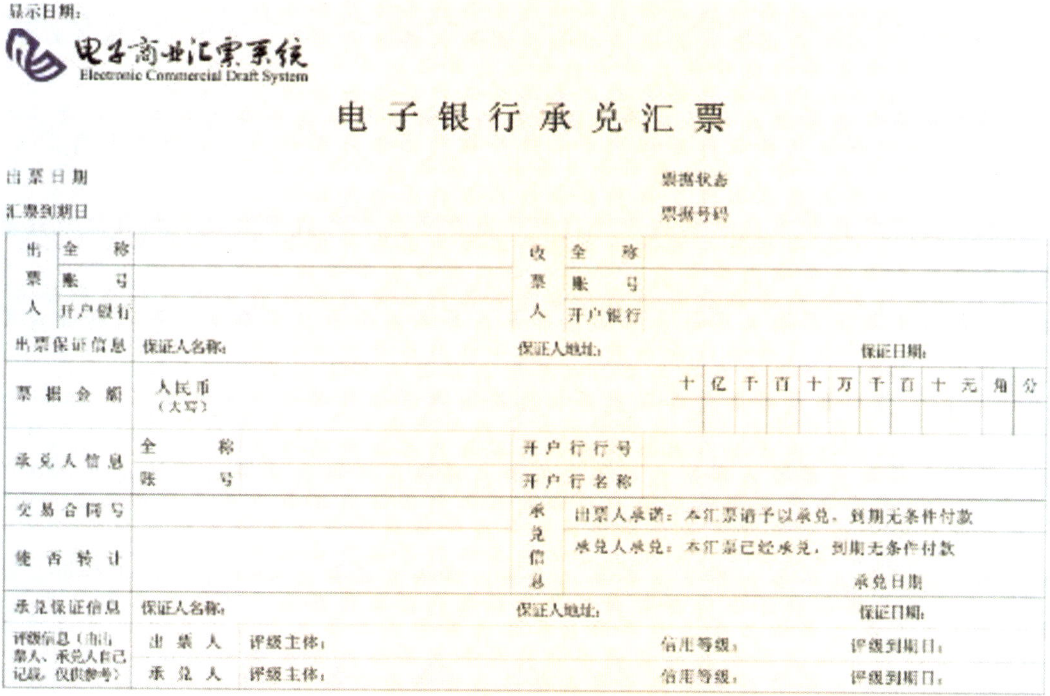

显示日期：

电子商业汇票系统

Electronic Commercial Draft System

电子银行承兑汇票

出票日期			票据状态		
汇票到期日			票据号码		
出票人	全称		收票人	全称	
	账号			账号	
	开户银行			开户银行	
出票保证信息	保证人名称：	保证人地址：		保证日期：	
票据金额	人民币（大写）		十 亿 千 百 十 万 千 百 十 元 角 分		
承兑人信息	全称		开户行行号		
	账号		开户行名称		
交易合同号			承兑信息	出票人承诺：本汇票请予以承兑，到期无条件付款	
能否转让				承兑人承兑：本汇票已经承兑，到期无条件付款	
				承兑日期	
承兑保证信息	保证人名称：	保证人地址：		保证日期：	
评级信息（由出票人、承兑人自己记载，仅供参考）	出票人	评级主体：	信用等级：	评级到期日：	
	承兑人	评级主体：	信用等级：	评级到期日：	

图3.1.5　电子银行承兑汇票票样（正面）

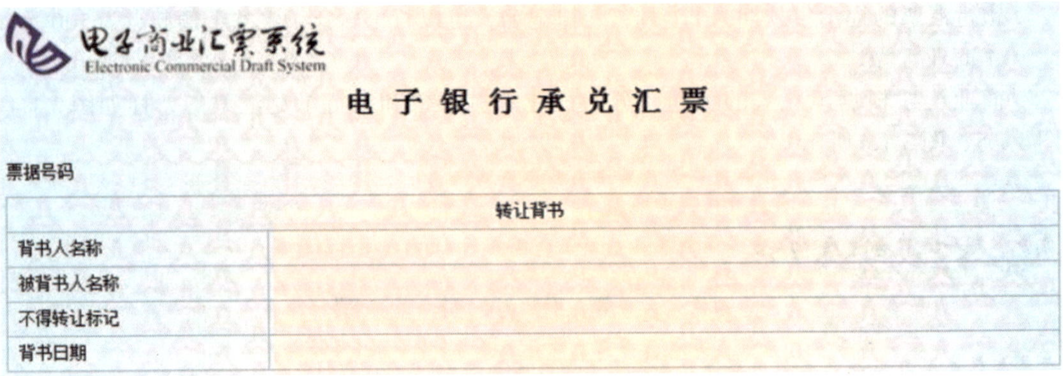
电子商业汇票系统
Electronic Commercial Draft System

电 子 银 行 承 兑 汇 票

票据号码

转让背书	
背书人名称	
被背书人名称	
不得转让标记	
背书日期	

图3.1.6　电子银行承兑汇票票样（背面）

商业承兑汇票是购销双方的票据交易行为，是一种商业信用，银行只作为清算的中介。银行承兑汇票是银行的一种信用业务，银行承兑汇票由银行保证无条件付款，因而有较高的信誉。

付款人交付商业汇票用于采购时，通过“应付票据”账户进行核算。

⑤委托收款。

付款方通过“应付账款”账户进行核算。采购时未付款，接到银行付款通知及有关部门附件后，应在规定的付款期内偿付货款。

⑥托收承付。

在托收承付结算方式下，银行对付款单位的拒付理由有审核的义务；在委托收款结算方式下，银行对付款单位的拒付理由不负责审核。其核算方法与委托收款相同。

⑦汇兑。

汇兑适用于单位和个人的各种款项的主动支付结算。付款单位以取得的汇款回单作为偿付欠款的原始凭证。

⑧信用卡。

采用信用卡结算方式的收款单位对于当日受理的信用卡签购单，填写汇计单和进账单，连同签购单一并送交银行办理转账。

刷卡单位信用到期前作为“应付账款”，信用到期后收到的付款通知作为偿付货款的原始凭证。

（3）其他货币资金

其他货币资金包括银行汇票存款、银行本票存款、信用卡存款、信用证保证金存款、存出投资款、外埠存款、微信存款、支付宝存款等。

这一系列其他货币资金都是用企业的银行存款转存而成的，具有货币的支付结算功能。

2.货币收付业务主要账户对应关系

货币收付业务主要账户对应关系如图3.1.7、图3.1.8所示。

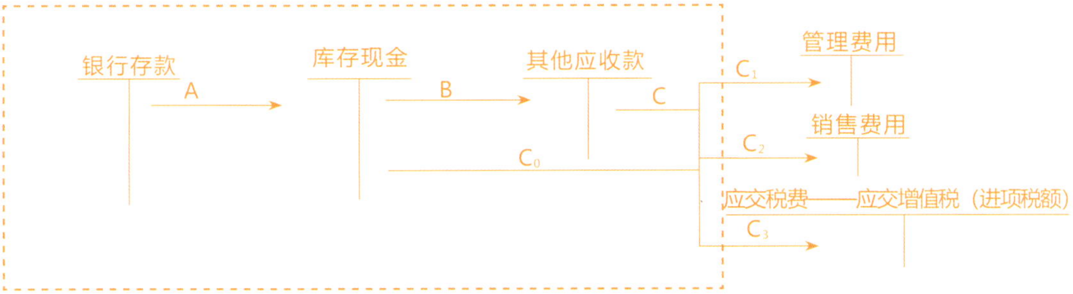

A：从银行提取备用金
B：预借差旅费
C：报销差旅费
　C_0：补付超预借差旅费
　C_1、C_2：按受益原则计入费用
　C_3：符合抵扣条件的增值税

图 3.1.7　费用报销业务主要账户对应关系图

在报销费用时，取得专用发票的增值税可以抵扣，取得普通发票的增值税只能计入费用；取得注明旅客身份信息的航空运输电子行程单、铁路车票及公路、水路等其他客票的，可以按适用的增值税税率（航空、铁路 9%；公路、水路 3%）进行价税分离，其税额可以计入进项税额予以抵扣。

如果是公务卡出差，一般不需要预借差旅费。发生费用时刷卡支付，在信用还款期前完成报账即可。

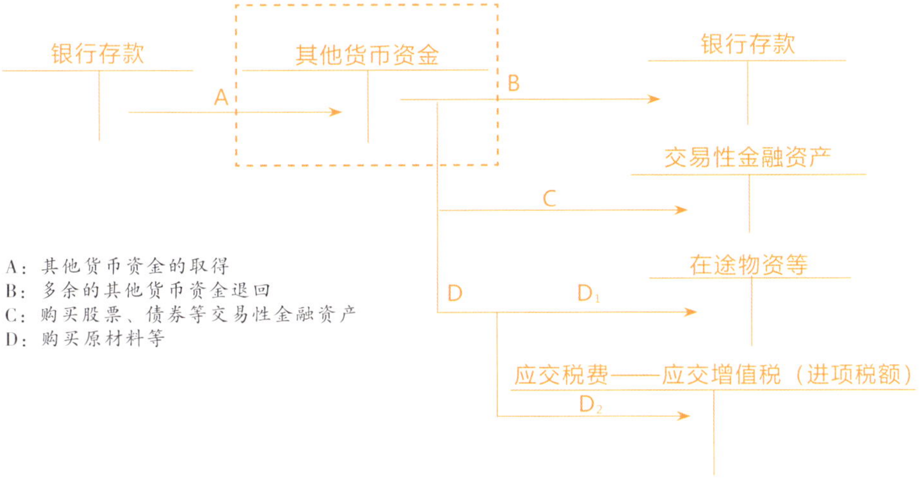

A：其他货币资金的取得
B：多余的其他货币资金退回
C：购买股票、债券等交易性金融资产
D：购买原材料等

图 3.1.8　其他货币资金业务常用账户对应关系图

学习情境描述

会计主体：重庆信宇纸业有限责任公司

学习情境3.1.1

原始凭证3.1.1

中国工商银行

现金支票存根

Ⅳ 01035901

附加信息 ________________

出票日期：2022年4月1日

收款人：	重庆信宇纸业有限责任公司
金额：	¥20 000.00
用途：	备用金

单位主管：耀黎　　会计：廖金

情境分析：

原始凭证3.1.1为向银行提现备用。其会计处理为：

借：库存现金　　20 000.00

　贷：银行存款　　20 000.00

学习情境3.1.2

原始凭证3.1.2

重庆信宇纸业有限责任公司领（借）条

2022年4月1日　　编号：220401

今 领/借 到

人民币（大写）叁仟元整　　（小写）¥3 000.00

用途说明：办公室李景到北京出发（参加现代信息技术培训会）

现金付讫

出纳：李丹　　审批人：刘海　　领（借）款人：李景

情境分析：

原始凭证3.1.2为办公室人员出差预借差旅费。其会计处理为：

借：其他应收款——李景　　3 000.00

　贷：库存现金　　3 000.00

学习情境 3.1.3

原始凭证 3.1.3

差旅费报销单

填报日期：2022 年 4 月 8 日

姓名	李景	所在部门	办公室		出差地点	北京	出差日期	自 2022 年 4 月 2 日至 2022 年 4 月 6 日					
事由	参加现代信息技术培训会												
日期			起到地点		车船或飞机		住宿费			在途补助		餐费补贴	
年	月	日	起	到	类别	金额	日数	标准	金额	标准	金额	标准	金额
2022	4	2	重庆	北京	飞机	1 250	4	250	1 000	50/天	250	80/天	400
2022	4	6	北京	重庆	飞机	1 270							
金额合计（大写）人民币肆仟壹佰柒拾元整（¥4 170.00）										经手人签章		李景	
备注：预支差旅费 3 000.00 元，补付现金¥1 170 元													

附件 3 张

出纳：李丹　　审批人：刘海　　经手人：李景

原始凭证 3.1.4

航空运输电子客票行程单

ITINERARY/RECEIPT OF E-TICKET FOR AIR TRANSPORT

印刷序号：57193943913 SERIAL NUMBER

旅客姓名 NAME OF PASSENGER	有效身份证件号码 ID NO.	签注 ENDORSEMENTS/RESTRICTIONS(CARBON)							
李景	510221197003238931	不得转签							
FGI097	承运人 CARRIER	航班号 FLIGHT	座位等级 CLASS	日期 DATE	时间 TIME	客票级别/客票类别 FARE BASIS	客票生效日期 NOT VALID BEFORE	有效截止日期 NO VALID AFTER	免费行李 ALLOW
自 FROM 北京	国航	CA3477	Y	2022-04-06	18:25	Y			20KG
至 TO 重庆									
至 TO VOID									
至 TO									
	票价 PRICE CNY1 220.00	民航发展基金 CAAC DEVELOPMENT FUND	燃油附加费 FUEL SURCHARGE CNY50.00	其他税费 OTHER TAXES EXEMPT	合计 CNY 1 270.00				
电子客票号码 E-TICKET NO.7816540799653	验证码 CK.	提示信息 INFORMATION	保险费 INSURANCE						
销售单位代号 AGENT CODE FAJ 600	填开单位 ISSUED BY 中国国际航空股份有限公司	填开日期 DATE OF ISSUE 2022-04-06							

付款凭证 RECEIPT　手写无效 INVALID IN HANDWRITING

验真网址：WWW.ACCS.COM　服务热线：400-575-535　短信验真：发送 JP 至 106690

请旅客乘机前认真阅读《旅客须知》及承运人的运输总条件内容

Thelmpertant Notice and the general conditions of carriage must be read before travelling

原始凭证 3.1.5

北京市增值税专用发票

No 00564120

5047884916

开票日期：2022 年 04 月 06 日

购买方	名称：重庆信宇纸业有限责任公司 纳税人识别号：915001135620182135 地址、电话：重庆渝中区大坪大黄路 18 号 023-59618826 开户行及账号：工行渝中支行大黄路分理处 91510184283909l205			密码区	（略）		
货物或应税劳务、服务名称	规格型号	单位	数量	单价	金额	税率	税额
*生活服务*住宿费		天	4	235.85	943.40	6%	56.60
合计					¥943.40		¥56.60
价税合计（大写）	⊗壹仟元整				（小写）¥1 000.00		
销售方	名称：北京万友大酒店 纳税人识别号：915004783298415261 地址、电话：北京市海淀区中山路 18 号 010-67324686 开户行及账号：招商银行北京建安支行 915006347123525173			备注			

第三联　发票联　购买方记账凭证

收款人：邓敏　　复核：孙智英　　开票人：李媛　　销售方（章）

原始凭证 3.1.6

航空运输电子客票行程单
ITINERARY/RECEIPT OF E-TICKET FOR AIR TRANSPORT

印刷序号：57193943803
SERIAL NUMBER

旅客姓名 NAME OF PASSENGER	有效身份证件号码 ID NO.	签注 ENDORSEMENTS/RESTRICTIONS(CARBON)
李景	510221197003238931	不得转签

	承运人 CARRIER	航班号 FLIGHT	座位等级 CLASS	日期 DATE	时间 TIME	客票级别/客票类别 FARE BASIS	客票生效日期 NOT VALID BEFORE	有效截止日期 NOT VALID AFTER	免费行李 ALLOW
自 FROM 重庆	国航	CA3457	Y	2022-04-02	13:06	Y			20KG
至 TO 北京		VCID							
至 TO VOID									
至 TO									
	票价 PRICE CNY1 200.00	民航发展基金 CAAC DEVELOPMENT PUND		燃油附加费 FUEL SURCHARG CNY50.00	EXEMPT	其他税费 OTHER TAXES		合计 TOTAL CNY 1 250.00	

电子客票号码 E-TICKET NO.7816540798777　验证码 CK　提示信息 INFORMATION　保险费 INSURANCE

销售单位代号 AGENT CODE FAJ 600　填开单位 ISSUED BY 中国国际航空股份有限公司　填开日期 DATE OF ISSUE 2022-04-02

验真网址：WWW.ACCS.COM　服务热线：400-575-535　短信验真：发送JP至106690

付款凭证 RECEIPT　手写无效 INVALID IN HANDWRITING

（印章：全国统一发票监制章 国家税务总局监制；中国民航电子客票行程单 发票专用章）

原始凭证 3.1.7

重庆信宇纸业有限责任公司收据

2022年4月8日　　编号：220416

兹收到：信宇纸业现金

人民币（大写）壹仟壹佰柒拾元整　（小写）¥1 170.00

收款原因：补付差旅费

（印章：现金付讫）

出纳：李丹　　审批人：刘海　　收款人：李景

情境分析：

原始凭证 3.1.3～3.1.7 为办公室人员报销差旅费。共发生费用 4 170 元，超过预借款 1 170 元，应补付。发生的费用中，可抵扣的进项税额为 264.67 元（1 250÷（1+9%）×9%+1 270÷（1+9%）×9%+56.60）。故其会计处理为：

借：管理费用——差旅费　　3 905.33
　　应交税费——应交增值税（进项税额）　　264.67
　贷：其他应收款——李景　　3 000.00
　　　库存现金　　1 170.00

任务要求与分析

1. 根据《财务会计实训》中的原始凭证 5、19、26、43 分析以下问题，并填制和审核记账凭证

（1）这四套原始凭证的会计主体是________________。

（2）属于外来原始凭证的是__________；属于自制原始凭证的是__________。

（3）原始凭证5阐述了什么业务？__________________________现金是否已经流出企业？__________

（4）原始凭证19-1与原始凭证19-2～19-6之间有何关系？阐述了什么业务？

____

这些原始凭证的发生日期不同，在编制记账凭证时如何确定时间？__________

（5）与原始凭证19-1对应的预支差旅费3 000元的依据是__________；当时记入的账户是__________。

（6）原始凭证19-3、19-4是否有可抵扣进项税额？__________票价是含税价还是不含税价？__________税率是多少？__________如何计算其中的价与税？__________

（7）原始凭证19-5与19-6有何不同？____________其税额的会计处理是否相同？__________

（8）根据原始凭证19，应计入费用的金额是__________元；应计入增值税进项税额的金额是__________元。

（9）原始凭证26阐述了什么业务？__________________按受益原则应记入的账户是__________，金额是__________元，进项税额是__________元。

（10）原始凭证43阐述了什么业务？__________________按受益原则应记入的账户是__________。

深入学习与实施步骤

（11）企业可以向银行申请开立哪几类账户？各个账户开立的基本流程和用途有什么不同？

____

____

（12）银行汇票和商业汇票的区别是什么？

____

____

2.职业素养：不相容岗位职责分离

王玲玲与好朋友共同出资开办了一家玩具配件厂。成立之初，业务量少，收入低，王玲玲就自己负责出纳工作，聘请代理记账公司负责公司记账和报表编制工作。后来公司发展得很好，业务逐渐增多，王玲玲无暇顾及出纳工作，就聘请自己的堂姐王芷晴当出纳，同时把公司的会计工作也交由堂姐王芷晴负责，甚至把支票印鉴也交给她，不再聘请代理记账公司。但是堂姐王芷晴却把公司的资金用于炒股，结果被套牢。没过多久，公司遇到发展机遇急需用钱时，却因为账上没钱错失了一次大好机会。

分析思考：你能指出这家玩具配件厂在货币资金管理中存在的主要问题吗？应该如何对货币资金进行管理和控制？

____

____

3.任务评价（2%）

小组编号：		小组长姓名：	小组长评分：
序号	评价内容	评价标准	分值
1	原始凭证审核	审核并正确描述业务	2
2	账户对应关系	相关账户及方向运用正确	3
3	金额确定	各账户金额正确	3
4	记账凭证其他要素	正确填制日期及附件、制单、审核	2

4.知识自测

扫码任务测试

任务3.2　材料采购及其付款业务会计分析与应用

任务说明

在上期经营基础上，根据本月收到的票据（原始凭证3、4、9、21、31、32、34、36、37、39、44、46、47、48）进行业务分析，并进行规范的记账凭证编制。（为便于模块化学习与综合应用，记账凭证待月末统一编号并登账，下同）。

学习目标

识别不同的付款结算方式，合理确定材料取得成本，分别在计划成本与实际成本管理方法下对取得材料的原始凭证进行职业判断并进行账务处理。树立诚信付款、合法结算、为企业生产服务的职业意识。

知识储备

1.材料采购与付款业务认知

扫码文字教材

采购原材料

扫码微课视频

原材料采购

企业在购置固定资产、无形资产等技术设施后，就需要不断采购材料以投入产品生产，让产品源源不断地生产出来，开启产品制造过程。

采购的材料主要有原材料和周转材料。原材料一次性被生产消耗，直接构成或辅助构成产品实体；周转材料可以在生产经营中被多次使用。

周转材料包括包装物、低值易耗品等。

材料的核算方法分为实际成本核算与计划成本核算。计划成本核算法更有利于加强成本管控。

2.材料采购与付款业务主要账户对应关系

实际成本法下，材料采购业务主要账户对应关系如图3.2.1所示。

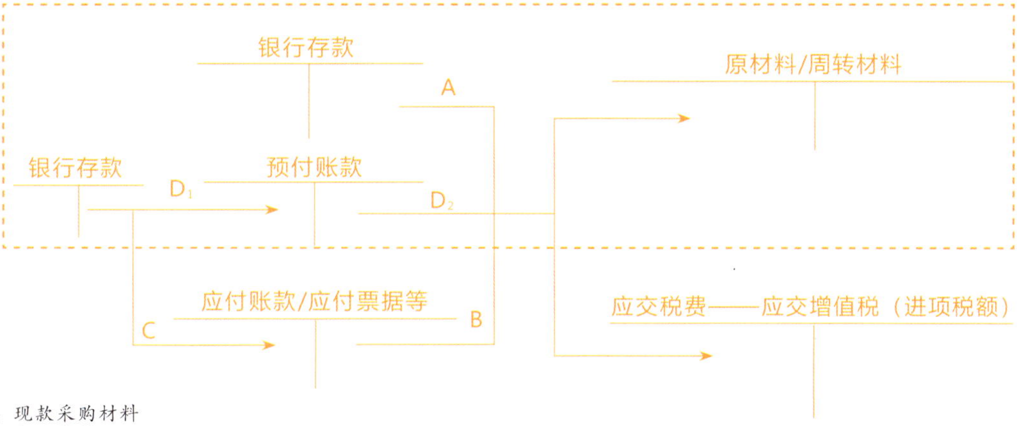

A：现款采购材料
B：赊购材料
C：支付材料欠款
D：预付款采购（D_1支付预付款；D_2预付款采购材料）

图3.2.1　材料采购业务主要账户对应关系图（实际成本法）

若材料未能直接入库，则先通过“在途物资”账户核算其实际成本，入库时再转入“原材料”账户。

计划成本法下，材料采购业务主要账户对应关系如图3.2.2所示。

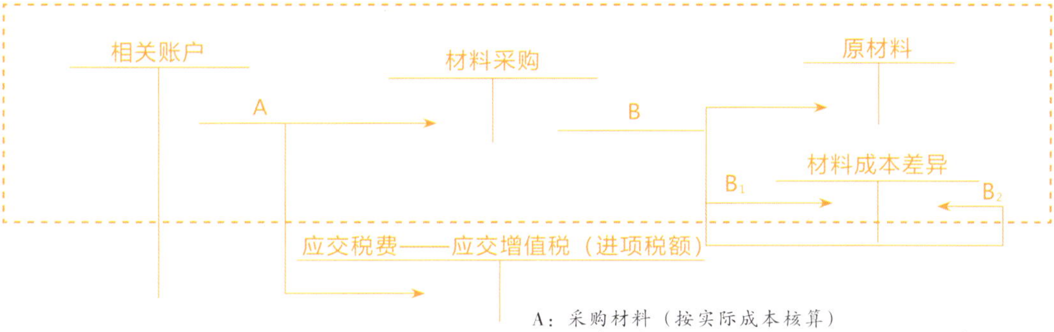

A：采购材料（按实际成本核算）
B：材料入库（按计划成本进行收发和结存核算）
　B_1：超支差记入“材料成本差异”账户的借方
　B_2：节约差记入“材料成本差异”账户的贷方

图3.2.2　材料采购业务常用账户对应关系图（计划成本法）

重点说明：

①采购环节按照实际成本核算，记入“材料采购”账户（必有步骤）。

②材料入库后的收、发、存，无论总分类核算还是明细分类核算，均按照计划成本记入“原材料”“周转材料”等账户。

③材料入库时，由实际成本（“材料采购”账户）转入库计划成本（“原材料”账户），其差额记入“材料成本差异”账户，超支差在借方，节约差在贷方。

④材料暂估入账不产生差异。

学习情境描述

会计主体：重庆信宇纸业有限责任公司（实际成本核算）

学习情境 3.2.1

原始凭证 3.2.1

北京市增值税专用发票

№ 00564063

5047885766

发票联（国家税务总局 北京市税务局 监制）

开票日期：2022年09月01日

购买方		密码区	
	名　　称：重庆信宇纸业有限责任公司		（略）
	纳税人识别号：915001135620182135		
	地 址、电 话：重庆渝中区大坪大黄路18号023-59618826		
	开户行及账号：工行渝中支行大黄路分理处915101842839091205		

货物或应税劳务、服务名称	规格型号	单位	数量	单价	金额	税率	税额
*纸制品*棉浆		件	2 500	200.00	500 000.00	13%	65 000.00
*纸制品*木浆		件	2 000	300.00	600 000.00	13%	78 000.00
合　计					¥1 100 000.00		¥143 000.00
价税合计（大写）	⊗壹佰贰拾肆万叁仟元整				（小写）¥1 243 000.00		

销售方		备注	
	名　　称：北京叮当有限公司		
	纳税人识别号：915004783298565565		
	地 址、电 话：北京市海淀区中山路10号010-67325463		
	开户行及账号：招商银行北京建安支行915006347123544086		

（印章：北京叮当有限公司 915004783298565565 发票专用章）

第三联 发票联 购买方记账凭证

收款人：刘敏　　复核：孙婷婷　　开票人：周正　　销售方：（章）

原始凭证 3.2.2

重庆市增值税专用发票

№ 00565013

5047888767

发票联（国家税务总局 重庆市税务局 监制）

开票日期：2022年09月01日

购买方		密码区	
	名　　称：重庆信宇纸业有限责任公司		（略）
	纳税人识别号：915001135620182135		
	地 址、电 话：重庆渝中区大坪大黄路18号023-59618826		
	开户行及账号：工行渝中支行大黄路分理处915101842839091205		

货物或应税劳务、服务名称	规格型号	单位	数量	单价	金额	税率	税额
*运输服务*运费			1	9 000.00	9 000.00	9%	810.00
合　计					¥9 000.00		¥810.00
价税合计（大写）	⊗玖仟捌佰壹拾元整				（小写）¥9 810.00		

销售方		备注	
	名　　称：重庆光速物流有限公司		2022年9月，起运地：北京市海淀区；到达地：重庆市渝中区；运输货物：棉浆、木浆
	纳税人识别号：915001134560222489		
	地 址、电 话：重庆渝中区苍白路666号023-65658866		
	开户行及账号：工行渝中支行6222021813007455402		

（印章：重庆光速物流有限公司 915001134560222489 发票专用章）

第三联 发票联 购买方记账凭证

收款人：肖研　　复核：孙芳　　开票人：周瑶　　销售方：（章）

原始凭证 3.2.3

材料入库通知单

No.99101

供货单位：北京叮当有限公司　　2022 年 09 月 01 日　　金额单位：元

材料名称	规格	单位	数量		实际成本				计划成本	
			凭证	实收	单价	金额	运杂费	金额合计	单位成本	金额
棉浆		件	2 500	2 500	200.00	500 000.00	5 000.00	505 000.00		
木浆		件	2 000	2 000	300.00	600 000.00	4 000.00	604 000.00		

财务主管：陈明　　供应科长：周历　　仓库验收：周梦　　采购员：王振

原始凭证 3.2.4

中国工商银行
转账支票存根
Ⅳ 07260081

附加信息

出票日期：2022年09月01日

收款人：重庆光速物流有限公司

金　额：¥9 810.00

用　途：支付运费

单位主管：耀黎　　会计：廖金

原始凭证 3.2.5

中国工商银行
转账支票存根
Ⅳ 07260089

附加信息

出票日期：2022年09月05日

收款人：北京叮当有限公司

金　额：¥1 243 000.00

用　途：支付货款

单位主管：耀黎　　会计：廖金

情境分析：

重庆信宇纸业有限责任公司，是一家生产经营"信宇"牌卫生纸的企业，主要生产和销售的产品是卷纸、抽纸。北京叮当有限公司，是一家正常经营纸业相关材料的企业，主要生产和销售的产品是棉浆、竹浆、木浆等产品。

原始凭证 3.2.1 ~ 3.2.5 为重庆信宇纸业有限责任公司向北京叮当有限公司购买原材料的业务，企业采用实际成本法进行材料成本的收发核算。属于单货同到情形，即发票、付款单等结算单据和材料入库通知单（简称"材料入库单"或"入库单"，下同）同时送达财会部门。9 月 5 日后其会计处理为：

借：原材料——棉浆　　505 000

　　　　　——木浆　　604 000

　　应交税费——应交增值税（进项税额）　　143 810

　贷：银行存款　　1 252 810

提示 1：所发生的运费需要在棉浆和木浆之间进行分配。在这里，运费是根据棉浆和木浆的购买数量进行分配的：9 000÷（2 500+2 000）=2（元/件）。

提示 2：运费是材料成本的组成部分。分摊后的运费计入棉浆和木浆的成本中。

提示 3：会计若于9月1日进行会计处理，则货款尚未支付；应于9月5日处理偿付货款。

提示4：会计部门登记银行存款业务的时间与出纳可以不一致。出纳须逐日逐笔登记日记账；会计则于合理的时间开展账务处理工作。

学习情境3.2.2

原始凭证3.2.6

北京市增值税专用发票　　№ 00564067

（国家税务总局 发票联 北京市税务局）

5047885766　　开票日期：2022年09月03日

购买方：
- 名　　称：重庆信宇纸业有限责任公司
- 纳税人识别号：915001135620182135
- 地 址、电 话：重庆渝中区大坪大黄路18号023 59618826
- 开户行及账号：工行渝中支行大黄路分理处915101842836091205

密码区：（略）

货物或应税劳务、服务名称	规格型号	单位	数　量	单　价	金　额	税率	税　额
*纸制品*棉浆		件	2 500	200.00	500 000.00	13%	65 000.00
*纸制品*木浆		件	2 000	300.00	600 000.00	13%	78 000.00
合　计					¥1 100 000.00		¥143 000.00
价税合计（大写）	⊗壹佰贰拾肆万叁仟元整				（小写）¥1 243 000.00		

销售方：
- 名　　称：北京叮当有限公司
- 纳税人识别号：915004783298565565
- 地 址、电 话：北京市海淀区中山路10号010-67325463
- 开户行及账号：招商银行北京建安支行915006347123544086

备注：（北京叮当有限公司 915004783298565565 发票专用章）

第三联 发票联 购买记账凭证

收款人：刘敏　　复核：孙婷婷　　开票人：周正　　销售方：（章）

原始凭证3.2.7

重庆市增值税专用发票　　№ 00565051

（国家税务总局 发票联 重庆市税务局）

5047888767　　开票日期：2022年09月05日

购买方：
- 名　　称：重庆信宇纸业有限责任公司
- 纳税人识别号：915001135620182135
- 地 址、电 话：重庆渝中区大坪大黄路18号023-59618826
- 开户行及账号：工行渝中支行大黄路分理处915101842839091205

密码区：（略）

货物或应税劳务、服务名称	规格型号	单位	数　量	单　价	金　额	税率	税　额
*运输服务*运费			1	9 000.00	9 000.00	9%	810.00
合　计					¥9 000.00		¥810.00
价税合计（大写）	⊗玖仟捌佰壹拾元整				（小写）¥9 810.00		

销售方：
- 名　　称：重庆光速物流有限公司
- 纳税人识别号：915001134560222489
- 地 址、电 话：重庆渝中区苍白路666号023-65658866
- 开户行及账号：工行渝中支行6222021813007455402

备注：2022年9月，起运地：北京市海淀区；到达地：重庆市渝中区；运输货物：棉浆木浆（重庆光速物流有限公司 发票专用章）

第三联 发票联 购买方记账凭证

收款人：肖妍　　复核：孙芳　　开票人：周瑶　　销售方：（章）

原始凭证 3.2.8

中国工商银行
转账支票存根
Ⅳ 07260101

附加信息 ______

出票日期：2022年09月05日

收 款 人：	重庆光速物流有限公司
金　　额：	¥9 810.00
用　　途：	支付运费

单位主管：耀黎　　会计：廖金

原始凭证 3.2.9

银行承兑汇票（存根） 4

签发日期：贰零贰贰年零玖月零壹日　　第55389号

收款人	全称	北京叮当有限公司	承兑申请人	全称	重庆信宇纸业有限责任公司
	账号	915006347123544086		账号	915101842839091205
	开户银行	招商银行北京建安支行		开户银行	工行渝中支行大黄路分理处

汇票金额	人民币（大写）壹佰贰拾肆万叁仟元整	千	百	十	万	千	百	十	元	角	分
		¥	1	2	4	3	0	0	0	0	0

汇票到期日贰零贰贰年零壹拾月零壹日

本汇票送请你银行承兑并确认《银行结算办法》和承兑协议的各项规定。 此致 承兑银行 承兑申请人盖章 2022年09月01日	承兑协议编号　略	交易合同号码　略
本汇票本行承兑，到期日由本行付交。 承兑人盖章 2022年09月09日	汇票签发人盖章 负责人： 经办人：	科目（付）： 对方科目（收）： 转账日期　年　月　日 复核：　记账：

情境分析：

原始凭证3.2.6～3.2.9表示采购了材料但尚未验收入库，属于单到货未到，即发票、付款单等结算单据已送达财会部门，但材料入库单尚未送达财会部门。应先记入“在途物资”账户，待收到该材料的入库单时，再转入“原材料”账户。9月5日，将相关原始凭证配套后，其会计处理为：

借：在途物资——棉浆　　505 000

　　　　　　——木浆　　604 000

　　应交税费——应交增值税（进项税额）　　143 810

贷：银行存款　　9 810

　　应付票据　　1 243 000

原始凭证3.2.10

材料入库通知单

No.99102

供货单位：北京叮当有限公司　　2022年09月06日　　金额单位：元

材料名称	规格	单位	数量		实际成本				计划成本	
			凭证	实收	单价	金额	运杂费	金额合计	单位成本	金额
棉浆		件	2 500	2 500	200.00	500 000.00	5 000.00	505 000.00		
木浆		件	2 000	2 000	300.00	600 000.00	4 000.00	604 000.00		

财务主管：陈明　　供应科长：周厉　　仓库验收：周梦　　采购员：王振

原始凭证3.2.10为在途物资到达入库。其会计处理为：

借：原材料——棉浆　　505 000

　　　　——木浆　　604 000

　贷：在途物资——棉浆　　505 000

　　　　　——木浆　　604 000

学习情境3.2.3

原始凭证3.2.11

材料入库通知单

No99210

供货单位：北京叮当有限公司　　2022年9月27日　　金额单位：元

材料名称	规格	单位	数量		实际成本				计划成本	
			凭证	实收	单价	金额	运杂费	金额合计	单位成本	金额
棉浆		件		2 500	200	500 000.00		500 000.00		
木浆		件		2 000	300	600 000.00		600 000.00		

财务主管：陈明　　供应科长：周厉　　仓库验收：周梦　　采购员：王振

情境分析：

原始凭证3.2.11为信宇纸业向北京叮当有限公司购买原材料的业务，但是只有材料入库通知单送达财会部门，对应的发票、付款单等结算单据尚未送达财会部门，属于货到单未到。

在这种情况下：

（1）9月27日，收到上述材料入库通知单时不需要进行账务处理。

（2）如果9月内收到对应的结算单，其会计处理同学习情境3.2.1。

（3）如果至9月30日结算单仍然未到，则暂估入账。其会计处理如下：

借：原材料——棉浆　　500 000

——木浆　　600 000

贷：应付账款——暂估应付账款　　1 100 000

原始凭证 3.2.12

材料入库通知单

No.99215

供货单位：北京叮当有限公司　　2022 年 10 月 5 日　　金额单位：元

材料名称	规　格	单　位	数　量		实际成本				计划成本	
			凭证	实收	单价	金额	运杂费	金额合计	单位成本	金额
棉浆		件		2 500	200	500 000.00		500 000.00		
木浆		件		2 000	300	600 000.00		600 000.00		

财务主管：陈明　　供应科长：周历　　仓库验收：周梦　　采购员：王栋

原始凭证 3.2.12 为 10 月初填制的红字材料入库单，冲销上月暂估入账。其会计处理为：

借：原材料——棉浆　　500 000

——木浆　　600 000

贷：应付账款——暂估应付账款　　1 100 000

学习情境 3.2.4

原始凭证 3.2.13

中国工商银行
转账支票存根
Ⅳ07260105

附加信息 ____________________

出票日期：2022年09月01日

收款人：北京叮当有限公司

金　　额：￥500 000.00

用　　途：预付货款

单位主管：耀黎　　会计：廖金

情境分析：

原始凭证 3.2.13 为根据合同向北京叮当有限公司预付 500 000 元货款用于采购。其会计处理为：

借：预付账款——北京叮当有限公司　　500 000

贷：银行存款　　500 000

原始凭证3.2.14

材料入库通知单

No.99121

供货单位：北京叮当有限公司　　2022年9月23日　　金额单位：元

材料名称	规格	单位	数量		实际成本				计划成本	
			凭证	实收	单价	金额	运杂费	金额合计	单位成本	金额
棉浆		件		2 500	200	500 000.00		500 000.00		
木浆		件		2 000	300	600 000.00		600 000.00		

财务主管：陈明　　供应科长：周历　　仓库验收：周梦　　采购员：王栋

原始凭证3.2.15

北京市增值税专用发票

No 00564089

5047885766　　发票联　　开票日期：2022年09月23日

购买方	名　称：重庆信宇纸业有限责任公司 纳税人识别号：915001135620182135 地址、电话：重庆渝中区大坪大黄路18号023-59618826 开户行及账号：工行渝中支行大黄路分理处91510184283909 1205				密码区	（略）	
货物或应税劳务、服务名称	规格型号	单位	数量	单价	金额	税率	税额
*纸制品*棉浆		件	2 500	200.00	500 000.00	13%	65 000.00
*纸制品*木浆		件	2 000	300.00	600 000.00	13%	78 000.00
合　计					¥1 100 000.00		¥143 000.00
价税合计（大写）	⊗壹佰贰拾肆万叁仟元整				（小写）¥1 243 000.00		
销售方	名　称：北京叮当有限公司 纳税人识别号：915004783298565565 地址、电话：北京市海淀区中山路10号010-67325463 开户行及账号：招商银行北京建安支行915006347123544086				备注		

第三联　发票联　购买方记账凭证

收款人：刘敏　　复核：孙婷婷　　开票人：周正　　销售方（章）

北京叮当有限公司　915004783298565565　发票专用章

情境分析：

此情境为收到北京叮当有限公司开具的发票及发来的原材料，并验收入库。其会计处理为：

借：原材料——棉浆　　500 000

　　　　　——木浆　　600 000

　　应交税费——应交增值税（进项税额）　　143 000

　贷：预付账款——北京叮当有限公司　　1 243 000

原始凭证 3.2.16

中国工商银行
转账支票存根
Ⅳ07260120

附加信息 ______________________

出票日期：2022年09月24日

收 款 人：	北京叮当有限公司
金　　额：	￥743 000.00
用　　途：	支付尾款

单位主管：耀黎　　会计：廖金

情境分析：

原始凭证3.2.16为支付北京叮当有限公司尾款。其会计处理为：

借：预付账款——北京叮当有限公司　　743 000

　贷：银行存款　　743 000

采用实际成本法核算时，日常不反映材料成本是节约还是超支，也就不能考核物资采购业务的经营成果。因此，这种方法适用于材料收发业务较少的企业。对于材料收发业务较多且计划成本资料较为健全、准确的企业，一般可以采用计划成本法进行材料收发的核算。

学习情境3.2.5

会计主体：重庆信宇纸业有限责任公司（计划成本核算）

计划成本：棉浆220元/件，木浆290元/件

原始凭证 3.2.17

北京市增值税专用发票

发票联

№ 00564063

5047885766

开票日期：2022年09月01日

购买方	名　　称：重庆信宇纸业有限责任公司 纳税人识别号：915001135620182135 地 址、电 话：重庆渝中区大坪大黄路18号023-59618826 开户行及账号：工行渝中支行大黄路分理处915101842839091205	密码区	（略）		

货物或应税劳务、服务名称	规格型号	单位	数　量	单　价	金　额	税率	税　额
*纸制品*棉浆		件	2 500	200.00	500 000.00	13%	65 000.00
*纸制品*木浆		件	2 000	300.00	600 000.00	13%	78 000.00
合　计					¥1 100 000.00		¥143 000.60
价税合计（大写）	⊗壹佰贰拾肆万叁仟元整				（小写）¥1 243 000.00		

销售方	名　　称：北京叮当有限公司 纳税人识别号：915004783298565565 地 址、电 话：北京市海淀区中山路10号010-67325463 开户行及账号：招商银行北京建安支行915006347123544086	备注	北京叮当有限公司 915004783298565565 发票专用章

收款人：刘敏　　复核：孙婷婷　　开票人：周正　　销售方（章）

第三联 发票联 购买方记账税凭证

原始凭证 3.2.18

重庆市增值税专用发票

发票联

№ 00565013

5047888767

开票日期：2022年09月01日

购买方	名称：重庆信宇纸业有限责任公司 纳税人识别号：915001135620182135 地址、电话：重庆渝中区大坪大黄路18号023-59618826 开户行及账号：工行渝中支行大黄路分理处915101842839091205			密码区	（略）		
货物或应税劳务、服务名称	规格型号	单位	数量	单价	金额	税率	税额
*运输服务*运费			1	9 000.00	9 000.00	9%	810.00
合计					¥9 000.00		¥810.00
价税合计（大写）	⊗玖仟捌佰壹拾元整				（小写）¥9 810.00		
销售方	名称：重庆光速物流有限公司 纳税人识别号：915001134560222489 地址、电话：重庆渝中区苍白路666号023-65658866 开户行及账号：工行渝中支行6222021813007455402			备注	2022年9月，起运地：北京市海淀区；到达地：重庆市渝中区；运输货物：棉浆、木浆		

收款人：肖妍　　复核：孙芳　　开票人：周瑶　　销售方（章）

第三联　发票联　购买方记账凭证

原始凭证 3.2.19

中国工商银行
转账支票存根

Ⅳ07260081

附加信息

出票日期：2022年09月01日

收款人：	重庆光速物流有限公司
金额：	¥9 810.00
用途：	支付运费

单位主管：耀黎　　会计：廖金

原始凭证 3.2.20

中国工商银行
转账支票存根

Ⅳ07260089

附加信息

出票日期：2022年09月05日

收款人：	北京吖当有限公司
金额：	¥1 243 000.00
用途：	支付货款

单位主管：耀黎　　会计：廖金

情境分析：

原始凭证3.2.17～原始凭证3.2.20为计划成本法下的单货同到业务。根据发票与付款凭证先进行采购环节核算。其会计处理为：

借：材料采购——棉浆　　505 000

　　　　　　——木浆　　604 000

　　应交税费——应交增值税（进项税额）　　143 810

　贷：银行存款　　1 252 810

原始凭证 3.2.21

材料入库通知单

No.99101

供货单位：北京叮当有限公司　　2022 年 09 月 01 日　　金额单位：元

材料名称	规格	单位	数量		实际成本				计划成本	
			凭证	实收	单价	金额	运杂费	金额合计	单位成本	金额
棉浆		件	2 500	2 500	200.00	500 000.00	5 000.00	505 000.00	220.00	550 000.00
木浆		件	2 000	2 000	300.00	600 000.00	4 000.00	604 000.00	290.00	580 000.00

财务主管：陈明　　供应科长：周历　　仓库验收：周梦　　采购员：王栋

根据材料入库通知单可知，棉浆为节约差（505 000−550 000=−45 000 元）；木浆为超支差（604 000−580 000=24 000 元）。其会计处理为：

借：原材料——棉浆　　550 000

　　　　　——木浆　　580 000

　　材料成本差异——木浆　　24 000

　贷：材料采购——棉浆　　505 000

　　　　　　——木浆　　604 000

　　材料成本差异——棉浆　　45 000

知识储备

在计划成本计价方式下，月末应将发出材料的计划成本调整为实际成本。

$$材料成本差异率=\frac{月初结存材料的成本差异+本月收入材料的成本差异}{月初结存材料的计划成本+本月收入材料的计划成本}$$

材料成本差异率若为正数，则为超支；若为负数，则为节约。

发出材料应负担的差异额 = 发出材料的计划成本×材料成本差异率

发出材料的实际成本 = 发出材料的计划成本±本月发出材料应负担的差异额

【案例 3.2.1】某企业原材料采用计划成本计价，根据本月“发料凭证汇总表”，发出材料情况为：生产产品耗用 100 000 元，行政管理部门耗用 5 000 元，生产车间耗用 20 000 元，本月材料成本差异率为−2%，则会计处理及登账示意图（图 3.2.3）如下：

（1）结转发出材料的计划成本：

借：生产成本　　100 000

　　管理费用　　5 000

　　制造费用　　20 000

　贷：原材料　　125 000

（2）结转发出材料应负担的材料成本差异：

借：生产成本　　2 000

　　管理费用　　100

　　制造费用　　400

　贷：材料成本差异　　2 500

本月发出材料的实际成本 = 125 000 −2 500 = 122 500 （元）

生产成本实际成本=100 000−2 000=98 000（元）

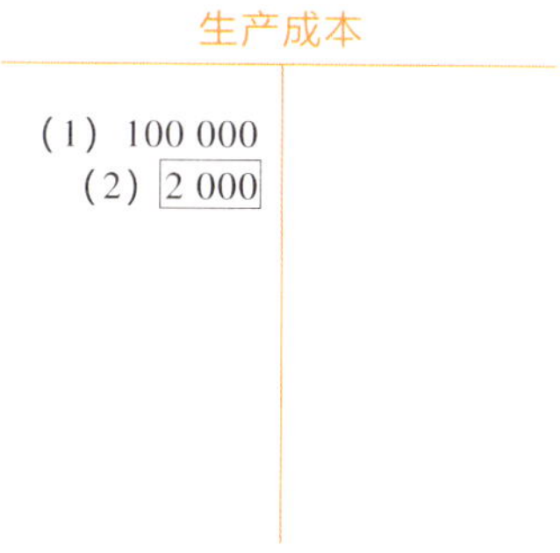

图 3.2.3　T 型账登账示意图

任务要求与分析

1.结合《财务会计实训》中期初实训资料，根据原始凭证3、4、9、21、31、32、34、36、37、39、44、46、47、48分析以下问题并填制和审核记账凭证

（1）这一系列原始凭证的会计主体是________________。

（2）原始凭证3所述前欠货款的依据在哪里查找？________________

（3）原始凭证4所记载的发动机、车轮等货物应记入的账户是________________；款项是否已支付？________________

（4）原始凭证9描述了什么会计事项？________这里的运费如何处理？________运费的分配标准是________。运费分配尾差如何处理？________原始凭证9-3、9-5中"运杂费"金额的填写依据是________，"金额合计"的填列方法是________，各原材料入账成本依据原始凭证________（编号）________（单元格名）来确定；可抵扣进项税额等于________。

（5）原始凭证21描述了什么会计事项？________________原始凭证21-4应使用的会计科目是________。

（6）原始凭证31描述了什么会计事项？________________原始凭证31-1所述"补付货款"的依据在哪里查找？________________

（7）原始凭证32描述了什么会计事项？________________包装箱应通过________账户进行核算，本企业对此材料采用的核算方法是________，应按______成本入账；采购环节使用的会计科目是________，应按________成本入账。采购环节应使用的原始凭证是________，入库环节应使用的原始凭证是________，原始凭证32-3中"计划成本"栏的单位成本应从________________查找确定。

（8）原始凭证34描述了什么会计事项？________________款项是否已支付？________材料是否已入库？________应记入的账户是________。

（9）原始凭证36描述了什么会计事项？________与其相关联的业务是__________。

（10）原始凭证37描述了什么会计事项？________应记入的账户是____________。

（11）原始凭证39描述了什么会计事项？________________原始凭证39-3所述"临时采购账户"应使用的会计科目是________。

（12）原始凭证44-1所列示的工作服等应记入的账户是________，本企业对此材料采用的核算方法是________，应按________成本入账，"计划成本"栏的单位成本应从________查找确定；采购环节使用的会计科目是________，应按________成本入账。采购环节应使用的原始凭证是________，入库环节应使用的原始凭证是________。

（13）原始凭证46描述了什么会计事项？________可通过________进行核实。

（14）原始凭证47描述了什么会计事项？________可通过________进行核实。

（15）原始凭证48描述了什么会计事项？可能涉及的相关账户是什么？

____

____

（16）根据以上分析结果填制并审核记账凭证。

深入学习与实施步骤

材料成本差异的结转：某企业生产甲产品领用A包装物100个，单位计划成本为20元，材料成本差异率为2%；生产乙产品领用B包装物80个，单位计划成本为12元，材料成本差异率为-1%。计算领用包装物的实际成本。

2.职业素养：材料采购内控管理意识

扫码职业素养

采购内控

要求：分析公司材料采购制度中存在的缺陷，指出这些缺陷可能导致的错报，并提出针对性的改进建议。

3.任务评价（8%）

小组编号：		小组长姓名：	小组长评分：
序号	评价内容	评价标准	分值
1	原始凭证审核	审核并正确描述业务	2
2	账户对应关系	相关账户及方向运用正确	3
3	金额确定	各账户金额正确	3
4	记账凭证其他要素	正确填制日期及附件、制单、审核	2

4.知识自测

扫码任务测试

任务3.3　委托加工物资业务会计分析与应用

学习目标

能对委托加工物资业务熟练地进行职业分析并正确进行会计处理，树立诚实守信的职业意识。

知识储备

1.委托加工物资业务认知

扫码文字教材

委托加工物资核算

扫码微课视频

委托加工物资

①委托加工物资是指企业委托外单位加工的各种材料、商品等物资。

②企业委托外单位加工物资的成本包括：加工中所消耗材料物资的实际成本、支付的加工费以及按规定应计入加工物资成本的税金（指属于消费税应税范围的加工物资应负担的消费税、加工物资用于非应税项目的增值税等）、支付的往返运杂费和装卸费。

③若该委托加工物资需要缴纳消费税，应由受托方在向委托方交货时代收代缴消费税。

委托加工支付消费税的核算方法如图3.3.1所示。

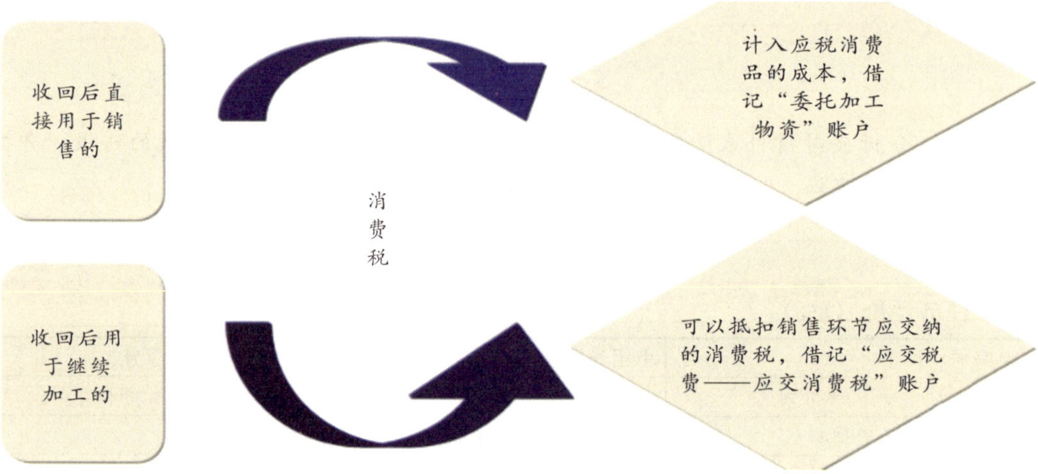

图3.3.1　委托加工支付消费税核算方法示意图

2.委托加工物资业务主要账户对应关系

委托加工物资业务主要账户对应关系如图3.3.2所示。

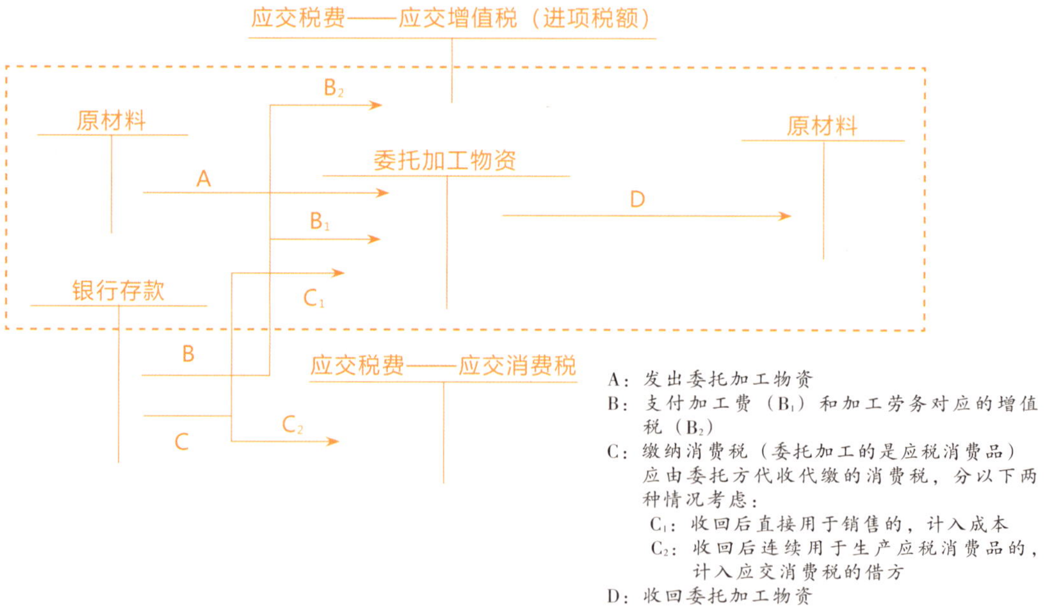

图3.3.2　委托加工物资业务主要账户对应关系图

学习情境描述

会计主体：重庆信宇纸业有限责任公司

学习情境 3.3.1

原始凭证 3.3.1

出　库　单

No.65656101

委托加工单位：重庆光茂实业有限公司　　2022 年 09 月 12 日

编　号	品　名	规　格	单　位	数　量	单　价	金　额	备　注
0001	棉浆		件	1 000	202	202 000	
0002	木浆		件	1 000	302	302 000	
合　计						¥504 000.00	

第二联　记账联

情境分析：

原始凭证 3.3.1 为向重庆光茂实业有限公司发出委托加工物资，其会计处理为：

借：委托加工物资　　504 000

　贷：原材料——棉浆　　202 000

　　　　　　——木浆　　302 000

学习情境 3.3.2

原始凭证 3.3.2

重庆市增值税专用发票

发票联

№ 00565043

5047888922

开票日期：2022年09月12日

购买方	名　　称：重庆信宇纸业有限责任公司 纳税人识别号：915001135620182135 地址、电话：重庆渝中区大坪大黄路18号 023-59618826 开户行及账号：工行渝中支行大黄路分理处 915101842839091205				密码区	（略）		
货物或应税劳务、服务名称	规格型号	单位	数　量	单　价	金　额	税率	税　额	
*劳务*加工劳务*加工费			1		200 000.00	13%	26 000.00	
合　计					¥200 000.00		¥26 000.00	
价税合计（大写）	⊗贰拾贰万陆仟元整					（小写）¥226 000.00		
销售方	名　　称：重庆光茂实业有限公司 纳税人识别号：915001135690222465 地址、电话：重庆渝北区宝环路999号 023-98652222 开户行及账号：工行渝北支行 915101842839098650				备注	重庆光茂实业有限公司 915001135690222465 发票专用章		

第三联　发票联　购买方记账凭证

收款人：向阳　　复核：吴冰　　开票人：刘然　　销售方（章）

情境分析：

原始凭证 3.3.2 为收到加工方开具的加工劳务发票，应继续计入加工成本。其会计处理为：

借：委托加工物资　　200 000

　　应交税费——应交增值税（进项税额）　　26 000

　贷：应付账款——重庆光茂实业有限公司　　226 000

学习情境3.3.3

原始凭证3.3.3

产品入库通知单

No.99203

供货单位：重庆光茂实业有限公司　　2022年9月27日　　金额单位：元

材料名称	规格	单位	数量		单价	金额	运杂费	金额合计	计划成本	
			凭证	实收					单位成本	金额
抽纸		箱	1000	1000		704 000.00		704 000.00		

财务主管：陈明　　供应科长：周厉　　仓库验收：杨正

情境分析：

原始凭证3.3.3为收到加工完成的抽纸一批，验收入库。其会计处理为：

借：库存商品——抽纸　　704 000

　贷：委托加工物资　　704 000

学习情境3.3.4

原始凭证3.3.4

中国工商银行

转账支票存根

Ⅳ07260150

附加信息 ______________

出票日期：2022年09月27日

收款人：重庆光茂实业有限公司

金　额：¥226 000..00

用　途：支付加工费

单位主管：耀黎　　会计：廖金

情境分析：

原始凭证3.3.4为支付加工费，其会计处理为：

借：应付账款——重庆光茂实业有限公司　　226 000

　贷：银行存款　　226 000

任务要求与分析

知识自测

扫码任务测试

本模块任务参考答案

扫码实训

供应与付款业务

本模块思维导图

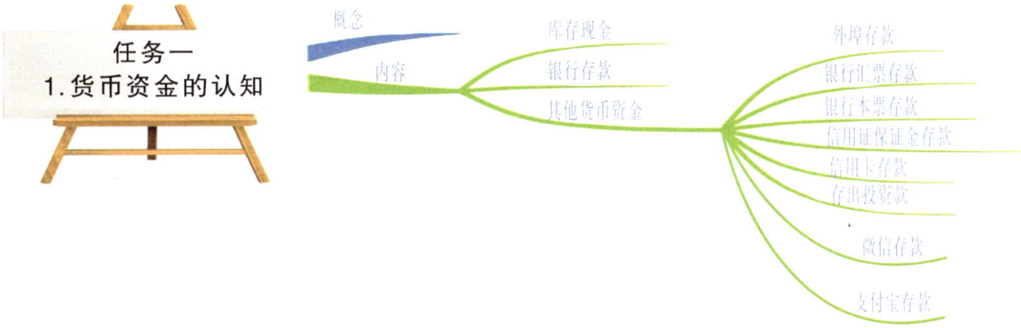

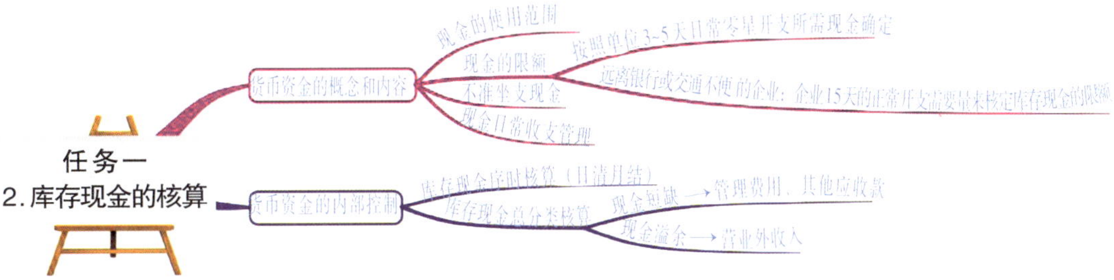

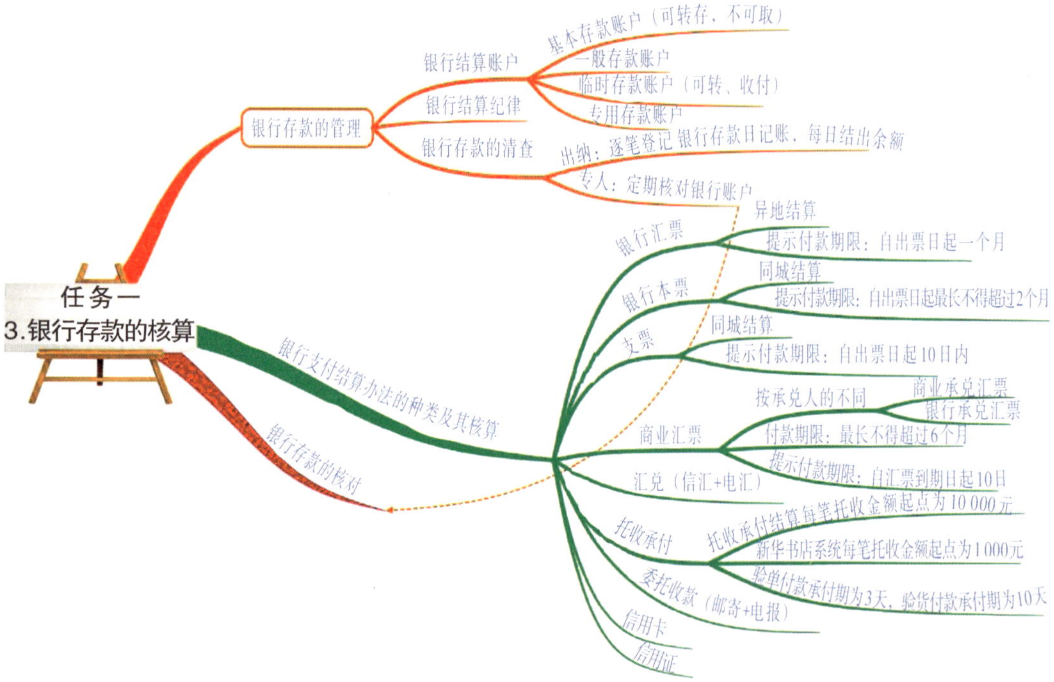

任务一
3.银行存款的核算
银行存款的管理
银行结算账户
基本存款账户（可转存，不可取）
一般存款账户
临时存款账户（可转、收付）
专用存款账户
银行结算纪律
银行存款的清查
出纳：逐笔登记银行存款日记账，每日结出余额
专人：定期核对银行账户
银行支付结算办法的种类及其核算
银行汇票
异地结算
提示付款期限：自出票日起一个月
银行本票
同城结算
提示付款期限：自出票日起最长不得超过2个月
支票
同城结算
提示付款期限：自出票日起10日内
商业汇票
按承兑人的不同
商业承兑汇票
银行承兑汇票
付款期限：最长不得超过6个月
提示付款期限：自汇票到期日起10日
汇兑（信汇+电汇）
托收承付
托收承付结算每笔托收金额起点为10 000元
新华书店系统每笔托收金额起点为1 000元
验单付款承付期为3天，验货付款承付期为10天
委托收款（邮寄+电报）
信用卡
信用证
银行存款的核对

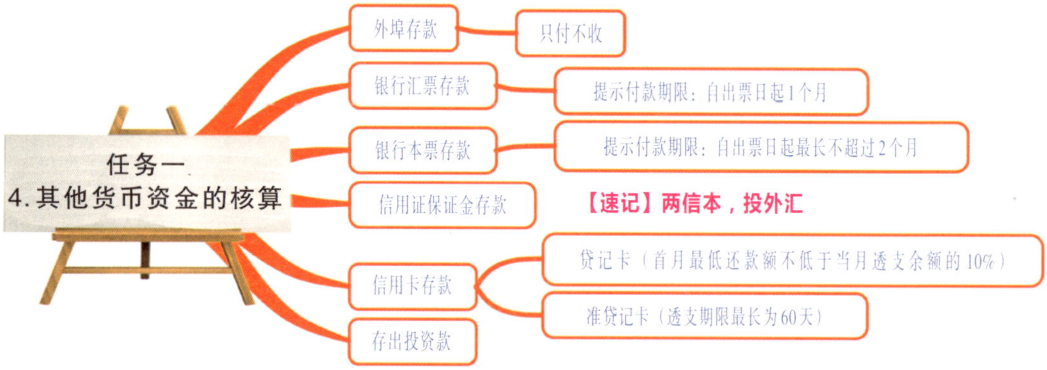

任务一
4.其他货币资金的核算
外埠存款
只付不收
银行汇票存款
提示付款期限：自出票日起1个月
银行本票存款
提示付款期限：自出票日起最长不超过2个月
信用证保证金存款
【速记】两信本，投外汇
信用卡存款
贷记卡（首月最低还款额不低于当月透支余额的10%）
准贷记卡（透支期限最长为60天）
存出投资款

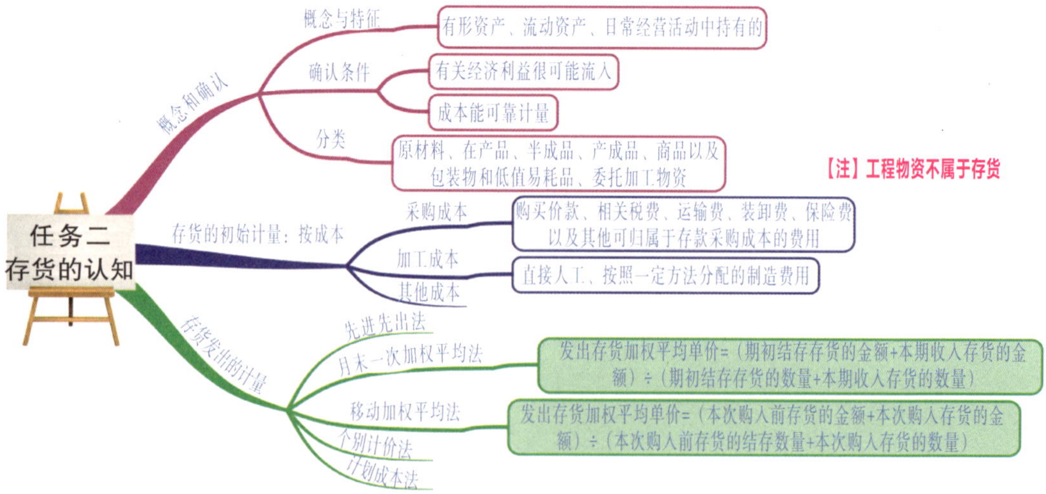

任务二
存货的认知
概念和确认
概念与特征
有形资产、流动资产、日常经营活动中持有的
确认条件
有关经济利益很可能流入
成本能可靠计量
分类
原材料、在产品、半成品、产成品、商品以及包装物和低值易耗品、委托加工物资
【注】工程物资不属于存货
存货的初始计量：按成本
采购成本
购买价款、相关税费、运输费、装卸费、保险费以及其他可归属于存款采购成本的费用
加工成本
直接人工、按照一定方法分配的制造费用
其他成本
存货发出的计量
先进先出法
月末一次加权平均法
发出存货加权平均单价=（期初结存存货的金额+本期收入存货的金额）÷（期初结存存货的数量+本期收入存货的数量）
移动加权平均法
发出存货加权平均单价=（本次购入前存货的金额+本次购入存货的金额）÷（本次购入前存货的结存数量+本次购入存货的数量）
个别计价法
计划成本法

任务三 原材料的核算

- 实际成本法
  - 科目：在途物资、原材料
    - 购入
      - 收料、付款同时：
        借：原材料
        　　应交税费——应交增值税（进项税额）
        　贷：银行存款（其他货币资金）
      - 先收料、后付款：
        借：原材料
        　　应交税费——应交增值税（进项税额）
        　贷：应付账款（应付票据）
        借：应付账款
        　贷：银行存款
      - 先付款、后收料：
        借：在途物资
        　　应交税费——应交增值税（进项税额）
        　贷：银行存款
        借：原材料
        　贷：在途物资
      - **【注】账单未到，货款未付：月末暂估入账，次月冲回**
    - 发出
      - 生产经营领用：生产成本、制造费用、销售费用、管理费用
      - 福利等部门领用：应付职工薪酬、应交税费——应交增值税（进项税额转出）
      - 出售：其他业务收入、应交税费——应交增值税（销项税额）
- 计划成本法
  - 科目：材料采购、材料成本差异
  - 本期材料成本差异率=（月初结存材料的成本差异+本月收入材料的成本差异）÷（月初结存材料的计划成本+本月收入材料的计划成本）×100%
    月初材料成本差异率=月初结存材料的成本差异÷月初结存材料的计划成本×100%
    发出材料应负担的差异额=发出材料的计划成本×材料成本差异率
    本月发出材料的实际成本=发出材料的计划成本+发出材料应负担的差异额

任务四 核算周转材料业务

- 包装物
  - 随同商品出售，不单独计价：销售费用
  - 随同商品出售，单独计价：其他业务成本
  - **对比记忆**
  - 生产过程中用于包装产品作为产品组成部分的包装物：生产成本
  - 出租或出借给购买单位使用的包装物：出租→其他业务成本，出借→销售费用
- 低值易耗品
  - 一次摊销法　科目：制造费用/管理费用等
  - 分次摊销法　科目：制造费用/管理费用等

任务五 委托加工物资核算

- 委托加工物资认知
  - 委托加工物资是指企业委托外单位加工的各种材料、商品等物资
- 委托加工物资核算
  - 发出委托加工物资
    借：委托加工物资
    　贷：原材料——M材料
  - 支付加工费
    借：委托加工物资
    　　应交税费——应交增值税（进项税额）
    　贷：库存现金
    　　　银行存款
  - 收回加工物资
    借：原材料——M材料
    　贷：委托加工物资

本模块学习评价与反馈：小组学习总结与PPT展示

学习过程评价小组自评表

班　级		组　名		日　期	年　月　日
评价指标	评价内容			成绩评定	
信息检索	能有效利用网络、图书资源、工作手册查找有用的相关信息等；能用自己的语言有条理地去解释、表述所学知识；能将查到的信息有效地传递到工作中				
感知工作	熟悉工作岗位，认同工作价值；在工作中能获得满足感				
参与态度	积极主动参与工作，能吃苦耐劳，崇尚劳动光荣、技能宝贵；与教师、同学之间能够相互尊重、理解、平等相处；与教师、同学之间能够保持多向、丰富、适宜的信息交流				
参与态度	探究式学习、自主学习不流于形式，处理好合作学习与独立思考的关系，做到有效学习；能提出有意义的问题或能发表个人见解；能按要求正确操作；能够倾听别人意见、协作共享				
学习方法	操作技能符合规范；能按要求正确操作；获得了进一步学习的能力				
工作过程	平时上课的出勤情况和每天完成工种任务情况；善于多角度分析问题，能主动发现、提出有价值的问题				
思维态度	能发现问题、提出问题、分析问题、解决问题、创新问题				
自评反馈	按时按质完成工作任务；较好地掌握了专业知识点；具有较强的信息分析能力和理解能力；具有较为全面、严谨的思维能力并能条理清楚、明晰地表达成文				
小组评定					
有益的经验和做法					
从其他组得到的启发					
总结反馈建议					

教师评价表

<table>
<tr><td>班 级</td><td></td><td colspan="2">组 名</td><td></td><td>姓 名</td><td></td></tr>
<tr><td>出勤情况</td><td colspan="6"></td></tr>
<tr><td>评价内容</td><td>评价要点</td><td colspan="3">考察要点</td><td>分数</td><td>分数评定</td></tr>
<tr><td rowspan="2">1.任务描述、接受任务</td><td rowspan="2">口述内容细节</td><td colspan="3">（1）表述仪态自然、吐字清晰</td><td rowspan="2">2分</td><td>表述仪态不自然或吐字模糊扣1分</td></tr>
<tr><td colspan="3">（2）表达思路清晰、层次分明、准确</td><td>表达思路模糊或层次不清扣1分</td></tr>
<tr><td rowspan="2">2.任务分析、分组情况</td><td rowspan="2">依据原始凭证分析业务，小组分工</td><td colspan="3">（1）分析原始凭证关键点准确</td><td rowspan="2">30分</td><td>表达思路模糊或层次不清扣20分</td></tr>
<tr><td colspan="3">（2）涉及理论知识回顾完整，分组分工明确</td><td>知识不完整扣5分，分工不明确扣5分</td></tr>
<tr><td rowspan="8">3.任务实施</td><td rowspan="3">会计工作准备</td><td colspan="3">（1）记账凭证准备</td><td rowspan="3">5分</td><td>每漏一项扣1分</td></tr>
<tr><td colspan="3">（2）书写用具准备</td><td>没有检查扣1分</td></tr>
<tr><td colspan="3">（3）辅助用具准备</td><td>实操期间缺失扣1分</td></tr>
<tr><td rowspan="3">会计工作实施</td><td colspan="3">（1）正确组合原始凭证</td><td>5分</td><td>选择错误扣1分，扣完为止</td></tr>
<tr><td colspan="3">（2）查阅资料，正确填制记账凭证并完成配套整理</td><td>25分</td><td>选择错误扣1分，扣完为止</td></tr>
<tr><td colspan="3">（3）正确完成审核任务</td><td>10分</td><td></td></tr>
<tr><td rowspan="2">现场恢复</td><td colspan="3">（1）工作过程中保持环境干净、整洁</td><td>5分</td><td>每漏一项扣1分，扣完为止</td></tr>
<tr><td colspan="3">（2）办公室环境恢复</td><td>5分</td><td>每违反一项扣1分，扣完为止</td></tr>
<tr><td rowspan="2">4.总结</td><td rowspan="2">任务总结</td><td colspan="3">（1）依据自评分数</td><td>5分</td><td></td></tr>
<tr><td colspan="3">（2）依据个人总结评分报告</td><td>8分</td><td>依据总结内容是否到位酌情给分</td></tr>
<tr><td colspan="5">合 计</td><td>100分</td><td></td></tr>
</table>

模块四

生产经营业务会计分析与应用

核心目标

- 能在对产品成本形成过程整体性认知的基础上，制作并使用生产耗用类原始凭证，培养产品质量意识。

能力目标

- 1.能对产品生产与消耗过程形成框架性认知；
- 2.能根据不同的业务资料结合企业生产特点进行成本划分；
- 3.能对生产消耗的物料成本正确进行计量与账务处理；
- 4.能对生产消耗的各种人工成本正确进行账务处理；
- 5.能正确计算完工总成本与单位成本。

素养目标

- 树立产品质量是企业生命线的职业认知，培养提质升效的管理意识。

案例引入

重庆渝中摩托制造有限公司2022年发生的生产经营业务如下：

查阅《财务会计实训》教材中以下原始凭证：10、53、55、56、57、58、59、60、63、64。

问题思考：

1. 这些原始凭证载明了什么经济业务？
2. 这些原始凭证的金额是如何确定的？
3. 对确认无误的原始凭证如何进行账务处理？

生产业务及流程认知

制造业是国民经济的核心，生产业务是制造业的核心，产品质量是企业的生存之本。

微课

生产业务流程

生产过程就是以工艺流程为引导，在企业有效管控下，通过消耗人力、物力生产出社会所需的各种产品。

不同企业生产业务流程各不相同，简要表述如图4.1.1所示。

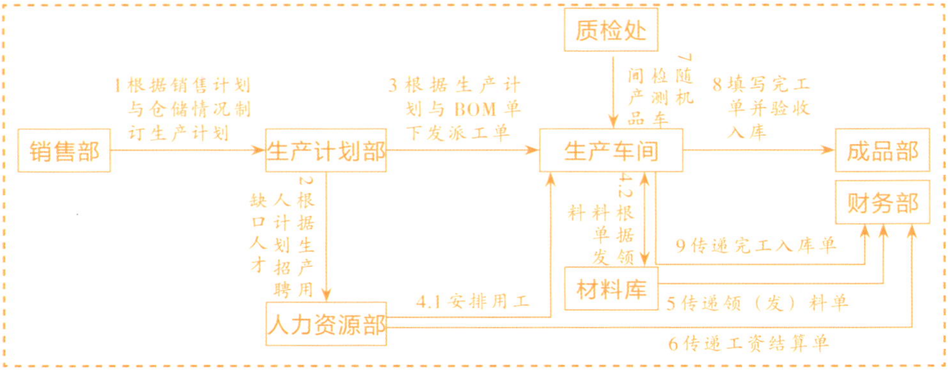

（说明：BOM单即为物料清单Bill of Material的简称，是计算机可以识别的产品结构数据文件，也是ERP的主导文件）

图4.1.1　生产业务流程示意图

做好成本核算的各项基础工作是正确计算成本的前提保障。需要会计部门和其他各部门密切配合，共同做好这项工作。

成本核算的基础工作主要包括：制定各种定额并及时进行修订；建立健全财产物资的计量、收发、领退制度；建立各种原始记录的收集整理制度；制定厂内内部结算价格；建立各责任单位的责任成本等。

产品生产过程主要账户对应关系如图4.1.2所示。

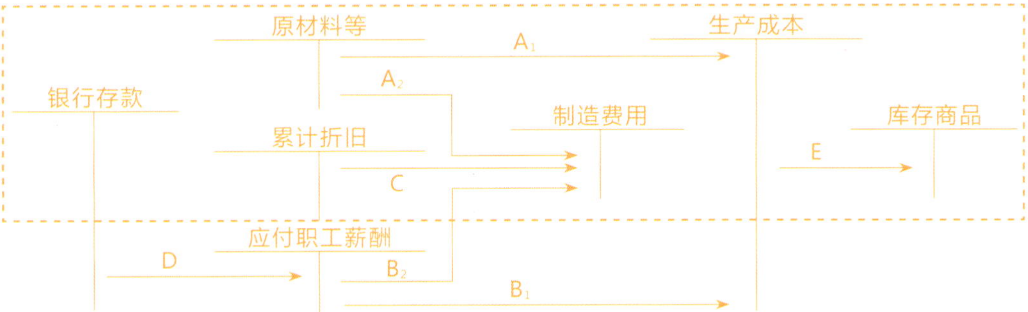

A：生产产品领用材料　A_1：生产产品发生直接材料费　A_2：生产车间发生间接材料费
B：生产产品发生人工费　B_1：生产产品发生直接人工费　B_2：生产车间发生间接人工费
C：生产车间提取折旧费
D：支付职工薪酬
E：结转完工产品生产成本

图 4.1.2　产品生产过程主要账户对应关系图

其中：制造费用、生产成本按成本归集对象（产品名称、车间名称等）设置明细账，同时根据其所消耗内容设计成本项目进行多栏式明细账管理，如图 4.1.3 所示。

制造费用　　明细账

二级科目　五车间　　　　总第 25 页　分第 8 页

2022年 月	2022年 日	凭证字号	摘要	（借）方金额分析 材料费	人工费	水电费	其他	合计
				千百十万千百十元角分	千百十万千百十元角分	千百十万千百十元角分	千百十万千百十元角分	千百十万千百十元角分
5	28		承前页	874676	1248148	378830	360000	2861654

生产成本　　明细账

二级科目　商品砼　　　　总第 23 页　分第 3 页

2022年 月	2022年 日	凭证字号	摘要	成本项目 直接材料	直接人工	制造费用	其他	合计
				千百十万千百十元角分	千百十万千百十元角分	千百十万千百十元角分	千百十万千百十元角分	千百十万千百十元角分
5	28		承前页	2642897	796180	1248637	458468	5146182

图 4.1.3　制造费用、生产成本账页图样

任务4.1　领用物料业务会计分析与应用

任务说明

在上期经营基础上，根据本月收到的票据（原始凭证10、59、60）进行业务分析并进行规范的记账凭证编制。

学习目标

能对生产经营中各部门领用材料进行合理计价，对各种领料业务熟练地进行职业分析并正确进行会计处理，培养对企业实物资产的管理意识。

知识储备

扫码文字教材　产品成本认知

扫码微课视频　领用物料：实际成本核算

扫码微课视频　领用物料：计划成本核算

生产用物料认知

生产中所需物料主要包括原材料、周转材料（如包装物、低值易耗品）。根据管理需要可分别采用实际成本计价和计划成本计价两种核算方法。

收发材料较少的企业，可以选择实际成本计价；收发业务较多且计划成本资料较为健全、准确的企业，可以采用计划成本法，便于加强对材料成本的控制与考核。

无论采用哪种核算方法，期末都需要计算出所领用物料的实际成本。

学习情境描述

会计主体：重庆ZJ再生资源开发有限公司

学习情境4.1.1

原材料明细账（实际成本）如图4.1.4所示。

情境分析：

图4.1.4为5月份原材料——矿粉按实际成本法计价的收、发、存情况。其中，发出单价采用的全月一次加权平均法计算。计算方法为：

$$\text{加权单价}=\frac{\text{期初结存金额}+\text{本期收入金额}}{\text{期初结存数量}+\text{本期收入数量}}=\frac{3\,320+34\,080}{40+420}=81.30\text{（元/吨）}$$

发出成本 $=180\times81.30=14\,634$（元）

结存成本 $=3\,320+34\,080-14\,634=22\,766$（元）

最后一笔业务一般于期末通过编制发料凭证汇总表（见表4.1.1）来统计各部门领用材料情况。

原材料　明细账

总第 16 页　分第 3 页

存入地点 2号棚　最高存量　最低存量　计量单位 吨　货名 矿粉

2022年 月	2022年 日	凭证字号	摘要	收入（借方）数量	收入（借方）单价	收入（借方）金额	发出（贷方）数量	发出（贷方）单价	发出（贷方）金额	结存 数量	结存 单价	结存 金额
4	30		承前页							40	83.00	332000
5	3	记08	从实砼石材厂购入	80	84.00	672000				120		
	10	记11	从冒山村购入	100	80.00	800000				220		
	18		跳蹬6号段用				100			120		
	20		九江18号段用				80			40		
	27	记26	从实砼石材厂购入	40	84.00	336000				80		
	29	记29	从冒山村购入	200	80.00	1600000				280		
	30	记40	结转材料发出成本					81.30	1463400	280	81.30	2276600

图 4.1.4　原材料明细账（实际成本）图样

表 4.1.1

发料凭证汇总表

附件 37 张

2022 年 5 月 30 日　　金额单位：元

领用部门 / 材料名称	跳蹬6号段 数量（吨）	跳蹬6号段 计划单价	跳蹬6号段 金额	九江18号段 数量（吨）	九江18号段 计划单价	九江18号段 金额	管理部门 数量（吨）	管理部门 计划单价	管理部门 金额	金额合计
矿粉	100	83	8 300	80	83	6 640				14 940
石灰石 0–5	500	61	30 500	400	61	24 400				54 900
石灰石 5–10	560	75	42 000	448	75	33 600				75 600
花岗石 10–15	840	108	90 720	672	108	72 576	10	108	1 080	164 376
SBS 沥青	114	3 870	441 180	91	3 870	352 170				793 350
木质纤维	7	2 610	18 270	5	2 610	13 050				31 320
合　计			630 970			502 436			1 080	1 134 486

根据发料凭证汇总表，按受益原则应做如下会计处理：

借：生产成本——跳蹬6号段	630 970.00	
——九江18号段	502 436.00	
管理费用——材料费	1 080.00	
贷：原材料——矿粉		14 940.00
——石灰石0–5		54 900.00
——石灰石5–10		75 600.00
——花岗石10–15		164 376.00
——SBS沥青		793 350.00
——木质纤维		31 320.00

月结手续为直接在最后一笔业务底端画通栏单红线，简称画线结账。实物资产明细账均可采用这类月结手续，因为管理者关注的重点为结存情况，不关注收发合计数据。

附件过多，不便附在记账凭证后，可单独编号立档保管。

除此计算方法外，企业还可根据实物管理需要，采用移动加权平均法、先进先出法或个别计价法等计算领用成本。

学习情境4.1.2

相关业务资料如图4.1.5、图4.1.6、表4.1.2、表4.1.3所示。

原材料　明细账　　总第 16 页　分第 3 页

存入地点 2号棚　计划单价 83　最高存量　最低存量　计量单位 吨　货名 矿粉

2022年 月	日	凭证字号	摘要	收入（借方）数量	收入 单价	收入 金额（千百十万千百十元角分）	发出（贷方）数量	发出 单价	发出 金额（千百十万千百十元角分）	结存 数量	结存 单价	结存 金额（千百十万千百十元角分）
4	30		承前页							40	83.00	332000
5	3	记08	从实砼石材厂购入	80	83.00	664000				120	83.00	996000
	10	记11	从冒山村购入	100	83.00	830000				220	83.00	1826000
	18	记18	跳蹬6号段用				100	83.00	830000	120	83.00	996000
	20	记20	九江18号段用				80	83.00	664000	40	83.00	332000
	27	记26	从实砼石材厂购入	40	83.00	332000				80	83.00	664000
	29	记29	从冒山村购入	200	83.00	1660000				280	83.00	2324000

图4.1.5　原材料明细账（计划成本）图样

材料成本差异　　明细账

二级科目 矿粉　　　　　　　　　　　　　　　　　　总第 18 页　分第 3 页

2022年 月	日	凭证字号	摘要	借方金额	贷方金额	借/贷	余额
4	30		承前页			贷	20000
5	3	记08	从实砼石材厂购入	8000		贷	12000
	10	记11	从冒山材购入		30000	贷	42000
	27	记26	从实砼石材厂购入	4000		贷	38000
	29	记29	从冒山材购入		60000	贷	98000

图 4.1.6　材料成本差异明细账图样

表 4.1.2

发料凭证汇总表

附件 37 张

2022 年 5 月 30 日　　　　金额单位：元

领用部门 / 材料名称	跳蹬6号段			九江18号段			管理部门			金额合计
	数量（吨）	单价	金额	数量（吨）	单价	金额	数量（吨）	单价	金额	
矿粉	100	83	8 300	80	83	6 640				14 940
石灰石 0-5	500	61	30 500	400	61	24 400				54 900
石灰石 5-10	560	75	42 000	448	75	33 600				75 600
花岗石 10-15	840	108	90 720	672	108	72 576	10	108	1 080	164 376
SBS 沥青	114	3 870	441 180	91	3 870	352 170				793 350
木质纤维	7	2 610	18 270	5	2 610	13 050				31 320
合　计	2 121		630 970	1 696		502 436			1 080	1 134 486

表 4.1.3

材料成本差异结转表

附件____张

2022 年 5 月 30 日　　　　金额单位：元

领用部门 / 材料名称	差异率	跳蹬6号段			九江18号段			管理部门			差异合计
		计划成本	差异额	实际成本	计划成本	差异额	实际成本	计划成本	差异额	实际成本	
矿粉	-2.57%	8 300	-213.31	8 086.69	6 640	-170.65	6 469.35				-383.96
石灰石 0-5	-1.85%	30 500	-564.25	29 935.75	24 400	-451.40	23 948.60				-1 015.65
石灰石 5-10	1.23%	42 000	516.60	42 516.60	33 600	413.28	34 013.28				929.88
花岗石 10-15	1.22%	90 720	1 106.78	91 826.78	72 576	885.43	73 461.43	1 080	13.18	1 093.18	2 005.39
SBS 沥青	1.06%	441 180	4 676.51	445 856.51	352 170	3 733	355 903				8 409.51
木质纤维	-2.37%	18 270	-433	17 837	13 050	-309.29	12 740.71				-742.29
合　计		630 970	5 089.33	636 059.33	502 436	4 100.37	506 536.40		13.18	1 093.18	9 202.88

情境分析：

图4.1.5、4.1.6为计划成本核算法下截至5月30日材料成本差异结转前“原材料”与“材料成本差异”账户的账面记录结果。

表4.1.2、表4.1.3为根据当期发出的计划成本汇总情况按不同材料的成本差异率计算的材料成本差异结转额，将原领用成本由计划成本调整为实际成本。

材料成本差异额结转对应账户与原材料领用对应账户相同，从而实现领用成本的调整。

材料成本差异率的计算方法为：

$$\text{矿粉材料成本差异率}=\frac{\text{材料成本差异结转前账面余额}}{\text{期初材料计划成本}+\text{本期收入材料计划成本}}=\frac{-980}{3\,320+34\,860}\times100\%=-2.57\%$$

节约用负数表示，超支用正数表示。

根据材料成本差异结转表，应做如下会计处理：

借：生产成本——跳蹬6号段　　5 089.33

　　　　　　——九江18号段　　4 100.37

　　管理费用——材料费　　13.18

　贷：材料成本差异——矿粉　　383.96

　　　　　　　　——石灰石0-5　　1 015.65

　　　　　　　　——石灰石5-10　　929.88

　　　　　　　　——花岗石10-15　　2 005.39

　　　　　　　　SBS沥青　　8 409.51

　　　　　　　　——木质纤维　　742.29

将“材料成本差异——矿粉”继续登记入账，如图4.1.7所示。

材料成本差异　明细账

二级科目　矿粉　　　　总第 18 页　分第 3 页

2022年 月	日	凭证字号	摘要	借方金额	贷方金额	借/贷	余额
4	30		承前页			贷	200.00
5	3	记08	从实砼石材厂购入	80.00		贷	120.00
	10	记11	从冒山村购入		300.00	贷	420.00
	27	记26	从实砼石材厂购入	40.00		贷	380.00
	29	记29	从冒山村购入		600.00	贷	980.00
	30	记32	结转材料成本差异		383.96	贷	596.04

图4.1.7　材料成本差异明细账图样

其期末余额表示结存矿粉所含节约额。

其他材料差异率的计算与结转、登账类同。

任务要求与分析

1.根据《财务会计实训》中原始凭证10、59、60分析以下问题

（1）原始凭证10-1、10-2阐述了什么业务的发生？______________________________按受益原则应记入的账户是____________。

（2）原始凭证59-12中领用数量与计量单位的填列依据在哪里？__________________

（3）原始凭证59-12中领用金额采用什么方法计算？______________________________计算的数据来源在哪里？____

（4）根据审核无误的原始凭证59-12应如何进行会计处理并完成登账？____________

（5）原始凭证60中计算周转材料成本差异率的计算公式是什么？应该从哪些账户中查找相关计算数据？____

（6）原始凭证60应结转的材料成本差异中，制造费用和其他业务成本应承担的金额如何计算？其计算的数据来源在哪里？______________________________

2.职业素养：树立标杆意识

标杆管理是促进企业经营管理持续改进的重要工具，有助于企业建立切实可行的激励性目标，提高企业绩效。当企业对重要经济活动的各项指标都制订标杆性计划时，就是在打造属于自己的标杆。请查阅相关企业标杆管理成功案例，阐述自己对标杆的理解。

____

____

3.任务评价（10%）

小组编号：		小组长姓名：	小组长评分：
序号	评价内容	评价标准	分值
1	原始凭证填制与审核	数据计算正确，审核并正确描述业务	6
2	账户对应关系	相关账户及方向运用正确	2
3	金额确定	各账户金额正确	1
4	记账凭证其他要素	正确填制日期及附件、制单、审核	1

4.知识自测

扫码任务测试

任务4.2 人工消耗业务会计分析与应用

任务说明

在上期经营基础上，根据本月收到的票据（原始凭证55、56、57、58）进行业务分析并进行规范的记账凭证编制。

学习目标

能对企业生产经营中发生的各种人工消耗业务熟练地进行职业分析并正确进行会计处理，树立基本的人力资源管理意识。

知识储备

扫码文字教材

消耗人工的核算

扫码微课视频

消耗人工的核算

人工消耗业务认知

人力资源是企业生产力与创造力的源泉。如何合法高效地管好、用好人力资源，激发其创造力与归属感，是企业管理者必须树立的管理意识。企业接受了人力资源服务后必须向员工支付薪酬，形成企业的人工消耗。

职工薪酬主要包括短期薪酬、离职后福利、辞退福利和其他长期职工福利。职工薪酬具体计算与发放标准由企业高层管理人员与人力资源部门共同制定。

根据薪酬管理需要，企业可根据薪酬发放内容设置多栏式明细账，如图4.2.1所示。

应付职工薪酬　　明细账

二级科目 ______　　　　　　　　　　　　　　　　　　总第 20 页　分第 3 页

2022年 月	日	凭证字号	摘要	（贷）方金额分析：工资、薪金、津补贴	职工福利费	非货币性福利	工会经费和职工教育经费	社会保险	住房公积金	…	合计
				千百十万千百十元角分	千百十万千百十元角分	千百十万千百十元角分	千百十万千百十元角分	千百十万千百十元角分	千百十万千百十元角分	千百十万千百十元角分	千百十万千百十元角分
4	30		承前页	15876600	1248148	378830	1587660	4762980	1111362		24965580

图 4.2.1　应付职工薪酬明细账图样

学习情境描述

会计主体：重庆ZJ再生资源开发有限公司

学习情境4.2.1

原始凭证4.2.1

工资发放汇总表

2022年5月5日　　　　单位：元

部门	姓名	基础绩效固定部分	考核绩效	应发工资	扣款项目							实发工资
					养老保险（8%）	失业保险（0.5%）	医疗保险（2%）	住房公积金（5%）	个人所得税	其他	扣款合计	
综合	刘启月	3 961.00	3 676.80	7 637.80	611.02	38.19	152.76	381.89	43.62		1 227.48	6 410.32
	郝志远	3 961.00	2 800.00	6 761.00	540.88	33.81	135.22	338.05	21.39		1 069.35	5 691.65
财务	魏明	2 961.00	3 300.00	6 261.00	500.88	31.31	125.22	313.05	8.72		979.18	5 281.82
	陈玲	2 961.00	4 200.00	7 161.00	572.88	35.81	143.22	358.05	31.53		1 141.49	6 019.51
	张浩	2 961.00	5 300.00	8 261.00	660.88	41.31	165.22	413.05	59.42		1 339.88	6 921.12
	⋮											
	龚瑶	2 961.00	4 860.00	7 821.00	625.68	39.11	156.42	391.05	48.26		1 260.52	6 560.48
其他	⋮											
营运	张闯	2 961.00	5 876.00	8 837.00	706.96	44.19	176.74	441.85	74.02		1 443.76	7 393.24
	万洋	2 961.00	6 783.00	9 744.00	779.52	48.72	194.88	487.20	97.01		1 607.33	8 136.67
	赵勇	2 961.00	7 300.00	10 261.00	820.88	51.31	205.22	513.05	110.12		1 700.58	8 560.42
	杨利	2 961.00	7 500.00	10 461.00	836.88	52.31	209.22	523.05	115.19		1 736.65	8 724.35
	⋮											
生产	车间	6 382.00	14 040.40	20 422.40	1 633.79	102.11	408.45	1 021.12	367.71		3 533.18	16 889.22
	6号段工人	13 672.00	25 976.80	39 648.80	3 171.90	198.24	792.98	1 982.44	855.10		7 000.66	32 648.14
	18号段工人	26 846.00	53 692.00	80 538.00	6 443.04	402.69	1 610.76	4 026.90	1 891.64		14 375.03	66 162.97
合　计		95 034.00	176 819.60	271 853.60	21 748.29	1 359.27	5 437.07	13 592.68	6 741.49		48 878.80	222 974.80

重庆ZJ再生资源开发有限公司 财务专用章

出纳：陈玲　　　审核：周瑜　　　制单：王艳

原始凭证4.2.2

中国工商银行　网上银行电子回单

付款人	户　名	重庆ZJ再生资源开发有限公司	收款人	户　名	重庆ZJ再生资源开发有限公司
	账　号	9550880217886700286		账　号	955088021*********
	开户银行	广发银行重庆分行		开户银行	广发银行重庆分行
金额		¥222 974.80	金额（大写）		人民币贰拾贰万贰仟玖佰柒拾肆元捌角整
摘要		代发工资	业务（产品）种类		代工业务
用途		代发工资			
交易流水号		24061632	时间戳		2022-05-06-14.53.10.987264
（印章：广发银行 电子回单专用章）		备注：代发工资 person：450016210800395425			
		验证码：+FgkgF2eU+iSMVtMtyWQbn1A1fJ=			
记账网点	00823	记账柜员	00038	记账日期	2022年05月06日

电子回单号码：0043-0895-0672-2106　　　　打印日期：2022年05月07日

重要提示：

1. 如果您是收款方，请到工行网站www.icbc.com.cn电子回单验证处进行回单验证。
2. 本回单不作为收款方的发货依据，并请勿重复记账。
3. 您可以选择发送邮件，将此电子回单发送给指定的接收人。

情境分析：

原始凭证4.2.1、4.2.2为发放上月工资同时代扣相关款项。工资发放汇总表由人力资源部根据各部门交来的工资表审核汇总而成。银行扣款数为实发工资数。其会计处理为：

借：应付职工薪酬——工资	271 853.60	
贷：其他应付款——养老保险		21 748.29
——失业保险		1 359.27
——医疗保险		5 437.07
——住房公积金		13 592.68
应交税费——应交个人所得税		6 741.49
银行存款		222 974.80

本月发放工资形成的个税纳税义务，于下月申报并扣缴。

学习情境4.2.2

原始凭证4.2.3

中国工商银行　网上银行电子回单

付款人	户　名	重庆ZJ再生资源开发有限公司	收款人	户　名	待报解预算收入——待报解预算收入（代理支库专用）
	账　号	9550880217886700286		账　号	31020511*********
	开户银行	广发银行重庆分行		开户银行	广发银行重庆分行
金额		¥32 622.43	金额（大写）		人民币叁万贰仟陆佰贰拾贰元肆角叁分
摘要		代理国库税收收缴	业务（产品）种类		银税业务
用途		代理国库税收收缴			
交易流水号		24061566	时间戳		2022-05-06-15.13.12187354
		备注：代缴社保（医疗保险） person：450016210800395425			
		验证码：+PeyUF2Tm+iSmVtMtiyWh0P1A1VC=			
记账网点		00823	记账柜员	00038	记账日期　2022年05月06日

电子回单号码：0043-0895-0583-1121　　　　打印日期：2022年05月07日

重要提示：

1.如果您是收款方，请到工行网站 www.icbc.com.cn 电子回单验证处进行回单验证。

2.本回单不作为收款方的发货依据，并请勿重复记账。

3.您可以选择发送邮件，将此电子回单发送给指定的接收人。

情境分析：

原始凭证4.2.3为银行代缴五险一金：医疗保险32 622.43元（单位27 185.36元，个人5 437.07元），养老保险65 244.87元（单位43 496.58元，个人21 748.29元。银行回单略），失业保险5 437.07元（单位4 077.80元，个人1 359.27元。银行回单略），住房公积金27 185.36元（单位13 592.68元，个人13 592.68元。银行回单略）。原始凭证类同。其会计处理为：

借：应付职工薪酬——社会保险（医疗保险）　　27 185.36
　　　　　　　　——设定提存计划（养老保险）　　43 496.58
　　　　　　　　——设定提存计划（失业保险）　　4 077.80
　　　　　　　　——住房公积金　　13 592.68
　　其他应付款——医疗保险　　5 437.07
　　　　　　　——养老保险　　21 748.29
　　　　　　　——失业保险　　1 359.27
　　　　　　　——住房公积金　　13 592.68
　贷：银行存款　　130 489.73

根据上月发放工资情况进行个税申报并代扣代缴，收到银行扣缴回单时做如下会计处理：

借：应交税费——应交个人所得税

贷：银行存款

学习情境 4.2.3

原始凭证 4.2.4

工资薪酬计算表

2022 年 5 月 31 日

单位：元

应借账户	部门	姓名	基础绩效固定部分	考核绩效	应发工资	养老保险（16%）	失业保险（1.5%）	医疗保险（10%）	公积金（5%）	工会经费（2%）	职工教育经费（8%）	合 计
管理费用	综合	刘启月	3 961.00	3 676.80	7 637.80	1 222.05	114.57	763.78	381.89	152.76	611.02	10 883.87
		郝志远	3 961.00	2 800.00	6 761.00	1 081.76	101.42	676.10	338.05	135.22	540.88	9 634.43
	财务	魏明	2 961.00	3 300.00	6 261.00	1 001.76	93.92	626.10	313.05	125.22	500.88	8 921.93
		陈玲	2 961.00	4 200.00	7 161.00	1 145.76	107.42	716.10	358.05	143.22	572.88	10 204.43
		张浩	2 961.00	5 300.00	8 261.00	1 321.76	123.92	826.10	413.05	165.22	660.88	11 771.93
		⋮										
		龚瑶	2 961.00	4 860.00	7 821.00	1 251.36	117.32	782.10	391.05	156.42	625.68	11 144.93
	其他	⋮										
	小计		23 566.00	26 736.80	50 302.80	8 048.45	754.54	5 030.28	2 515.14	1 006.06	4 024.22	71 681.49
销售费用	营运	张闯	2 961.00	5 876.00	8 837.00	1 413.92	132.56	883.70	441.85	176.74	706.96	12 592.73
		万洋	2 961.00	6 783.00	9 744.00	1 559.04	146.16	974.40	487.20	194.88	779.52	13 885.20
		赵勇	2 961.00	7 300.00	10 261.00	1 641.76	153.92	1 026.10	513.05	205.22	820.88	14 621.93
		杨利	2 961.00	7 500.00	10 461.00	1 673.76	156.92	1 046.10	523.05	209.22	836.88	14 906.93
		⋮										
	小计		24 568.00	51 592.80	76 160.80	12 185.73	1 142.41	7 616.08	3 808.04	1 523.22	6 092.86	108 529.14
制造费用	生产车间	⋮										
	小计		6 382.00	13 402.20	19 784.20	3 165.47	296.76	1 978.42	989.21	395.68	1 582.74	28 192.48
生产成本——跳磴6号段	工人		13 672.00	28 711.20	42 383.20	6 781.31	635.75	4 238.32	2 119.16	847.66	3 390.66	60 396.06
生产成本——九江18号段	工人		26 846.00	56 376.60	83 222.60	13 315.62	1 248.34	8 322.26	4 161.13	1 664.45	6 657.81	118 592.21
合 计			95 034.00	176 819.60	271 853.60	43 496.58	4 077.80	27 185.36	13 592.68	5 437.07	21 748.29	387 391.38

审核：周瑜　　　　制单：王艳

情境分析：

原始凭证4.2.4为月末在各部门交来的工资计算表基础上，根据本企业的各项人事待遇政策计算得到，为确定本期人力成本消耗的原始凭证。按受益原则，其会计处理为：

借：管理费用	71 681.49	
销售费用	108 529.14	
制造费用	28 192.48	
生产成本——跳蹬6号段	60 396.06	
——九江18号段	118 592.21	
贷：应付职工薪酬——工资		271 853.60
——设定提存计划（养老保险）		43 496.58
——设定提存计划（失业保险）		4 077.80
——社会保险（医疗保险）		27 185.36
——住房公积金		13 592.68
——工会经费和职工教育经费（工会经费）		5 437.07
——工会经费和职工教育经费（职工教育经费）		21 748.29

学习情境4.2.4

原始凭证4.2.5

四川增值税电子普通发票

（印章：全国统一发票监制章 国家税务总局 四川省税务局）

发票代码：051012104411
发票号码：12558370
开票日期：2022年5月25日
校 验 码：05363 69573 87256 62858

机器编码：4990985660162

购买方	名　　称：重庆ZJ再生资源开发有限公司 纳税人识别号：91500227580543792H 地 址、电 话：重庆渝北区金渝大道66号023-61004328 开户行及账号：广发银行重庆分行9550880217886700286
密码区	（略）

项目名称	规格型号	单位	数量	单价	金额	税率	税额
*方便食品*即食方便食品*粽子－精心富贵	75g*6	盒	24	150.00	3 600.00	13%	468.00
*方便食品*即食方便食品*粽子－富贵有心	125g*6	盒	9	200.00	1 800.00	13%	234.00
*方便食品*即食方便食品*粽子－御苁蓉	125g*6	盒	1	500.00	500.00	13%	65.00
合　计					￥5 900.00		￥767.00
价税合计（大写）	⊗陆仟陆佰陆拾柒元整				（小写）￥6 667.00		

销售方	名　　称：成都海贝食品限公司 纳税人识别号：915101116MA69UDNT2 地 址、电 话：四川省成都市金牛区赛云台北支路36号028-68747749 开户行及账号：成都建设银行第一支行6281055100006700286
备注	（印章：成都海贝食品有限公司 915101116MA69UDNT2 发票专用章）

开票人：谢利华

原始凭证 4.2.6

重庆 ZJ 再生资源开发有限公司

发放清册

2022 年 5 月 31 日

领用部门	品名	数量	领用金额（元）	领用人签字
综合	粽子–富贵有心	2	452.00	周瑜（代）
财务	粽子–富贵有心 粽子–精心富贵	1 4	904.00	周瑜（代）
其他	月饼–富贵有心	2	452.00	周瑜（代）
营运（市场）	粽子–富贵有心	2	452.00	张阁
营运（销售）	粽子–精心富贵	10	1 695.00	杨利
车间	粽子–御芙蓉	1	565.00	张新
跳蹬 6 号段	粽子–富贵有心 粽子–精心富贵	1 4	904.00	刘庆
九江 18 号段	粽子–富贵有心 粽子–精心富贵	1 6	1 243.00	郑晓刚
合　计		—	6 667.00	—

重庆ZJ再生资源开发有限公司 91500227580543792H 财务专用章

审核：周瑜　　　　制单：王艳

原始凭证 4.2.7

重庆 ZJ 再生资源开发有限公司

食堂用餐统计

2022 年 5 月 31 日

领用部门	数量（人・天）	餐费（元）
综合	44	2 200.00
财务	104	5 200.00
营运（市场）	40	2 000.00
营运（销售）	200	10 000.00
车间	20	1 000.00
跳蹬 6 号段	104	5 200.00
九江 18 号段	156	7 800.00
合　计	668	33 400.00

重庆ZJ再生资源开发有限公司 91500227580543792H 财务专用章

审核：周瑜　　　　制单：陶勇

原始凭证4.2.8

董事会决议

经过各部门积极主动开展工作，2022年1月至2022年5月，实际净利润超过目标净利润6 036 320元。经董事会决议讨论通过，按6 000 000元的1%共陆万元（¥60 000.00）（具体见附表）向各部门负责人发放短期利润分享计划。

部　门	短期利润分享计划（元）
综合	10 000.00
营运（市场）	8 000.00
营运（销售）	12 000.00
车间	20 000.00
工人（跳蹬6号段）	5 000.00
工人（九江18号段）	5 000.00
合　计	60 000.00

重庆ZJ再生资源开发有限公司

2022年5月28日

原始凭证4.2.9

员工福利汇总表

2022年5月31日　　　　单位：元

序号	应借账户	部　门	端午节礼物	高层次人才公寓折旧	员工餐费	短期利润分享计划	合　计
1	管理费用	综合	452.00	19 030.00	2 200.00	10 000.00	31 682.00
2		财务	904.00		5 200.00		6 104.00
3		其他	452.00				452.00
		小计	1 808.00	19 030.00	7 400.00	10 000.00	38 238.00
4	销售费用	市场营运	452.00	5 940.00	2 000.00	8 000.00	16 392.00
5		销售营运	1 695.00	18 000.00	10 000.00	12 000.00	41 695.00
		小计	2 147.00	23 940.00	12 000.00	20 000.00	58 087.00
		生产车间					
6	制造费用	车间	565.00	36 700.00	1 000.00	20 000.00	58 265.00
7	生产成本——跳蹬6号段	工人	904.00	5 000.00	5 200.00	5 000.00	16 104.00
8	生产成本——九江18号段	工人	1 243.00	5 000.00	7 800.00	5 000.00	19 043.00
合计			6 667.00	89 670.00	33 400.00	60 000.00	189 737.00
备注			按人数发放	按人才引进合同约定免费入住公寓	根据餐厅提供人员清单50元/人·天	各部门负责人超额净利6 000 000*1%	

审核：周瑜　　　　制单：王艳

情境分析：

原始凭证 4.2.5～4.2.9 为本月确定向职工发放的非货币性福利和利润分享计划，均属于应付职工薪酬范畴，按受益原则计入相关成本费用。根据员工福利汇总表及其所附原始凭证，其会计处理为：

借：管理费用	38 238.00	
销售费用	58 087.00	
制造费用	58 265.00	
生产成本——跳蹬 6 号段	16 104.00	
——九江 18 号段	19 043.00	
贷：应付职工薪酬——非货币性福利		129 737.00
——短期利润分享计划		60 000.00

原始凭证 4.2.10

广发银行网上银行汇款电子回单

交易类型	跨省汇款	交易渠道	企业网银	日期	2022-06-08	凭证号	714337468275
付款人	单位名称	重庆ZJ再生资源开发有限公司		收款人	单位名称	成都海贝食品有限公司	
	账　号	9550880217886700286			账　号	6281055100****0286	
	开户银行	广发银行重庆分行			开户银行	成都建设银行第一支行	
汇款金额	6 667.00 元			大写金额	人民币陆仟陆佰陆拾柒元整		
手续费	0.00 元			邮电费	0.00 元		
汇款附言	支付粽子款						
重要提示：此回单说明网银受理转账成功，不说明资金已转入收款账户，不作为收付方交易确认的最终结果，可通过查询收款账户确认资金到账情况。				广发银行 电子回单专用章			

原始凭证 4.2.11

广发银行网上银行汇款电子回单

交易类型	跨省汇款	交易渠道	企业网银	日期	2022-06-08	凭证号	714337468276
付款人	单位名称	重庆ZJ再生资源开发有限公司		收款人	单位名称	重庆玖玖餐饮公司	
	账　号	9550880217886700286			账　号	6217004560*****0736	
	开户银行	广发银行重庆分行			开户银行	中国建设银行股份有限公司	
汇款金额	33 400.00 元			大写金额	人民币叁万叁仟肆佰元整		
手续费	0.00 元			邮电费	0.00 元		
汇款附言	支付餐费款						
重要提示：此回单说明网银受理转账成功，不说明资金已转入收款账户，不作为收付方交易确认的最终结果，可通过查询收款账户确认资金到账情况。				广发银行 电子回单专用章			

原始凭证 4.2.10、4.2.11 为向相关单位支付企业员工享受的非货币性福利款项，作为向员工发放非货币性福利的原始凭证。其会计处理为：

借：应付职工薪酬——非货币性福利　　40 067.00
　贷：银行存款　　40 067.00

发放短期利润分享计划会计处理类同。

注：员工享受的福利待遇，在不超过计税工资14%的前提下，只有实际支付的福利费才能从税前扣除。

学习情境4.2.5

原始凭证4.2.12

客户收款回单

交易日期：2022/07/06	交易时间：08:31:58
交易流水号：999628000000244	现转标志：转账
付款人名称：重庆ZJ再生资源开发有限公司	
付款人账号：9550880217886700286	开户行：广发银行重庆分行
交易金额：25 483.20	币种：01-人民币
大写：贰万伍仟肆佰捌拾叁元贰角整	
收款人名称：重庆ZJ再生资源开发有限公司工会	
收款人账号：9550880217886700299	开户行：广发银行重庆分行
摘要信息：转账汇款	交易说明：
交易信息：转账　网银流水号：100000060358809	备注：用途：工会经费2021年度
	银行盖章：（广发银行股份有限公司 重庆分行 业务专用章）
打印柜员：211907　打印日期：2022年07月07日	打印次数：第1次打印

原始凭证4.2.13

广发银行|CGB　**电子缴税付款凭证**

转账日期：20220706　　No.0804832107

纳税人识别号及纳税人全称：91500227580543792H　重庆ZJ再生资源开发有限公司		
付款人全称：重庆ZJ再生资源开发有限公司		
征收机关名称：国家税务总局重庆市渝北区税务局		
付款人开户银行：广发银行重庆分行		
收款国库（银行）名称：国家金库渝北区支行		
小写（合计）金额：¥12 741.60		缴款书交易流水号：445491202022121 1
大写（合计）金额：人民币壹万贰仟柒佰肆拾壹元陆角整		税票号码：350016191200257639
税种名称	所属时期	实缴税额
其他收入	20220101—20220630	12 741.60
（广发银行股份有限公司 重庆分行 业务专用章）		

情境分析：

原始凭证4.2.12、4.2.13为将上一年度计提的工会经费（60%）转至工会专户，由工会组织独立核算；同时，将上半年计提的工会经费中（40%）应上缴总工会的会费委托银行代缴。其会计处理为：

借：应付职工薪酬——工会经费和职工教育经费（工会经费）　38 224.80

　贷：银行存款　38 224.80

如果计提的工会经费没有转给工会专户和上缴工会组织，不予税前扣除。

如果工会专户的工会经费平时已结转至“其他应付款——应付工会经费”，则其会计处理为：

借：其他应付款——应付工会经费

　贷：银行存款

任务要求与分析

1.根据《财务会计实训》中原始凭证55、56、57、58分析以下问题

（1）原始凭证55-2～55-5与55-6之间有什么关系？____

（2）原始凭证55-1与55-6结合，阐述了什么业务？____

（3）原始凭证55-7阐述了什么业务？____按受益原则分别应记入的账户有哪些？____

（4）原始凭证56-1、56-2、57-1、57-2、57-3阐述了什么业务？____其按受益原则所记入的账户与上述任务（3）是否相同？____

（5）原始凭证58阐述了什么业务？____其中，58-1的收款人是____；58-2的收款人是____；本次支付的总金额中，本期计提的是____，所记入的账户是____，前期计提的是____，所记入的账户是____，应从哪里查找？____

深入分析与实施步骤

以上原始凭证是否还可以有其他配套方式来进行会计处理？____如何进行整理更为合理？____

2.职业素养：树立人力资源管理意识

激发员工的积极性与创造性，可以为企业带来无限活力与竞争力。搜集相关企业信息，整理其人员激励措施。如果你是一位管理者，可以采取哪些措施来激发员工的积极性与创造性？

____

____

3.任务评价（10%）

小组编号：		小组长姓名：	小组长评分：
序号	评价内容	评价标准	分值
1	原始凭证填制与审核	数据计算正确，审核并正确描述业务	5
2	账户对应关系	相关账户及方向运用正确	2
3	金额确定	各账户金额正确	2
4	记账凭证其他要素	正确填制日期及附件、制单、审核	1

4.知识自测

扫码任务测试

任务4.3　产品完工业务会计分析与应用

任务说明

在上期经营基础上，根据本月收到的票据（原始凭证53、63、64）进行业务分析，并进行规范的记账凭证编制。

学习目标

能对产品完工业务熟练地进行成本归集与分配，正确计算完工产品总成本与单位成本并进行会计处理，形成成本管控意识。

知识储备

扫码文字教材

生产成本计算

扫码微课视频

完工产品成本的计算与结转

1.产品成本的归集与计算认知

①日常归集：通过制造费用、生产成本明细账登记完成。

②期末分配与再次归集：将归集的制造费用按选定的标准分配至对应产品的生产成本，通过会计处理完成生产成本的再次归集。

③计算完工产品成本：根据生产成本明细账当前登记结果，计算当期生产费用，并按一定方法在完工产品和在产品之间进行分配，从而计算出完工总成本和单位成本并进行会计处理。

2.产品完工业务主要账户对应关系

产品完工业务成本结转关系如图4.3.1所示。

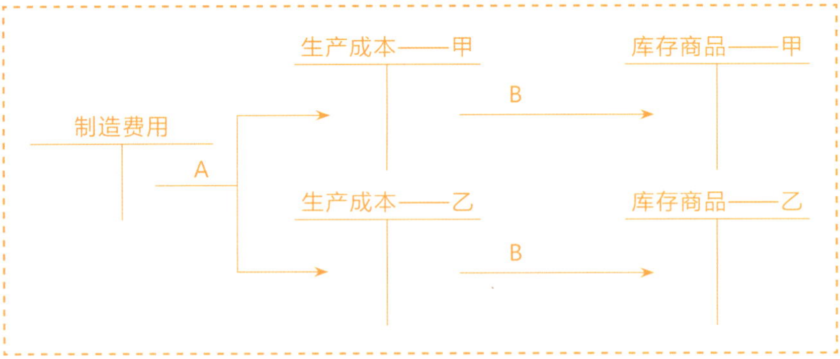

图4.3.1　产品完工业务成本结转关系图

学习情境描述

学习情境 4.3.1

制造费用 明细账

二级科目 五车间　　　　总第 25 页 分第 8 页

2022年 月	日	凭证字号	摘要	(借)方金额分析 材料费	人工费	水电费	折旧费等	合计
5	28		承前页	874676	1248148	378830	360000	2861654
5	30	***	计提职工薪酬		2799465			2799465
5	30	***	计提职工福利及利润分享计划		5826500			5826500
5	30	***	计提折旧费				70975000	70975000

图 4.3.2 制造费用明细账

生产成本 明细账

二级科目 跳蹬6号段　　　　总第 23 页 分第 3 页

2022年 月	日	凭证字号	摘要	成本项目 直接材料	直接人工	制造费用	其他	合计
5	28		承前页	3642897	576180	345635	458468	5023180
5	30	记40	结转材料发出成本	632034000				632034000
5	30	***	计提职工薪酬		5997223			5997223
5	30	***	计提职工福利及利润分享计划		1610400			1610400

图 4.3.3 生产成本明细账（6号段）

生产成本　明细账

二级科目　九江18号段　　　　总第 30 页　分第 3 页

2022年 月	日	凭证字号	摘要	成本项目：直接材料	直接人工	制造费用	其他	合计
5	28		承前页	2542897	796180	248600	458423	4046100
5	30	记40	结转材料发出成本	50329200				50329200
5	30	***	计提职工工资及社保		11775998			11775998
5	30	***	计提职工福利及利润分享计划		1904300			1904300

图 4.3.4　生产成本明细账（18号段）

情境分析：

图4.3.2至图4.3.4为制造费用、生产成本明细账根据已编制、审核的记账凭证所做的日常账面记录，这是月末再次归集与计算产品成本的基础。

学习情境4.3.2

原始凭证4.3.1

制造费用分配表

2022年05月30日　　　　单位：元

产品名称	应借科目	分配标准（生产工时）	分配率	应分配费用额
跳蹬6号段	生产成本	326		384 041.04
九江18号段	生产成本	374		440 585.15
合　计		700	1 178.04	824 626.19

审核：张浩　　　　制单：龚瑶

原始凭证4.3.1是根据制造费用明细账账面总额按查表统计出的产品生产工时进行分配。

$$分配率=\frac{824\,626.19}{700}=1\,178.04（元/工时）$$

跳蹬6号段分配额=326×1 178.04=384 041.04（元）

九江18号段分配额=824 626.19−384 041.04=440 585.15（元）

其会计处理为：

借：生产成本——跳蹬6号段　　384 041.04

　　　　　　——九江18号段　　440 585.15

　贷：制造费用　　824 626.19

根据此会计凭证继续登记生产成本和制造费用明细账。制造费用贷方用红字表示。登记结果如图4.3.5、图4.3.6、图4.3.7所示。

制造费用　　明细账

二级科目　五车间　　　　　　　　　　　　　　　　总第 25 页　分第 8 页

2022年 月	日	凭证字号	摘要	（借）方金额分析 材料费 千百十万千百十元角分	人工费 千百十万千百十元角分	水电费 千百十万千百十元角分	折旧费等 千百十万千百十元角分	合计 千百十万千百十元角分
5	28		承前页	874676	1248148	378830	360000	2861654
5	30	***	计提职工薪酬		2799465			2799465
5	30	***	计提职工福利及利润分享计划		5826500			5826500
5	30	***	计提折旧费				70975000	70975000
5	30	***	分配制造费用	874676	9874113	378830	71335000	82462619
			本月发生费用合计	874676	9874113	378830	71335000	82462619
			本月结转费用合计	874676	9874113	378830	71335000	82462619

图 4.3.5　制造费用明细账

生产成本　　明细账

二级科目　跳蹬6号段　　　　　　　　　　　　　　　　总第 23 页　分第 3 页

2022年 月	日	凭证字号	摘要	成本项目 直接材料 千百十万千百十元角分	直接人工 千百十万千百十元角分	制造费用 千百十万千百十元角分	其他 千百十万千百十元角分	合计 千百十万千百十元角分
5	28		承前页	3642897	576180	345635	458468	5023180
5	30	记40	结转材料发出成本	63203400				63203400
5	30	***	计提职工薪酬		5997223			5997223
5	30	***	计提职工福利及利润分享计划		1610400			1610400
5	30	***	分配制造费用			38404104		38404104

图 4.3.6　生产成本明细账（6号段）

生产成本　明细账

二级科目　九江18号段　　　　总第 30 页　分第 3 页

2022年 月	日	凭证字号	摘要	成本项目 直接材料	直接人工	制造费用	其他	合计
5	28		承前页	2542897	796180	248600	458423	4046100
5	30	记40	结转材料发出成本	50329200				50329200
5	30	***	计提职工工资及社保		11775998			11775998
5	30	***	计提职工福利及利润分享计划		1904300			1904300
5	30	***	分配制造费用			44058515		44058515

图4.3.7　生产成本明细账（18号段）

（备注：本公司规定每月30日封账）

根据再次归集的生产成本明细账可以看出，其成本项目中的制造费用就是从“制造费用”账户中结转而来的，属于该产品成本应承担的份额。

根据生产成本明细账，可以很容易统计出本期生产成本总额，然后按一定方法确定在产品成本和完工产品成本。

经查，跳蹬6号段已结束施工，九江18号段尚在施工中。根据生产特点，期末在产品成本按定额成本确定。根据派工单统计，跳蹬6号段运送2 120吨SBS变性沥青，九江18号段运送1 695吨SBS变性沥青。

经计算，跳蹬6号段应结转完工成本1 142 383.07元，九江18号段应结转完工成本1 080 680.13元，应做如下会计处理：

借：主营业务成本——跳蹬6号段　　1 142 383.07
　　　　　　　　——九江18号段　　1 080 680.13
　贷：生产成本——跳蹬6号段　　　　1 142 383.07
　　　　　　　——九江18号段　　　　1 080 680.13

因产品特性，产出即运送至工地售出，故无库存商品。

登记生产成本明细账并完成结账，如图4.3.8、图4.3.9所示。

生产成本　　明细账

二级科目　跳蹬6号段　　　　总第 23 页　分第 3 页

2022年 月	日	凭证字号	摘要	直接材料	直接人工	制造费用	其他	合计
5	28		承前页	36428.97	5761.80	3456.35	4584.68	50231.80
5	30	记40	结转材料发出成本	632034.00				632034.00
5	30	***	计提职工薪酬		59972.23			59972.23
5	30	***	计提职工福利及利润分享计划		16104.00			16104.00
5	30	***	分配制造费用			384041.04		384041.04
5	30	***	结转完工成本	668462.97	81838.03	387497.39	4584.68	1142383.07
			本期生产费用合计	668462.97	81838.03	387497.39	4584.68	1142383.07
			本期结转生产费用	668462.97	81838.03	387497.39	4584.68	1142383.07

图 4.3.8　生产成本明细账（6号段）

生产成本　　明细账

二级科目　九江18号段　　　　总第 30 页　分第 3 页

2022年 月	日	凭证字号	摘要	直接材料	直接人工	制造费用	其他	合计
5	28		承前页	25428.97	7961.80	2486.00	4584.23	40461.00
5	30	记40	结转材料发出成本	503292.00				503292.00
5	30	***	计提职工工资及社保		117759.98			117759.98
5	30	***	计提职工福利及利润分享计划		19043.00			19043.00
5	30	***	分配制造费用			440585.15		440585.15
5	30	***	结转完工成本	503292.00	136802.98	440585.15		1080680.13
			本期生产费用合计	528720.97	144764.78	443071.15	4584.68	1121141.13
			本期结转生产费用	503292.00	136802.98	440585.15		1080680.13
			月末在产品成本	25428.97	7961.80	2486.00	4584.23	40461.00

图 4.3.9　生产成本明细账（18号段）

成本管理员根据企业管理需要，编制成本项目分析表，考核目标成本完成情况。

拓展学习——生产经营中的费用业务分析

扫码文字教材　　扫码微课视频　　扫码微课视频

非成本性耗费核算　　期间费用核算　　营业外收支核算

在报销费用时，取得普通发票的增值税只能计入费用；取得注明旅客身份信息的航空运输电子客票行程单、铁路车票及公路、水路等其他各票的，可以按适用增值税税率（航空、铁路：9%；公路、水路3%）进行价税分离，其税额可以计入进项税额予以抵扣。

任务要求与分析

1.根据《财务会计实训》中原始凭证53、63、64分析以下问题

（1）原始凭证53-1、53-2、53-3阐述了什么业务？________________

（2）原始凭证53-4、53-5、53-7阐述了什么业务？________________

（3）原始凭证53-6、53-8应如何处理？________________

（4）原始凭证63中的“应分配费用额”合计数应在哪里查找？________________
为确保找到的金额完整，应提前做好哪些会计工作？________________

（5）原始凭证64-1～64-4与64-5有何关系？________________
这5张原始凭证发生日期不一致，应如何确定记账凭证日期？________________

（6）原始凭证64-6中完工数量应在哪里查找？________________
总成本对应成本项目应在哪里查找？________________为确保找到的金额完整，应提前做好哪些会计工作？________________

2.职业素养：成本管理是企业质量与效益管理的核心

做好成本管理应从哪些方面着手？请收集成本管理成功案例，并进行阐述。

____

____

3.任务评价（5%）

小组编号：		小组长姓名：	小组长评分：
序号	评价内容	评价标准	分值
1	原始凭证填制与审核	数据计算正确，审核并正确描述业务	6
2	账户对应关系	相关账户及方向运用正确	2
3	金额确定	各账户金额正确	1
4	记账凭证其他要素	正确填制日期及附件、制单、审核	1

4.知识自测

扫码任务测试

本模块任务参考答案

扫码实训

生产经营业务

本模块思维导图

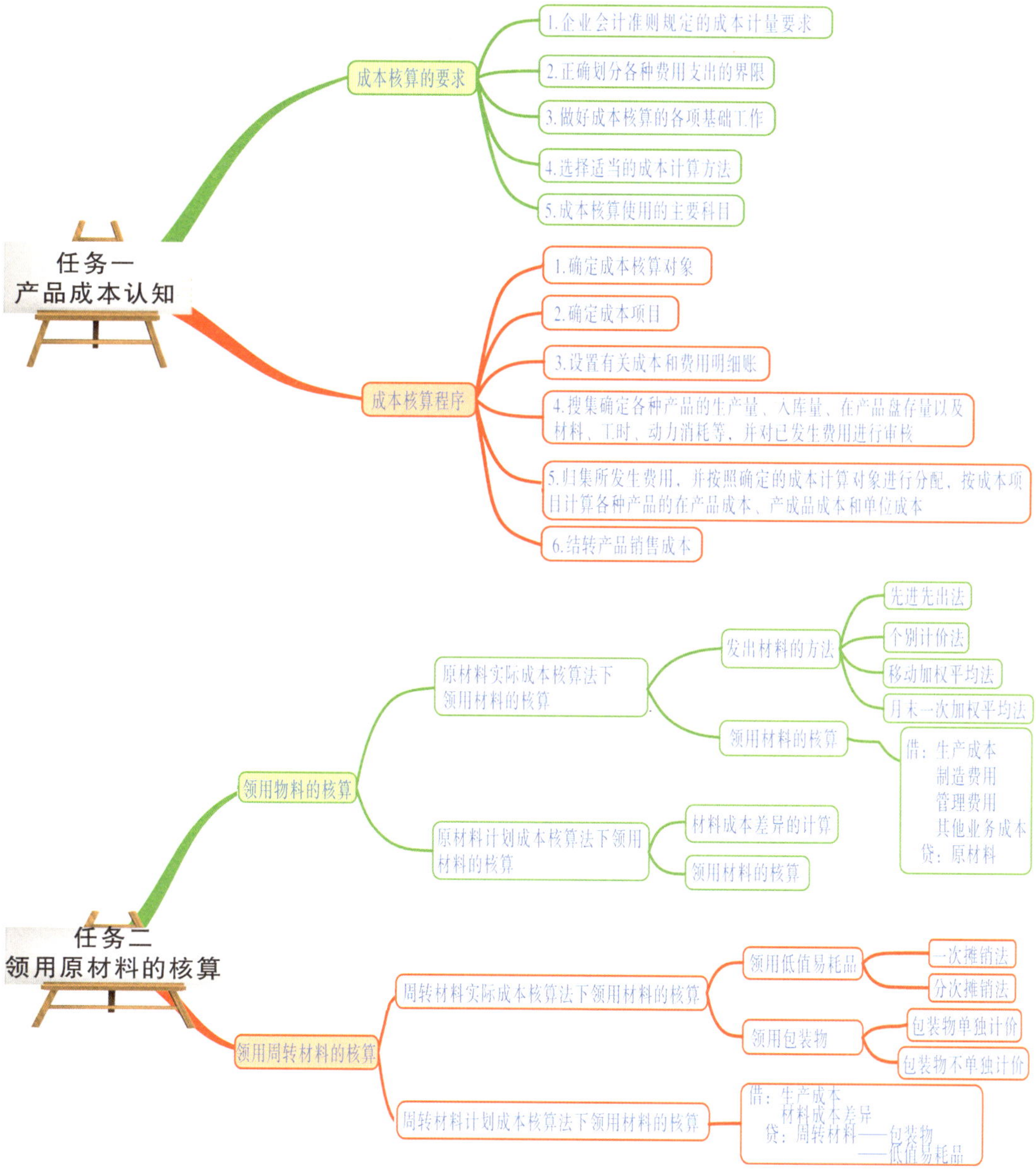

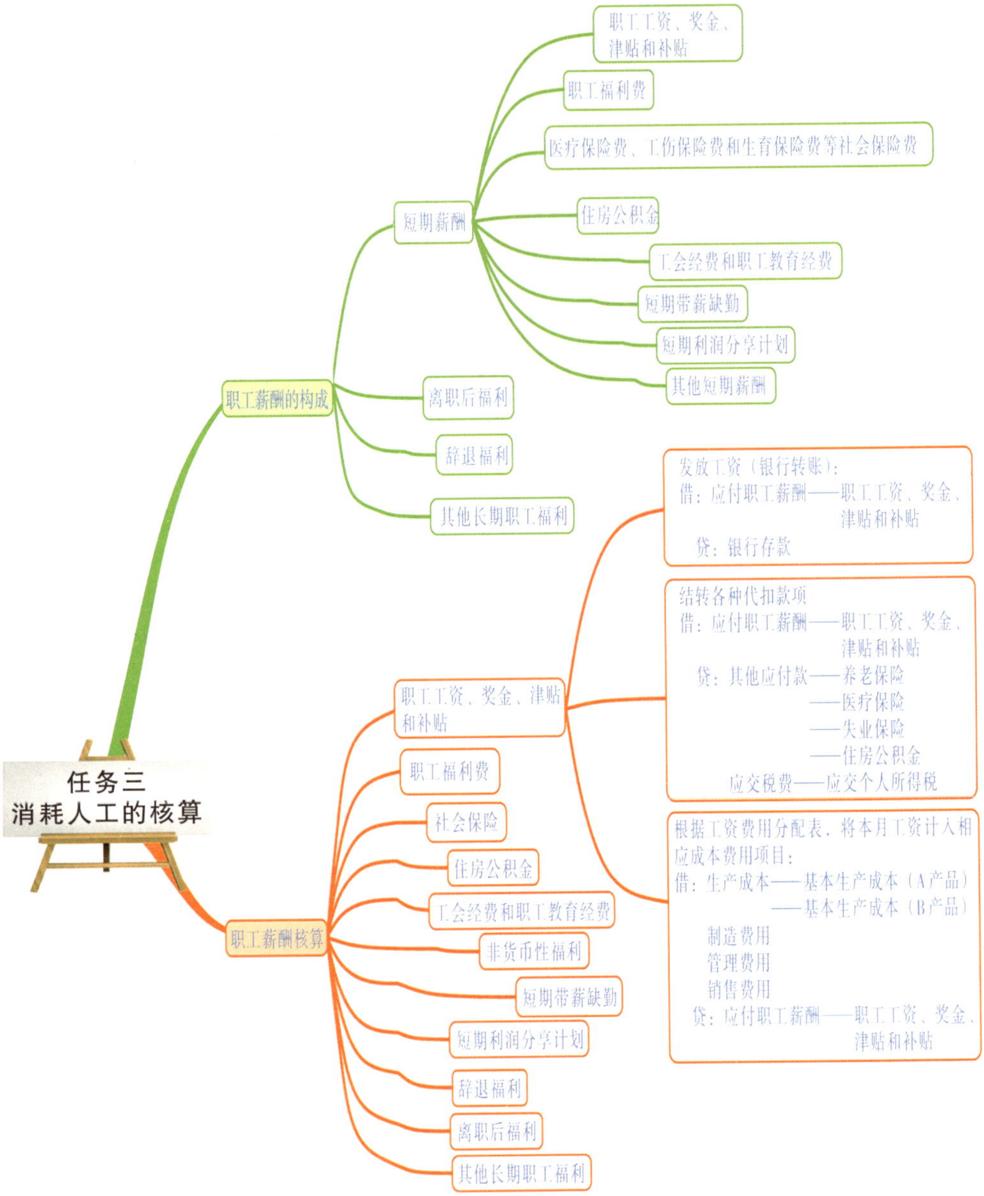
任务三
消耗人工的核算
职工薪酬的构成
短期薪酬
职工工资、奖金、津贴和补贴
职工福利费
医疗保险费、工伤保险费和生育保险费等社会保险费
住房公积金
工会经费和职工教育经费
短期带薪缺勤
短期利润分享计划
其他短期薪酬
离职后福利
辞退福利
其他长期职工福利
职工薪酬核算
职工工资、奖金、津贴和补贴
发放工资（银行转账）：
借：应付职工薪酬——职工工资、奖金、津贴和补贴
贷：银行存款
结转各种代扣款项
借：应付职工薪酬——职工工资、奖金、津贴和补贴
贷：其他应付款——养老保险
——医疗保险
——失业保险
——住房公积金
应交税费——应交个人所得税
根据工资费用分配表，将本月工资计入相应成本费用项目：
借：生产成本——基本生产成本（A产品）
——基本生产成本（B产品）
制造费用
管理费用
销售费用
贷：应付职工薪酬——职工工资、奖金、津贴和补贴
职工福利费
社会保险
住房公积金
工会经费和职工教育经费
非货币性福利
短期带薪缺勤
短期利润分享计划
辞退福利
离职后福利
其他长期职工福利

任务四 辅助生产成本的归集与分配

- 辅助生产成本的归集
  - 如果辅助生产车间不设“制造费用”明细账：
    借：生产成本——辅助生产成本（xx车间（或xx产品））
    　贷：原材料
    　　应付职工薪酬
    　　累计折旧等
  - 如果辅助生产车间设置“制造费用”明细账：
    借：生产成本——辅助生产成本（xx车间（或xx产品））
    　制造费用——辅助生产车间
    　贷：原材料
    　　应付职工薪酬
    　　累计折旧等
- 辅助生产费用的期末结转及分配
  - 如果辅助生产车间为基本生产车间生产材料、模具、包装物等：
    借：原材料
    　周转材料等
    　贷：生产成本——辅助生产成本（xx车间）
  - 如果辅助生产车间为基本生产车间和部门直接提供产品或劳务：
    借：生产成本——基本生产成本（xx产品）
    　制造费用——基本生产车间
    　管理费用
    　销售费用等
    　贷：生产成本——辅助生产成本（xx车间）

任务五 制造费用的归集与分配

- 制造费用的归集
  - 制造费用的内容包括物料消耗、车间管理人员的薪酬、车间管理用房屋和设备的折旧费、租赁费和保险费、车间管理用具摊销、车间管理用的照明费、水费、取暖费、劳动保护费、设计制图费、试验检验费、办公费以及季节性及修理期间停工损失等
- 制造费用的分配及账务处理
  - 制造费用的分配
  - 制造费用的账务处理
    - 借：生产成本
      　贷：制造费用

任务六 完工产品成本的计算与结转

- 生产成本在完工产品与在产品之间的分配
  - 直接材料费用、直接人工费用和制造费用通过归集与分配
  - 根据各种产品当期完工产品数量和期末在产品数量的划分，分别计算其单位成本
- 完工产品成本的结转
  - 借：产成品（或库存商品）——甲产品
    　贷：生产成本——甲产品

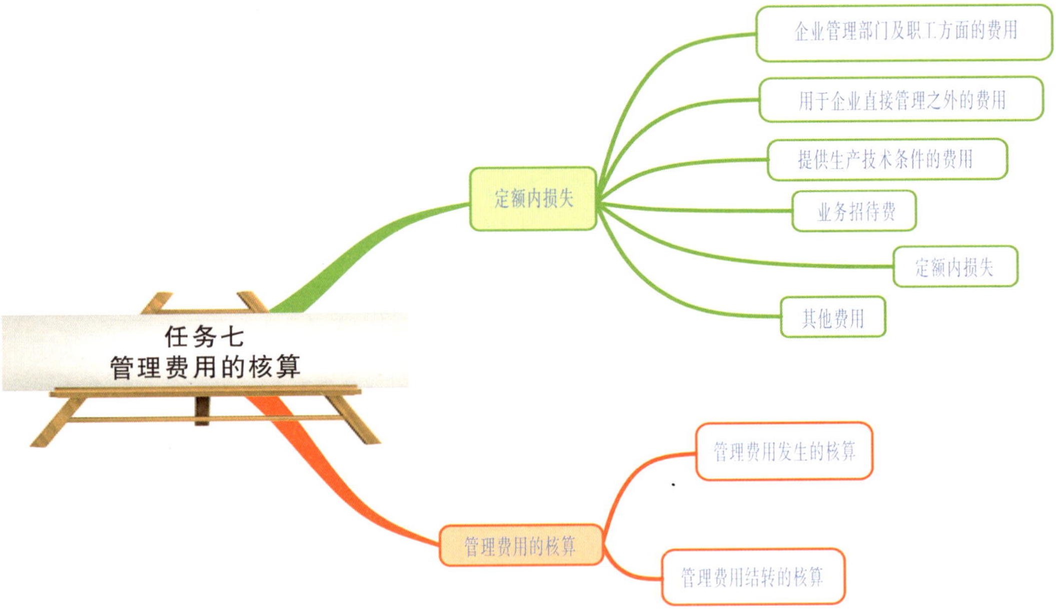
任务七
管理费用的核算
定额内损失
企业管理部门及职工方面的费用
用于企业直接管理之外的费用
提供生产技术条件的费用
业务招待费
定额内损失
其他费用
管理费用的核算
管理费用发生的核算
管理费用结转的核算

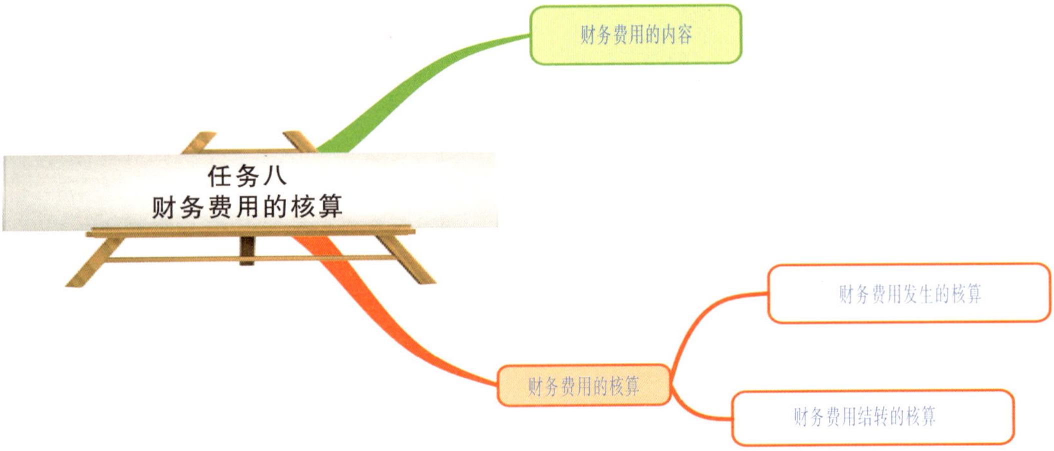
任务八
财务费用的核算
财务费用的内容
财务费用的核算
财务费用发生的核算
财务费用结转的核算

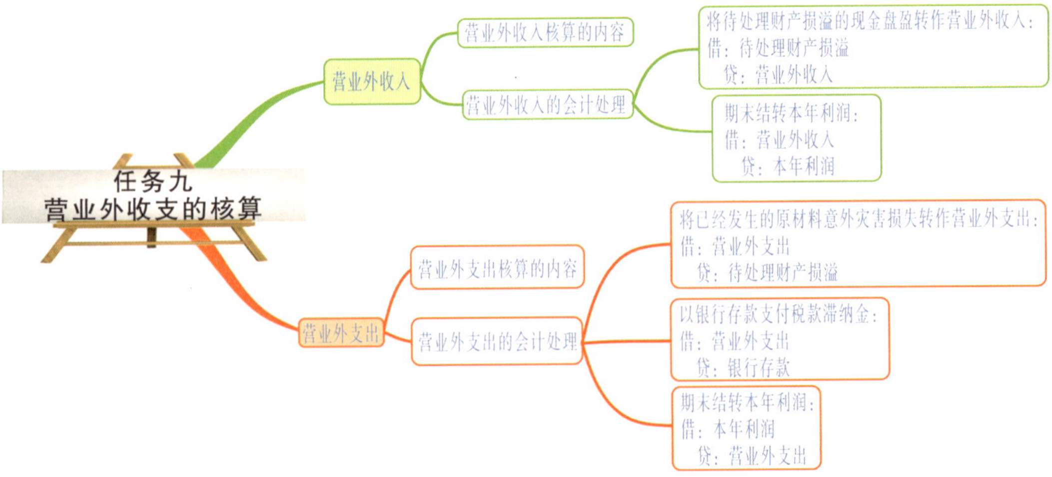
任务九
营业外收支的核算
营业外收入
营业外收入核算的内容
营业外收入的会计处理
将待处理财产损溢的现金盘盈转作营业外收入：
借：待处理财产损溢
贷：营业外收入
期末结转本年利润：
借：营业外收入
贷：本年利润
营业外支出
营业外支出核算的内容
营业外支出的会计处理
将已经发生的原材料意外灾害损失转作营业外支出：
借：营业外支出
贷：待处理财产损溢
以银行存款支付税款滞纳金：
借：营业外支出
贷：银行存款
期末结转本年利润：
借：本年利润
贷：营业外支出

本模块学习评价与反馈：小组学习总结与PPT展示

学习过程评价小组自评表

<table>
<tr><td>班　级</td><td colspan="2"></td><td>组　名</td><td></td><td>日　期</td><td>年　月　日</td></tr>
<tr><td>评价指标</td><td colspan="4">评价内容</td><td colspan="2">成绩评定</td></tr>
<tr><td>信息检索</td><td colspan="4">能有效利用网络、图书资源、工作手册查找有用的相关信息等；能用自己的语言有条理地去解释、表述所学知识；能将查到的信息有效地传递到工作中</td><td colspan="2"></td></tr>
<tr><td>感知工作</td><td colspan="4">熟悉工作岗位，认同工作价值；在工作中能获得满足感</td><td colspan="2"></td></tr>
<tr><td rowspan="2">参与态度</td><td colspan="4">积极主动参与工作，能吃苦耐劳，崇尚劳动光荣、技能宝贵；与教师、同学之间能够相互尊重、理解、平等相处；与教师、同学之间能够保持多向、丰富、适宜的信息交流</td><td colspan="2"></td></tr>
<tr><td colspan="4">探究式学习、自主学习不流于形式，处理好合作学习与独立思考的关系，做到有效学习；能提出有意义的问题或能发表个人见解；能按要求正确操作；能够倾听别人意见、协作共享</td><td colspan="2"></td></tr>
<tr><td>学习方法</td><td colspan="4">操作技能符合规范；能按要求正确操作；获得了进一步学习的能力</td><td colspan="2"></td></tr>
<tr><td>工作过程</td><td colspan="4">平时上课的出勤情况和每天完成工种任务情况；善于多角度分析问题，能主动发现、提出有价值的问题</td><td colspan="2"></td></tr>
<tr><td>思维态度</td><td colspan="4">能发现问题、提出问题、分析问题、解决问题、创新问题</td><td colspan="2"></td></tr>
<tr><td>自评反馈</td><td colspan="4">按时按质完成工作任务；较好地掌握了专业知识点；具有较强的信息分析能力和理解能力；具有较为全面、严谨的思维能力并能条理清楚、明晰地表达成文</td><td colspan="2"></td></tr>
<tr><td colspan="5">小组评定</td><td colspan="2"></td></tr>
<tr><td>有益的经验和做法</td><td colspan="6"></td></tr>
<tr><td>从其他组得到的启发</td><td colspan="6"></td></tr>
<tr><td>总结反馈建议</td><td colspan="6"></td></tr>
</table>

教师评价表

班级		组名		姓名	
出勤情况					
评价内容	评价要点	考察要点		分数	分数评定
1. 任务描述、接受任务	口述内容细节	（1）表述仪态自然、吐字清晰		2分	表述仪态不自然或吐字模糊扣1分
		（2）表达思路清晰、层次分明、准确			表达思路模糊或层次不清扣1分
2. 任务分析、分组情况	依据原始凭证分析业务，小组分工	（1）分析原始凭证关键点准确		30分	表达思路模糊或层次不清扣20分
		（2）涉及理论知识回顾完整，分组分工明确			知识不完整扣5分，分工不明确扣5分
3. 任务实施	会计工作准备	（1）记账凭证准备		5分	每漏一项扣1分
		（2）书写用具准备			没有检查扣1分
		（3）辅助用具准备			实操期间缺失扣1分
	会计工作实施	（1）正确组合原始凭证		5分	选择错误扣1分，扣完为止
		（2）查阅资料，正确填制记账凭证并完成配套整理		25分	选择错误扣1分，扣完为止
		（3）正确完成审核任务		10分	
	现场恢复	（1）工作过程中保持环境干净、整洁		5分	每漏一项扣1分，扣完为止
		（2）办公室环境恢复		5分	每违反一项扣1分，扣完为止
4. 总结	任务总结	（1）依据自评分数		5分	
		（2）依据个人总结评分报告		8分	依据总结内容是否到位酌情给分
合计				100分	

模块五

销售与收款业务会计分析与应用

核心目标

- 能正确进行收入确认的职业判断并进行会计处理，在收款方式与销售额之间合理权衡并做出最佳选择。

能力目标

- 1. 能对实现收入的确认与计量形成认知；
- 2. 能根据不同的销售与收款业务资料组合进行正确的职业判断；
- 3. 能对某时点履行履约义务的普通产品销售收入业务正确进行计量与账务处理；
- 4. 能对已售产品生产成本正确进行计算与账务处理；
- 5. 能对在某时段内履行履约义务的收入进行职业判断与账务处理。

素养目标

- 树立履约意识，培养契约精神，主动维护良好的市场秩序。

案例引入

重庆渝中摩托制造有限公司2022年发生的销售与收款业务如下：

查阅《财务会计实训》教材中以下原始凭证：6、11、18、20、22、25、27、29、38、41、45、66。

问题思考：

1. 这些原始凭证载明了什么经济业务？
2. 这些原始凭证的金额是如何确定的？
3. 对确认无误的原始凭证如何进行账务处理？

销售与收款业务及流程认知

扫码文字教材

收入认知

销售与收款业务是企业向顾客销售商品或提供劳务，并收回款项的业务，既是企业利润形成的主要渠道，也是企业资金回流的主干线，是影响企业经营品质的关键因素。

收入应在企业将商品或服务的控制权转移给客户的时点（或过程中）以其预计有权获得的金额予以确认。其确认步骤如图5.1.1所示。

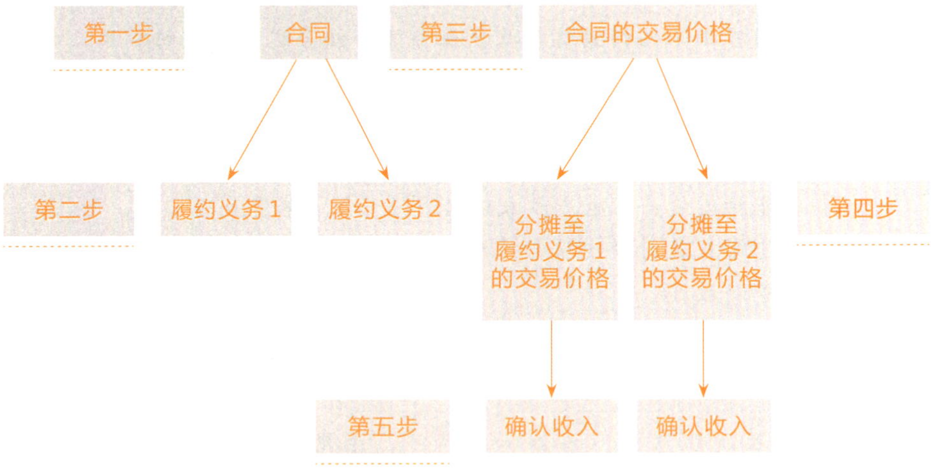

图5.1.1　收入确认步骤

销售业务主要流程如图5.1.2所示。

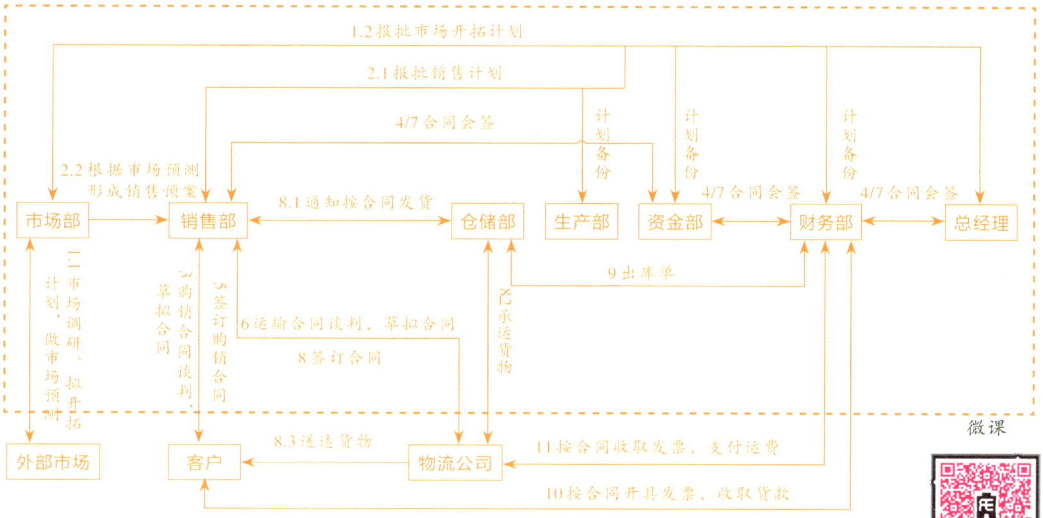

图 5.1.2　销售业务主要流程

销售业务主要账户对应关系如图 5.1.3 所示。

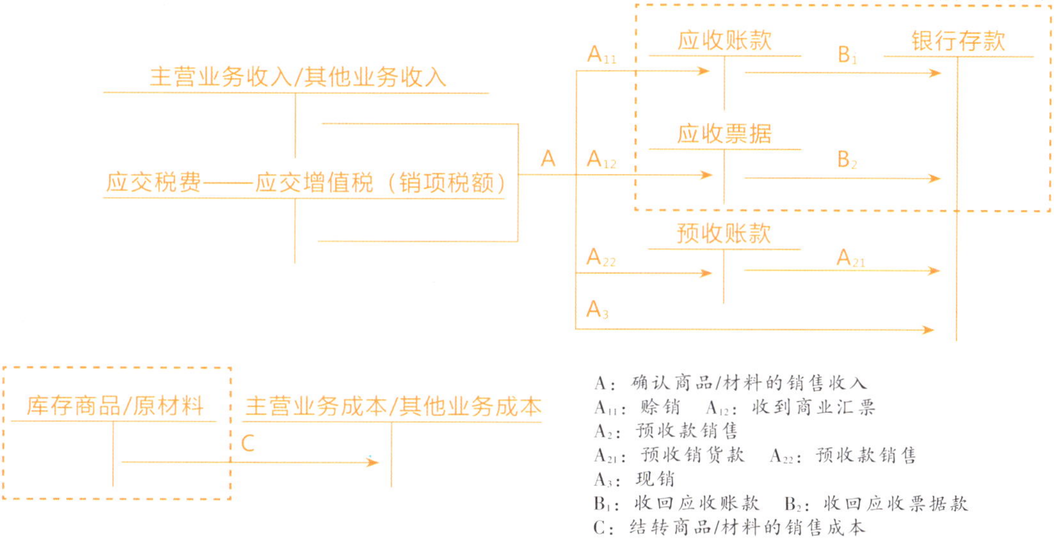

图 5.1.3　销售业务主要账户对应关系图

任务 5.1　某时点履行履约义务收入业务会计分析与应用

任务说明

在上期经营基础上，根据本月收到的票据（原始凭证 6、11、18、20、22、25、27、29、38、41、45、66）进行业务分析，并进行规范的记账凭证编制。

学习目标

能对商品或劳务普通销售业务熟练地进行职业分析，并正确进行会计处理，培养契约精神，维护有序市场竞争。

知识储备

扫码文字教材　　扫码微课视频　　扫码微课视频

某时点履行履约义务收入核算　　收入的确认　　商品销售收入的核算

商品销售收入确认时点：客户取得相关商品控制权

企业应当在履行了合同中的履约义务，即客户取得相关商品控制权时确认收入。企业应当根据实际情况，首先判断履约义务是否满足在某一时段内履行的条件，如不满足，则该履约义务属于在某一时点履行的履约义务。

对于在某一时点履行的履约义务，企业应当在客户取得相关商品控制权时点确认收入。在判断客户是否已取得商品控制权时，企业应当考虑下列迹象，见表5.1.1。

表5.1.1　商品控制权判断迹象

迹　象	企　业	客　户
1	享有现时收款权利	负有现时付款义务
2	已将法定所有权转移给客户	已拥有法定所有权
3	已将实物转移给客户	已实物占有
4	所有权上主要风险和报酬已转移	已取得所有权上的主要风险和报酬
5		已接受该商品
6	其他	其他

学习情境描述

学习情境5.1.1

会计主体：重庆天蓝酒业有限公司（小规模纳税人，增值税征收率（优惠）1%）

原始凭证5.1.1

5:39

交易详情

重庆天蓝酒业有限公司

¥7 191.20

当前状态　已收钱

收款时间　2023-02-26　10:20:16

收款单号　100010710120221032601743157605796

收款方备注　白酒　修改

原始凭证 5.1.2

重庆市增值税普通发票

№ 02151345

5023557468

此联不作报销、扣税凭证使用　　开票日期：2023年2月21日

购买方	名　　称：山东金鑫碳素科技有限公司 纳税人识别号：91371728227860982A 地址、电话：山东省菏泽市东明海洋化工产业区 0530-7632678 开户行及账号：中国工商银行东明支行 1509002909210189063				密码区	（略）	
货物或应税劳务、服务名称	规格型号	单位	数量	单价	金额	税率	税额
*酒*白酒	窖藏六年	瓶	40	178.00	7 120.00	1%	71.20
合计					¥7 120.00		¥71.20
价税合计（大写）	⊗柒仟壹佰玖拾壹元贰角整				（小写）¥7 191.20		
销售方	名　　称：重庆天蓝酒业有限公司 纳税人识别号：91500119331638960Q 地址、电话：重庆南川区王坪镇 023-71626566 开户行及账号：重庆农商行南川支行王坪分理处 2605020120010000673				备注	微信收款	

收款人：梁浩　　复核：梁浩　　开票人：徐强　　销售方（章）

第一联　记账联　销售方记账凭证

（印章：重庆天蓝酒业有限公司 91500119331638960Q 发票专用章）

原始凭证 5.1.3

出 库 单

2023年2月18日　　第201号

产品名称	计量单位	数量	备注
白酒·窖藏六年	瓶	40	
包装箱	个	1	
包装盒·银白	个	40	

保管：张容　　经办：刘静

第三联　记账

情境分析：

原始凭证 5.1.1～5.1.3 表示销售白酒，以微信方式收款。本企业为小规模纳税人，自 2023 年 1 月 1 日至 2023 年 12 月 31 日，增值税征收率由 3% 减按 1% 计算。其会计处理为：

借：其他货币资金——微信存款　　7 191.20

　贷：主营业务收入　　7 120.00

　　　应交税费——应交增值税　　71.20

出库单（原始凭证 5.1.3）应单独保管，于月末统计发货总量时按一定方法计算发货成本并结转。

为简化成本计算与分摊工作量，本企业采用定额成本计算发出成本，实际成本与定额成本的差异于年末统一计算并转入管理费用。领用包装物不单独计价。

原始凭证 5.1.4

出库汇总表

2023 年 2 月 28 日　　　　第 102 号

产品名称	计量单位	数量	备 注
白酒・窖藏六年	瓶	460	
白酒・窖藏三年	瓶	1 370	
包装箱	个	6	
包装盒・银白	个	1 300	
包装盒・酱黄	个	530	

第三联　记账

主管：常林　　审核：李敏　　制表：向勤

原始凭证 5.1.5

发出货物成本计算表

货物名称	数量	单位定额成本	定额成本
白酒・窖藏六年	460	96	44 160.00
白酒・窖藏三年	1 370	67	91 790.00
包装箱	6	30	180.00
包装盒・银白	1 300	5	6 500.00
包装盒・酱黄	530	4	2 120.00
合　计			144 750.00

重庆天蓝酒业有限公司 91500119331638960G 财务专用章

主管：常林　　审核：李敏　　制表：向勤

情境分析：

原始凭证 5.1.4、5.1.5 为月末计算并结转发货成本。不单独计价包装物的成本计入销售费用。其会计处理如下：

借：主营业务成本——白酒・窖藏六年　　44 160.00
　　　　　　　　——白酒・窖藏三年　　91 790.00
　　销售费用——包装费　　8 800.00
　贷：库存商品——白酒・窖藏六年　　44 160.00
　　　　　　　——白酒・窖藏三年　　91 790.00
　　　周转材料——包装物（包装箱）　　180.00
　　　　　　　——包装物（包装盒・银白）　　6 500.00
　　　　　　　——包装物（包装盒・酱黄）　　2 120.00

年末通过盘点确定库存实际成本，倒挤本年应结转的实际销售成本（年初实际成本+入库实际成本-期末结存实际成本）。

计算的已结转定额成本差异（本年应结转实际销售成本-本年已结转定额成本），转入管理费用。

销售领用包装物如果单独计价，则按售价记入“其他业务收入”账户，按成本价记入“其他业务成本”账户。

企业销售成本的计算方法应根据经营特点选择使用全月一次加权平均法、移动加权平均法、先进先出法、个别计价法等，一经确定，不得随意变更。

学习情境5.1.2

会计主体：百雀羚日用化学有限公司重庆分公司

原始凭证5.1.6（合同复印件）

购销合同 合同编号：BQLHT02033

购货单位（甲方）：重庆俏丽妆美场

销货单位（乙方）：百雀羚日用化学有限公司重庆分公司

为保护买卖双方的合法权益，买卖双方根据《中华人民共和国民法典》的有关规定，经友好协商，一致同意签订本合同，以兹共同遵守。

第一条 购销明细：双方就以下产品达成购销合同：

序号	产品名称	规格型号	含税单价	数量	金额（元）	交货日期	付款日期
1	百雀羚水嫩倍现精华水	100ml	79.10	100瓶	7 910	2022.9.20	2022.11.20
2	百雀羚水嫩精华乳	100ml	56.50	100瓶	5 650	2022.9.20	2022.11.20
3	百雀羚精华霜	50g	33.90	100瓶	3 390	2022.9.20	2022.11.20
4	百雀羚水乳霜三件套套装	精华水100ml+精华霜50g+精华乳100ml+赠送礼品套盒	113	80套	9 040	2022.9.20	2022.11.20
5	以下空白						
6							
7							
8							
9							
10							
合计					25 990.00		

合同总金额（大写）：人民币贰万伍仟玖佰玖拾元整。

第二条 交货时间与付款时间：于2022年9月20日交货，于2022年10月20日前发现质量问题均可提出退货。最迟收款时间为2022年11月20日，若提前付款，从发货日起算，按“2/30，1/50，n/60”条件给予现金折扣（不含税）。

第三条 交货地点：百雀羚日用化学有限公司重庆分公司仓库。

第四条　付款方式：银行转账。

第五条　开票要求：于最后付款日按实际结算金额开具发票。

第六条　付款条件（客户）：收货后两个月内付清货款。

第七条　发货条件（供应商）：签订合同即可发货。

第八条　运输方式与运输费用：自提。

第九条　甲方要求乙方通过以下资质认证（选择对应选项）：

□工作要求　　☑ISO9000　　□ISO14000　　☑3C

第十条　经济责任：

1. 产品品种、质量不符合本合同规定时，甲方拒绝接受，乙方承担相应费用。

2. 乙方未按本合同规定的产品数量交货时，于发生延期交货的当期，扣除该张订单总额的10%作为违约罚款。对于未能按期交货的部分，可以在三个月之内补齐。如果在三个月之内未能全部交货，未能交货部分甲方不再收货。

第十一条　甲、乙任何一方如要求全部或部分注销合同，必须提出充分理由，经双方协商，提出注销合同一方须向对方偿付注销合同部分总额10%的补偿金。

第十二条　本合同所订一切条款，甲、乙任何一方不得擅自变更或修改。如一方单独变更、修改本合同，对方有权拒绝生产或收货，并要求单独变更、修改合同一方赔偿一切损失。

第十三条　任何一方如确因不可抗力等，不能履行本合同时，应及时向对方通知不能履行或延期履行、部分履行合同的理由。在取得有关机构证明后，本合同可以不履行或延期履行、部分履行，并全部或者部分免予承担违约责任。

第十四条　本合同在执行中如发生争议或纠纷，甲、乙双方应协商解决，解决不了时，双方可向仲裁机构申请仲裁或向人民法院提起诉讼（两者选一）。

第十五条　本合同自双方签章之日起生效，至乙方将全部订货送齐、经甲方验收无误，并按本合同规定将货款结算以后作废。

第十六条　本合同在执行期间如有未尽事宜，由甲乙双方协商，另订附则附于本合同之内，所有附则在法律上均与本合同具有同等效力。

第十七条　本合同一式两份，由甲、乙双方各执一份。

甲方：重庆俏丽妆美坊（盖章）	乙方：百雀羚日用化学有限公司重庆分公司（盖章）
电话：023-62170037	电话：023-61068376
签订日期：2022年9月19日	签订日期：2022年9月19日
法定代表人：李莉莉	法定代表人：邓来源
地址：重庆南岸区女人街26号	地址：重庆较场口解放路22号附16号

原始凭证 5.1.7

百雀羚日用化学有限公司重庆分公司

出 库 单

2022年9月20日　　　　第211号

产品名称	计量单位	数量	备注
百雀羚水嫩倍现精华水	瓶	100	
百雀羚水嫩倍现精华水包装盒	个	100	
百雀羚水嫩精华乳	瓶	100	
百雀羚水嫩精华乳包装盒	个	100	
百雀羚精华霜	瓶	100	
百雀羚精华霜包装盒	个	100	
百雀羚水乳霜三件套套装	套	80	
百雀羚水乳霜三件套套装包装盒	个	80	

第三联　记账

保管：李成　　　　经办：汤玲

情境分析：

原始凭证5.1.6列明的销售条款明确表示根据合同发货，对方自提，商品出库时即控制权转移，符合收入确认条件。根据以往销售经验，因商品质量问题退货的比例约为1%。根据新收入准则规定，现金折扣需要按照可变对价进行会计处理，即以现金最佳估计数记入“预计负债——可变对价”进行处理。假设根据以往交易经验，以最高优惠作为最佳估计数（（25 990÷1.13-230）×2%=455.40元）根据合同复印件与出库单于9月20日应做如下会计处理：

借：应收账款——重庆俏丽妆美场　　25 990.00
　贷：主营业务收入　　22 314.60
　　预计负债——应付退货款　　230.00
　　　　——可变对价　　455.40
　　应交税费——应交增值税（销项税额）　　2 990.00

如果实际收款时间与估计时间不一致产生的现金折扣估计差额，调整主营业务收入。

特别说明：合同复印件本身不作为真正的原始凭证，只起辅助说明作用，以便于查阅。

原始凭证 5.1.8

百雀羚日用化学有限公司重庆分公司

销售成本计算单

2022年9月30日　　　　单位：元

产品名称	计量单位	数量	单价	金额
百雀羚水嫩倍现精华水	瓶	180	40	7 200.00
百雀羚水嫩倍现精华水包装盒	个	100	0.9	90.00
百雀羚水嫩精华乳	瓶	180	25	4 500.00
百雀羚水嫩精华乳包装盒	个	100	0.9	90.00
百雀羚精华霜	瓶	180	20	3 600.00
百雀羚精华霜包装盒	个	100	0.8	80.00
百雀羚水乳霜三件套套装包装盒	个	80	1.1	88.00
合计				15 648.00

主管：冯林　　　审核：李成　　　制表：程诚

情境分析：

原始凭证5.1.8为月末计算并结转销售成本。因估计1%商品会退货，应确认应收退货成本153元（（15 648−348）×1%）。因套装其实是打包销售，故无需单独计算其销售成本。其会计处理为：

借：主营业务成本	15 147.00	
应收退货成本	153.00	
销售费用	348.00	
贷：库存商品——百雀羚水嫩倍现精华水		7 200.00
——百雀羚水嫩精华乳		4 500.00
——百雀羚精华霜		3 600.00
周转材料——包装物（百雀羚水嫩倍现精华水包装盒）		90.00
——包装物（百雀羚水嫩精华乳包装盒）		90.00
——包装物（百雀羚精华霜包装盒）		80.00
——包装物（百雀羚水乳霜三件套套装包装盒）		88.00

原始凭证5.1.9

重庆市增值税专用发票　　№ 02147264

5023557468　　此联不作报销、扣税凭证使用　　开票日期：2022年10月20日

购买方	
名　　称	重庆俏丽妆美场
纳税人识别号	91500118332738856Q
地址、电话	重庆南岸区女人街26号023-62170037
开户行及账号	建设银行重庆南城支行1038010120010008525
密码区	（略）

货物或应税劳务、服务名称	规格型号	单位	数量	单价	金额	税率	税额
*美容护肤品*护肤用化妆品*百雀羚水嫩倍现精华水	100ml	瓶	80	70.00	5 600.00	13%	728.00
*美容护肤品*护肤用化妆品*百雀羚水嫩精华乳	100ml	瓶	100	50.00	5 000.00	13%	650.00
*美容护肤品*护肤用化妆品*百雀羚精华霜	50g	瓶	100	30.00	3 000.00	13%	390.00
*美容护肤品*护肤用化妆品*百雀羚水乳霜三件套装（精华水100ml+精华霜50g+精华乳100ml+赠送礼品套盒）	套盒	套	80	100.00	8 000.00	13%	1 040.00
合　计					¥21 600.00		¥2 808.00
价税合计（大写）	⊗贰万肆仟肆佰零捌元整				（小写）¥24 408.00		

销售方	
名　　称	百雀羚日用化学有限公司重庆分公司
纳税人识别号	91500118351727260Q
地址、电话	重庆较场口解放路22号附16号023-61068326
开户行及账号	建设银行重庆分行较场口分理处1038010120010217461
备注	网银转账

第一联　记账联　销售方记账凭证

收款人：王涛　　复核：赵小君　　开票人：曾可　　销售方（章）

原始凭证 5.1.10

账单详情

交易金额

+23 976.00

2022-10-20

交易账号	1038********7461
交易时间	2022/10/20 9:53:28
交易摘要	网银转账
交易渠道	线上渠道
对方户名	重庆俏丽妆美场
对方账号	1038010120010008525
币种	人民币
用途	转账
活期余额	****

同对方户名查询 >

同对方账号查询 >

原始凭证 5.1.11

百雀羚日用化学有限公司重庆分公司

出　库　单

2022 年 10 月 8 日　　　　第 306 号

产品名称	计量单位	数量	备注
百雀羚水嫩倍现精华水	瓶	-20	

第三联　记账

保管：李成　　　　经办：汤玲

情境分析：

原始凭证 5.1.9～5.1.11 为收到根据实际结算货款与信用折扣期限计算了现金折扣（30 天内付款优惠 2%，21 600×2%=432 元）后的货款（24 408-432=23 976 元），实际折扣金额小于“预计负债——可变对价”，需要调增主营业务收入（455.40-432=23.40 元）；同时退回商品与上月估计的预计负债有差异，需要调减主营业务收入（20×70-230=1 170 元）并冲减未实现销售部分的销项税额（20×70×13%=182 元）。根据原始凭证 5.1.9、5.1.10 的会计处理为：

借：银行存款	23 976.00	
预计负债——应付退货款	230.00	
——可变对价	455.40	
借：主营业务收入	1 146.60	
应交税费——应交增值税（销项税额）	182.00	
贷：应收账款		25 990.00

如果实际折扣金额大于估计的可变对价，则需调减主营业务收入。

根据原始凭证5.1.11做退库处理，调整之前结转的销售成本。其会计处理为：

借：库存商品——百雀羚水嫩倍现精华水（退货） 800.00

　贷：应收退货成本 153.00

　　　主营业务成本 647.00

学习情境5.1.3

会计主体：重庆白鹤路快快健身所（小规模纳税人，增值税税率（优惠）1%）。

储值卡管理：每年年末清查一次，超过3年未到店且无法联系的客户的储值卡金额转为收入。

原始凭证5.1.12

重庆白鹤路快快健身所

收入统计表

2023.3.1—2023.3.15　　单位：元

收款方式	金额	收入来源	附件张数
现金	300.00	饮料、水果	收银小票26张
微信	670.00	饮料、水果	收款码记录30张
微信	4 680.00	会员储值卡	收款码记录5张
支付宝	3 000.00	会员储值卡	收款码记录3张
合计	8 650.00		

（印章：重庆白鹤路快快健身所 91500107651681366Q 财务专用章）

主管：常维　　审核：张敏　　制表：李阳

原始凭证5.1.13

重庆白鹤路快快健身所

收款单

日期	20230308
序号	28
单号	161020210608028
收银员	00135008
卡号	139210608006
卡类型	半年卡
收款明细	
半年卡*1	
1610218	936
收款明细	
微信	936
账户明细	
会员卡余额	936
打印时间	12:30:22
门店电话	23028351
公司网址	www.kuaikuai.com.cn
门店地址	重庆南岸区白鹤路116号附59号

（印章：李燕）

* * * * * * * * *

（其余收款单略）

情境分析：

原始凭证5.1.12、5.1.13为取得现金流入，其中，取得兼营收入970.00元（其他业务收入），会员储值卡充值流入7 680.00元（合同负债）。其会计处理为：

借：库存现金	300.00	
其他货币资金——微信存款	5 350.00	
——支付宝存款	3 000.00	
贷：其他业务收入		960.40
合同负债		7 603.96
应交税费——应交增值税		9.60
——待转销项税额		76.04

原始凭证5.1.14

重庆白鹤路快快健身所

储值卡消费统计表

2023.3.1—2023.3.15　　　　单位：元

储值卡类别	金额	收入来源	附件张数
月卡	600	健身消费	刷卡记录20人次
季卡	1 260	健身消费	刷卡记录63人次
半年卡	3 280	健身消费	刷卡记录205人次
年卡	700	健身消费	刷卡记录50人次
合　计	5 840		

（印章：重庆白鹤路快快健身所 915001076516813660 财务专用章）

主管：常伟　　审核：张敏　　制表：李阳

原始凭证5.1.15

重庆白鹤路快快健身所

消费单

日期　20230302
序号　21
单号　161020210602021
收银员　00135008
卡号　139810104899
卡类型　年卡
消费明细
1 健身*1
1610416　14
2 私教*1
1610418　30
支付明细
会员卡　44
账户明细
会员卡余额　1 008

打印时间　17:35:26
门店电话　23028351
公司网址　www.kuaikuai.com.cn
门店地址　重庆南岸区白鹤路116号附59号

（印章：李燕）

* * * * * * * * * * * * * * * *

（其余消费单略）

情境分析：

原始凭证5.1.14、5.1.15为储值卡消费收入，合同负债转为服务收入，应做如下会计处理：

借：合同负债	5 782.18	
应交税费——待转销项税额	57.82	
贷：主营业务收入		5 782.18
应交税费——应交增值税		57.82

任务要求与分析

1.根据《财务会计实训》中原始凭证6、11、18、20、22、25、27、29、38、41、45、66分析以下问题

（1）原始凭证6-5的会计主体是____________，应如何处理？____________

（2）原始凭证6-6是本公司为渝兴公司垫付运杂费，支付时应借记____________账户。

（3）原始凭证6-4收到的款项包括________________________。

（4）原始凭证6-2与6-3是否相同？应如何处理？____________

（5）原始凭证11阐述了什么业务？____________

（6）原始凭证18-3的发票收入应记入____________账户，原始凭证18-2的收款金额与原始凭证18-3的发票金额不一致，差额应如何处理？____________原始凭证18-1应如何处理？____________

（7）原始凭证20阐述了什么业务？____________

（8）原始凭证22-2、22-3相结合，阐述了什么业务？____________

（9）原始凭证22-1、22-5、22-6相结合，阐述了什么业务？____________

（10）原始凭证22-7与22-8是否相同？应如何处理？____________

（11）原始凭证25-1是否需要做会计处理？____________原始凭证25-2是否需要做会计处理？____________

（12）原始凭证25-3为红字发票，应如何进行会计处理？____________

（13）原始凭证27-3、27-4相结合，阐述了什么业务？____________

（14）原始凭证27-2表述的收款方式是____________；原始凭证27-1、27-2相结合，阐述了什么业务？____________

（15）原始凭证27-6、27-7的使用是否相同？应如何处理？____________

（16）原始凭证29阐述了什么业务？____________

（17）原始凭证38阐述了什么业务？____________与其相对应的业务号是____________，为何会有现金折扣？____________已扣的现金折扣应记入的账户是____________。

（18）原始凭证41-1、41-2相结合，阐述了什么业务？____________

（19）原始凭证45-5、45-6相结合，阐述了什么业务？____________

（20）原始凭证45-4阐述了什么业务？____________

其款项是否已收？______________________________

（21）原始凭证45-2、45-3是否相同？应如何处理？______________

（22）原始凭证66-1应填列的出库数量的统计依据是______________。

（23）原始凭证66-2期初结存、本期收入的数量及金额应根据______________明细账进行填列；加权平均单价的计算方法是______________，销售数量根据原始凭证______________填列，销售金额=______________。

说明：原始凭证66应于相关业务全部登记入账后再进行计算填列和会计处理。

2.职业素养：签订了销售协议，就应该按约定发货并收取货款，坚守契约精神

某公司与购买方通过电话约定于3个月后销售商品10 000件，含税单位售价为20元，于交货时收款。签约后第二个月，该商品市场价格上涨为22元。如果你作为销售方，遇到这种情况应当如何处理？

____。

____。

3.任务评价（25%）

小组编号：		小组长姓名：	小组长评分：
序号	评价内容	评价标准	分值
1	原始凭证审核	审核并正确描述业务	6
2	账户对应关系	相关账户及方向运用正确	1
3	金额确定	各账户金额正确	2
4	记账凭证其他要素	正确填制日期及附件、制单、审核	1

4.知识自测

扫码任务测试

任务5.2 在某时段内履行履约义务收入业务会计分析与应用（选修）

学习目标

理解某时段内履行履约义务收入业务的基本会计处理方法。

知识储备

扫码文字教材

某时段内履行履约义务核算

扫码微课视频

劳务收入的核算

拓展学习

扫码文字教材

特定交易会计处理

知识自测

扫码任务测试

本模块任务参考答案

扫码实训

销售与收款业务

本模块思维导图

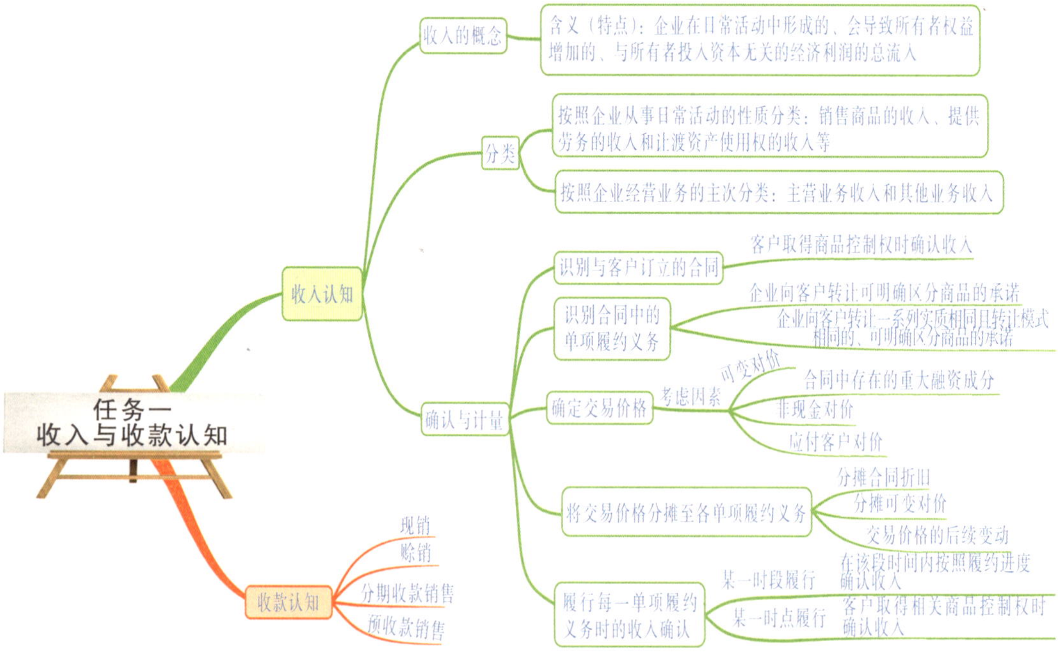

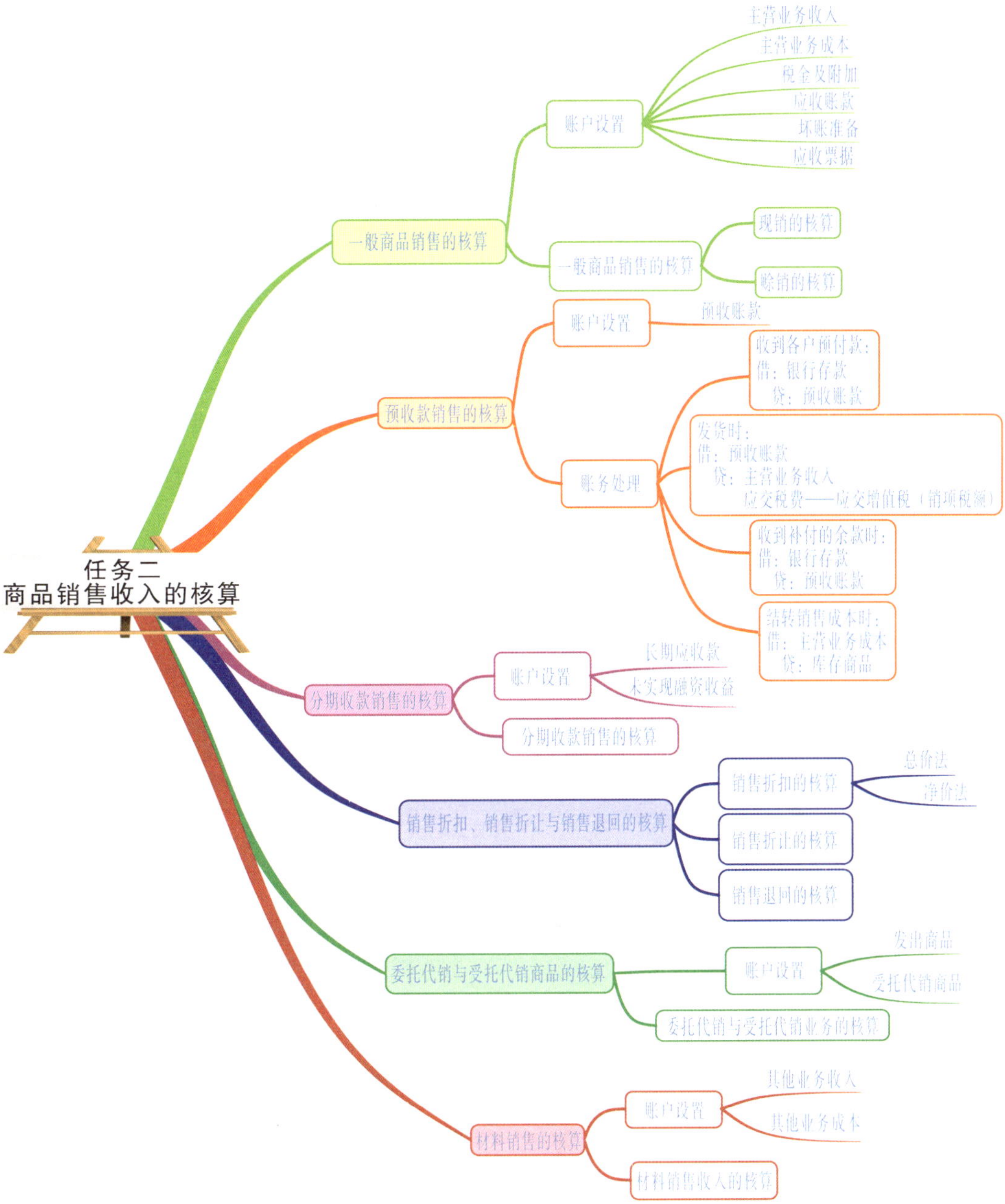
任务二
商品销售收入的核算
一般商品销售的核算
账户设置
主营业务收入
主营业务成本
税金及附加
应收账款
坏账准备
应收票据
一般商品销售的核算
现销的核算
赊销的核算
预收款销售的核算
账户设置
预收账款
账务处理
收到客户预付款：
借：银行存款
贷：预收账款
发货时：
借：预收账款
贷：主营业务收入
应交税费——应交增值税（销项税额）
收到补付的余款时：
借：银行存款
贷：预收账款
结转销售成本时：
借：主营业务成本
贷：库存商品
分期收款销售的核算
账户设置
长期应收款
未实现融资收益
分期收款销售的核算
销售折扣、销售折让与销售退回的核算
销售折扣的核算
总价法
净价法
销售折让的核算
销售退回的核算
委托代销与受托代销商品的核算
账户设置
发出商品
受托代销商品
委托代销与受托代销业务的核算
材料销售的核算
账户设置
其他业务收入
其他业务成本
材料销售收入的核算

任务三 劳务收入的核算

- 劳务收入认知
  - 1.在同一会计期内开始并完成的劳务
  - 2.劳务的开始和完成分属不同的会计期
    - 劳务的开始和完成分属不同的会计期间即为跨年度劳务，提供劳务收入分别以资产负债表日劳务的结果是否能够可靠地予以估计来加以确认
- 劳务收入的核算
  - 账户设置
    - 劳务成本
  - 劳务收入的核算
    - 在同一会计期间内开始并完成的劳务
      - 发生劳务支出时：
借：劳务成本
　贷：应付职工薪酬
      - 工程完工收到工程款：
借：银行存款
　贷：其他业务收入
借：其他业务成本
　贷：劳务成本
    - 劳务的开始和完成分属不同的会计期间
      - 发生劳务支出时：
借：劳务成本
　贷：应付职工薪酬
      - 收到工程款：
借：银行存款
　贷：预收账款
借：预收账款
　贷：主营业务成本
借：主营业务成本
　贷：劳务成本

任务四 销售费用的核算

- 销售费用的概念和内容
  - 销售费用是指企业在销售产品、自制半成品和提供工业性劳务等过程中发生的各项费用，包括由企业负担的包装费、运输费、装卸费、展览费、广告费、租赁费（不包括融资租赁费），以及为销售本企业产品而专设的销售机构的费用，包括专设的销售机构职工工资、福利费、差旅费、办公费、折旧费、修理费、物料消耗和其他经费
- 销售费用的核算
  - 账户设置
    - 销售费用
  - 账户核算
    - 1.以银行存款支付销售费用：
借：销售费用
　　应交税费——应交增值税（进项税额）
　贷：银行存款
    - 2.以银行存款支付广告费：
借：销售费用
　　应交税费——应交增值税（进项税额）
　贷：银行存款
    - 3.应付专设销售机构销售人员工资：
借：销售费用
　贷：应付职工薪酬——职工工资、奖金、津贴和补贴
　　　　　　　　——设定提存计划（养老保险）
    - 4.结转本月发生的销售费用：
借：本年利润
　贷：销售费用

本模块学习评价与反馈：小组学习总结与PPT展示

学习过程评价小组自评表

<table>
<tr><td>班 级</td><td></td><td>组 名</td><td></td><td>日 期</td><td>年 月 日</td></tr>
<tr><td>评价指标</td><td colspan="3">评价内容</td><td colspan="2">成绩评定</td></tr>
<tr><td>信息检索</td><td colspan="3">能有效利用网络、图书资源、工作手册查找有用的相关信息等；能用自己的语言有条理地去解释、表述所学知识；能将查到的信息有效地传递到工作中</td><td colspan="2"></td></tr>
<tr><td>感知工作</td><td colspan="3">熟悉工作岗位，认同工作价值；在工作中能获得满足感</td><td colspan="2"></td></tr>
<tr><td rowspan="2">参与态度</td><td colspan="3">积极主动参与工作，能吃苦耐劳，崇尚劳动光荣、技能宝贵；与教师、同学之间能够相互尊重、理解、平等相处；与教师、同学之间能够保持多向、丰富、适宜的信息交流</td><td colspan="2"></td></tr>
<tr><td colspan="3">探究式学习、自主学习不流于形式，处理好合作学习与独立思考的关系，做到有效学习；能提出有意义的问题或能发表个人见解；能按要求正确操作；能够倾听别人意见、协作共享</td><td colspan="2"></td></tr>
<tr><td>学习方法</td><td colspan="3">操作技能符合规范；能按要求正确操作；获得了进一步学习的能力</td><td colspan="2"></td></tr>
<tr><td>工作过程</td><td colspan="3">平时上课的出勤情况和每天完成工种任务情况；善于多角度分析问题，能主动发现、提出有价值的问题</td><td colspan="2"></td></tr>
<tr><td>思维态度</td><td colspan="3">能发现问题、提出问题、分析问题、解决问题、创新问题</td><td colspan="2"></td></tr>
<tr><td>自评反馈</td><td colspan="3">按时按质完成工作任务；较好地掌握了专业知识点；具有较强的信息分析能力和理解能力；具有较为全面、严谨的思维能力并能条理清楚、明晰地表达成文</td><td colspan="2"></td></tr>
<tr><td colspan="4">小组评定</td><td colspan="2"></td></tr>
<tr><td>有益的经验和做法</td><td colspan="5"></td></tr>
<tr><td>从其他组得到的启发</td><td colspan="5"></td></tr>
<tr><td>总结反馈建议</td><td colspan="5"></td></tr>
</table>

教师评价表

<table>
<tr><td>班 级</td><td></td><td>组 名</td><td></td><td>姓 名</td><td></td></tr>
<tr><td>出勤情况</td><td colspan="5"></td></tr>
<tr><td>评价内容</td><td>评价要点</td><td>考察要点</td><td>分数</td><td colspan="2">分数评定</td></tr>
<tr><td rowspan="2">1. 任务描述、接受任务</td><td rowspan="2">口述内容细节</td><td>（1）表述仪态自然、吐字清晰</td><td rowspan="2">2分</td><td colspan="2">表述仪态不自然或吐字模糊扣1分</td></tr>
<tr><td>（2）表达思路清晰、层次分明、准确</td><td colspan="2">表达思路模糊或层次不清扣1分</td></tr>
<tr><td rowspan="2">2. 任务分析、分组情况</td><td rowspan="2">依据原始凭证分析业务，小组分工</td><td>（1）分析原始凭证关键点准确</td><td rowspan="2">30分</td><td colspan="2">表达思路模糊或层次不清扣20分</td></tr>
<tr><td>（2）涉及理论知识回顾完整，分组分工明确</td><td colspan="2">知识不完整扣5分，分工不明确扣5分</td></tr>
<tr><td rowspan="8">3. 任务实施</td><td rowspan="3">会计工作准备</td><td>（1）记账凭证准备</td><td rowspan="3">5分</td><td colspan="2">每漏一项扣1分</td></tr>
<tr><td>（2）书写用具准备</td><td colspan="2">没有检查扣1分</td></tr>
<tr><td>（3）辅助用具准备</td><td colspan="2">实操期间缺失扣1分</td></tr>
<tr><td rowspan="3">会计工作实施</td><td>（1）正确组合原始凭证</td><td>5分</td><td colspan="2">选择错误扣1分，扣完为止</td></tr>
<tr><td>（2）查阅资料，正确填制记账凭证并完成配套整理</td><td>25分</td><td colspan="2">选择错误扣1分，扣完为止</td></tr>
<tr><td>（3）正确完成审核任务</td><td>10分</td><td colspan="2"></td></tr>
<tr><td rowspan="2">现场恢复</td><td>（1）工作过程中保持环境干净、整洁</td><td>5分</td><td colspan="2">每漏一项扣1分，扣完为止</td></tr>
<tr><td>（2）办公室环境恢复</td><td>5分</td><td colspan="2">每违反一项扣1分，扣完为止</td></tr>
<tr><td rowspan="2">4. 总结</td><td rowspan="2">任务总结</td><td>（1）依据自评分数</td><td>5分</td><td colspan="2"></td></tr>
<tr><td>（2）依据个人总结评分报告</td><td>8分</td><td colspan="2">依据总结内容是否到位酌情给分</td></tr>
<tr><td colspan="3">合 计</td><td>100分</td><td colspan="2"></td></tr>
</table>

模块六

对外投资业务会计分析与应用

核心目标

能识别交易性金融资产、长期股权投资业务相关原始凭证并进行分析应用，树立投资营运理财意识与投资营运理念，为企业整体经营打造更好的运营环境。

能力目标

1. 能根据不同的业务资料，对交易性金融资产的取得、持有与处置进行账务处理。
2. 能识别长期股权投资取得、持有与处置业务资料并对成本法、权益法的适用性进行职业判断和账务处理。

素养目标

“投资有风险，入市需谨慎”，培养具有合理安全地利用闲置资金意识的财务工作者；为更好地服务于企业主营业务，树立拓展上游或下游经营空间的管理意识。

案例引入

重庆渝中摩托制造有限公司2022年发生的对外投资业务如下：

查阅《财务会计实训》教材中以下原始凭证：7、8、15、16、23、24、33、52、67-1。

问题思考：

1. 这些原始凭证载明了什么经济业务？
2. 如何确定这些经济业务的真实性？
3. 对确认无误的原始凭证如何进行账务处理？

对外投资业务及流程认知

扫码文字教材

对外投资认知

对外投资，就是企业在其本身经营的主要业务以外，以现金、实物、无形资产方式，或者以购买股票、债券等有价证券方式向境内外的其他单位进行投资，以期在未来获得投资收益的经济行为。

在市场经济特别是发展横向经济联合的条件下，企业对外投资已成为企业财务活动的重要内容。

企业对外投资的目的，一般有资金调度的需要、企业扩张的需要以及满足特定用途的需要。

金融资产分为三类，如图6.1.1所示。

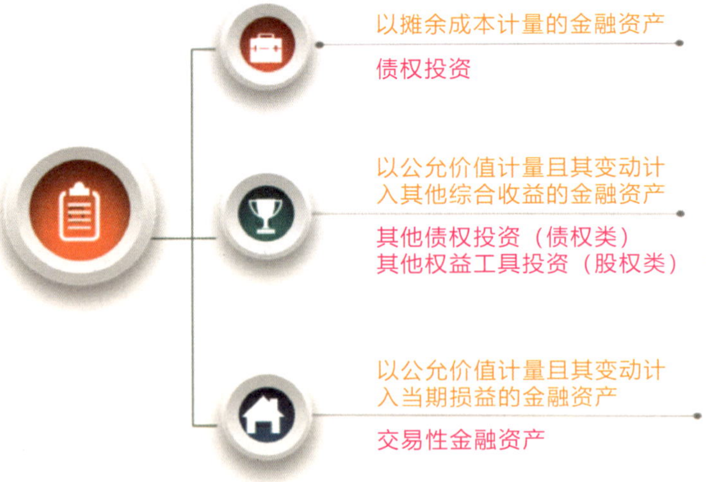

图6.1.1　金融资产分类

对外投资业务基本流程如图6.1.2所示。

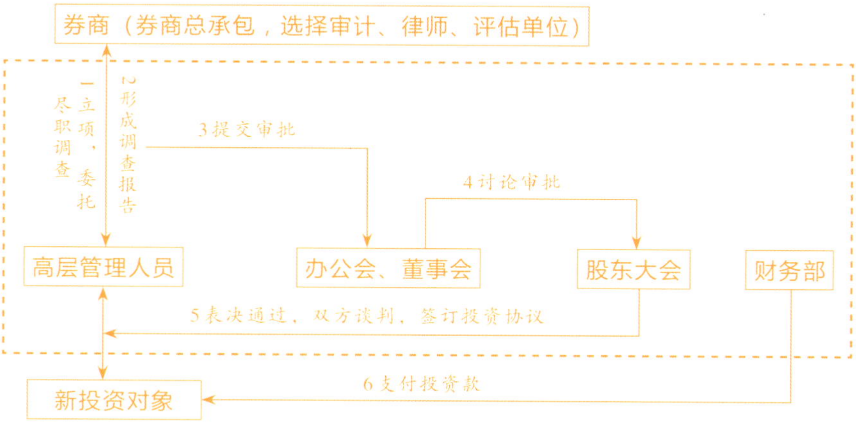

微课

对外投资业务流程

图6.1.2　对外投资业务基本流程示意图

任务6.1　交易性金融资产业务会计分析与应用

任务说明

结合期初资料，根据本期原始凭证7、8、15、23、67-1进行业务分析，并填制和审核会计凭证，切身体会投资的风险性。

学习目标

能在准确归类交易性金融资产的前提下，对交易性金融资产的取得、公允价值计量以及处置等业务进行账务处理。

知识储备

1.交易性金融资产认知

扫码文字教材　　扫码微课视频

交易性金融资产　　交易性金融资产

以公允价值计量且其变动计入当期损益的金融资产称为“交易性金融资产”。

从管理金融资产的业务模式看，业务目标是以“交易”为目的，而非为收取合同现金流量，也不是为既以收取合同现金流量为目标又以出售该金融资产为目标，仅仅是通过“交易性”活动，即频繁地购买和出售，从市场价格的短期波动中赚取买卖差价，使企业闲置的资金能获得较高的投资回报。

交易性金融资产预期能在短期内变现以满足日常经营的需要。

2.交易性金融资产业务主要账户对应关系

交易性金融资产业务主要账户对应关系如图6.1.3所示。

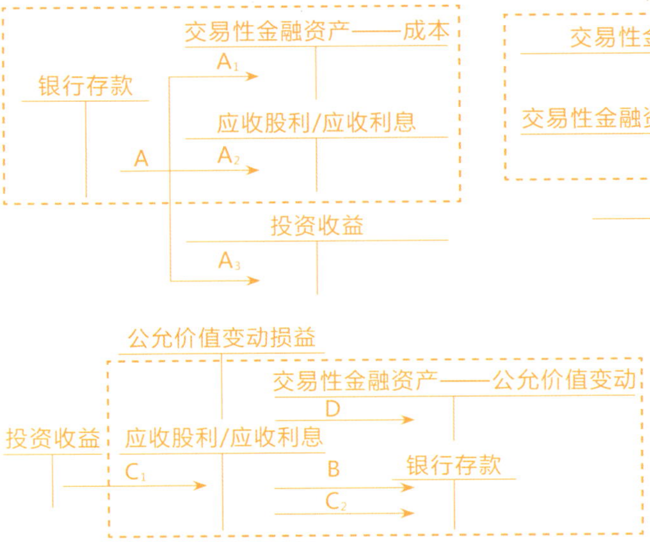

A：购买交易性金融资产（A_1：资产成本；A_2：交易费用；A_3：买价中所含的现金股利或应收利息）

B：收到购买价款中包含的现金股利或应收利息

C：持有期间现金股利或利息的处理（C_1：确认股利或利息；C_2：收到股利或利息）

D：期末按公允价值进行调整（其流量可能为负数）

E：处置交易性金融资产（E_1、E_2：结平持有期形成的账面余额；E_3：流量可能为负）

图6.1.3　交易性金融资产业务主要账户对应关系图

学习重难点突破

企业取得交易性金融资产时，应当按照该金融资产取得时的公允价值作为其初始入账金额。支付价款中包含的已宣告但尚未发放的现金股利或已到付息期但尚未领取的债券利息，应当单独确认为应收项目。

取得交易性金融资产所发生的相关交易费用计入投资损益，发生交易费用取得增值税专用发票的，可计入进项税额，经认证后从当月销项税额中扣除。

在持有交易性金融资产期间确认应收现金股利、债券利息时，应当确认为应收项目，并计入投资收益。

资产负债表日，交易性金融资产应当按照公允价值计量，公允价值与账面余额之间的差额计入当期损益（其对应关系如图6.1.3所示）。

企业出售交易性金融资产时，应当将该金融资产出售时的公允价值与其账面余额之间的差额作为投资损益进行会计处理。

转让金融商品应交增值税=（卖出价−买入价）÷（1+6%）×6%

其中，买入价不需要扣除已宣告但尚未发放现金股利和已到付息期但尚未领取的利息。

借：投资收益

　贷：应交税费——转让金融商品应交增值税

若相抵后出现负差，可结转下一纳税期与下期转让金融商品销售额互抵，但年末时仍出现负差的，不得转入下一会计年度。

学习情境描述

学习情境 6.1.1

会计主体：重庆飞达科技有限公司

原始凭证 6.1.1

中国民生银行　网上银行电子回单

付款人	户　名	重庆飞达科技有限公司	收款人 户　名	重庆飞达科技有限公司（投资专用）
付款人	账　号	1010082309223009267	收款人 账　号	31030676*********
付款人	开户银行	中国民生银行渝北支行	收款人 开户银行	中国民生银行
金额		¥100 000.00	金额（大写）	人民币壹拾万元整
摘要		银证转券商	业务（产品）种类	银证业务
用途		银证转券商		
交易流水号		14066278	时间戳	2022-04-16-09:59:10.962646
（中国民生银行 电子回单专用章）		备注：16624026 ETD：4500662402600346462		
		验证码：+QPjjk16iCQ+0SQmwTeyRIUVVMEOHc=		
记账网点	00216	记账柜员 00038	记账日期	2022 年 04 月 16 日

电子回单号码：0037-0665-0376-112　　　　打印日期：2022 年 04 月 16 日

重要提示：

1. 如果您是收款方，请到中国民生银行网站 www.cmbc.com.cn 电子回单验证处进行回单验证。
2. 本回单不作为收款方的发货依据，并请勿重复记账。
3. 您可以选择发送邮件，将此电子回单发送给指定的接收人。

原始凭证 6.1.2

银证转账记录

银证转账

转账方向　银行→券商　　软键盘
转账银行　民生存管　人民币
转账币种　人民币
银行密码　******

转账金额　100000
银行资金　0.00
查询银行资金　转账
十万元

刷新

日期	货币单位	发生金额	资金余额	流水号	银行名称	操作	成交时间	合同编号
20220416	人民币	100000.00	100000.00	22041601254	中国民生银行	银行转存	10160123	HC20220416025462

情境分析：

原始凭证 6.1.1、6.1.2 为 2022 年 4 月 16 日，从中国民生银行公司户转入券商专户 100 000 元。其会计处理为：

借：其他货币资金——存出投资款　　100 000.00

　贷：银行存款——中国民生银行　　100 000.00

学习情境 6.1.2

原始凭证 6.1.3

股票交易（买入）记录

查询日期 2022/4/1 至 2022/6/30 确定 汇总

日期	摘要	证券代码	证券名称	操作	成交数量	成交均价	发生金额	本次金额	交易市场	股东账户	货币单位
20220416	银行转存			银行转存	0	0.000	100000.000	100000.000	资金		人民币
20220416	证券买入	000529	广弘控股	证券买入	+10000	5.650	56500.000	56561.510	深圳A股	0080821103	人民币

情境分析：

此情境为购买股票代码为000529的广弘控股股票10 000股，每股5.65元，手续费及佣金61.51元（交割凭证略）。

借：交易性金融资产——成本（广弘控股）　　56 500.00

　　投资收益　　61.51

　贷：其他货币资产——存出投资款　　56 561.51

学习情境 6.1.3

原始凭证 6.1.4

金融资产市值查询记录

持仓(W)　成交(E)　委托(E)　刷新　全撤(Z)　撤买(X)　撤卖(C)

股票余额	证券名称	可用余额	证券代码	冻结数量	盈亏金额	成本价	盈亏比例（%）	市价	市值	核新市场	交易市场
10000.00	广弘控股	10000.00	000529	0	-1160.000	5.656	-2.051	5.540	55400.000	1	深圳A股

情境分析：

此情境为期末交易性金融资产按公允价值计量。2022年6月30日，广弘控股的收盘价为5.54元/股，比购入价格5.65元/股下降了0.11元/股，应调低其账面价值1 100元。其会计处理为：

借：公允价值变动损益　　1 100.00

　贷：交易性金融资产——公允价值变动　　1 100.00

学习情境6.1.4

原始凭证6.1.5

股票交易（卖出）记录

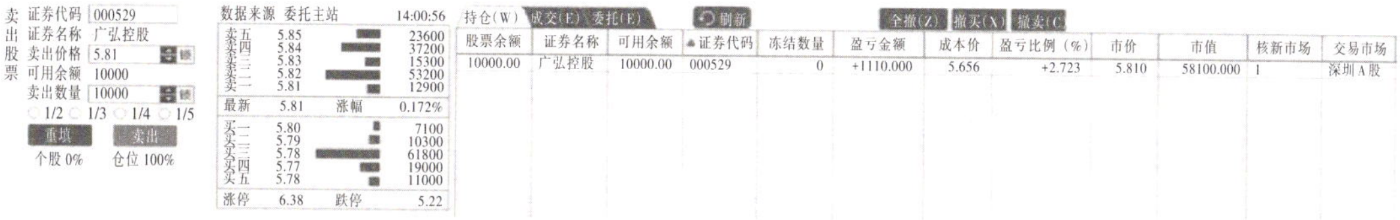

情境分析：

此情境为2022年8月25日卖出广弘控股的全部股票（10 000股）。当时的股价为5.81元/股。经查实际到账金额为57 978.65元（手续费、税金及佣金121.35元。交割单略）。其会计处理为：

借：其他货币资金——存出投资款　　57 978.65

　交易性金融资产——公允价值变动　　1 100.00

　贷：交易性金融资产——成本（广弘控股）　　56 500.00

　　投资收益　　2 578.65

期末计算转让金融资产应交增值税：

转让金融资产应交增值税=10 000×（5.81−5.65）÷（1+6%）×6%=90.57（元）

借：投资收益　　90.57

　贷：应交税费——转让金融商品应交增值税　　90.57

任务要求与分析

1.结合（财务会计实训）期初资料，根据原始凭证7、8、15、23、67−1分析以下问题，并进行记账凭证填制与审核

（1）原始凭证7阐述了什么会计事项？可能涉及的相关账户是什么？

____

（2）原始凭证8阐述了什么会计事项？__________买入资产成本等于__________。支付的佣金、印花税、过户费应记入的账户是____________，支付的金额应记入的账户是____________。

（3）原始凭证15阐述了什么会计事项？__________买入资产成本等于__________。支付的佣金、印花税、过户费应记入的账户是____________，支付的金额应记入的账户是____________。

（4）原始凭证23阐述了什么会计事项？____________所转让资产的相关账面记录应从哪里查找确认？____________应结转的资产账面价值为__________，分别记载的账户名称及金额为________________________转让实收金额与账面价值之差应记入的账户是____________________。

（5）原始凭证67−1所指的转让金融商品应从原始凭证________中进行查找。"金融商品实际售价"为________，成本价为________，差价等于________，适用的增值税税率为________，转让金融商品应交增值税的计算过程为________。

（6）根据以上分析结果填制记账凭证。

（7）完成该记账凭证的审核。

2.职业素养：树立投资风险意识

“投资有风险，入市需谨慎”，为充分利用闲置资金，可进行委托投资，也可由相关部门审慎投资。应综合评估风险，监管资金流向，在可控风险范围内利用闲置资金获取收益。请根据自己的理解，阐述闲置资金可利用的渠道。

____

____

3.任务评价（2%）

小组编号：		小组长姓名：	小组长评分：
序号	评价内容	评价标准	分值
1	原始凭证审核	审核并正确描述业务	2
2	账户对应关系	相关账户及方向运用正确	3
3	金额确定	各账户金额正确	3
4	记账凭证其他要素	正确填制日期及附件、制单、审核	2

4.知识自测

扫码任务测试

任务6.2　长期股权投资业务会计分析与应用

任务说明

结合期初余额，根据所给原始凭证（16、24、33、52）进行分析并规范填制和审核记账凭证。

学习目标

掌握长期股权投资在成本法和权益法下的核算方法并体会其不同的投资目的对企业经营带来的影响。

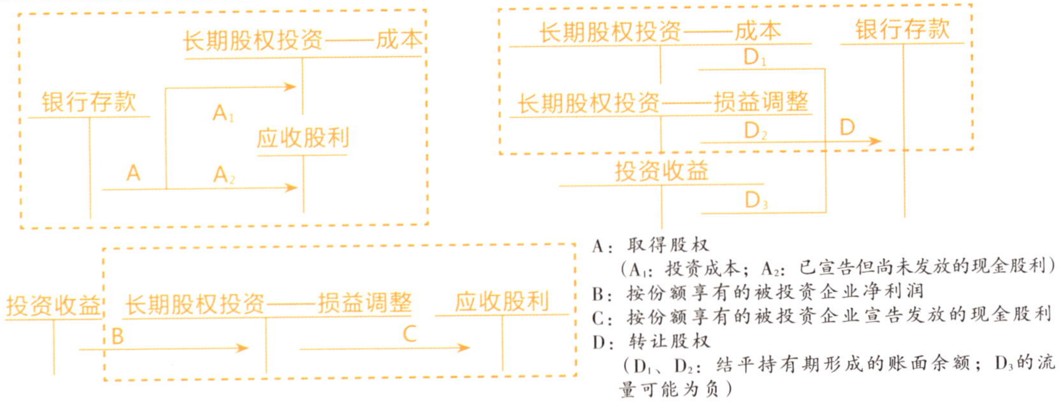

图6.2.1　长期股权投资业务（权益法）主要账户对应关系图

学习重难点突破

扫码文字教材

长期股权投资

扫码微课视频

长期股权投资核算：成本法

长期股权投资是指投资方对被投资单位实施控制（成本法）、重大影响（权益法）的权益性投资，以及对其合营企业（权益法）的权益性投资。

控制的判断：子公司。控制是指能够统驭企业的财务和经营决策，借此获利，通常指投资企业直接或间接拥有受资企业表决权资本总额的50%以上或根据公司章程规定具有控制权。

重大影响的判断：联营企业。联营是指对被投资单位的财务和经营政策有参与决策的权力，但并不能够控制或者与其他方一起共同控制这些政策的制定，一般指拥有表决权资本总额的20%～50%或根据公司章程规定具有重大影响。

合营企业的判断：合营企业以共同控制为前提。共同控制是指按照相关约定对某项安排所共有的控制，并且该安排的相关活动（重大影响的一些活动）必须经过分享控制权的参与方一致同意后才能决策。

长期股权投资核算方法：

（1）成本法。账户设置："长期股权投资——某公司"，其账面成本一般不变。

初始投资时：

借：长期股权投资——某公司

　　应收股利（已宣告但尚未发放的现金股利）

　贷：银行存款

持有期间投资损益的处理：

被投资单位宣告分派现金股利或利润时，投资企业按应享有的部分确认为当期投资收益：

借：应收股利

　贷：投资收益

（2）权益法。最初以投资成本计量，以后则要根据投资企业应享有被投资单位所有者权益份额的变动，对长期股权投资的账面价值进行相应调整。

账户设置及入账金额如图6.2.2所示。

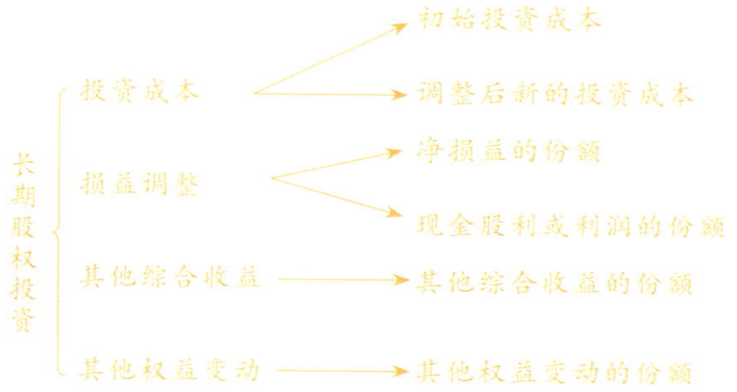

图6.2.2　权益法下长期股权投资账户设置及入账金额

取得时的账务处理如图6.2.3所示。

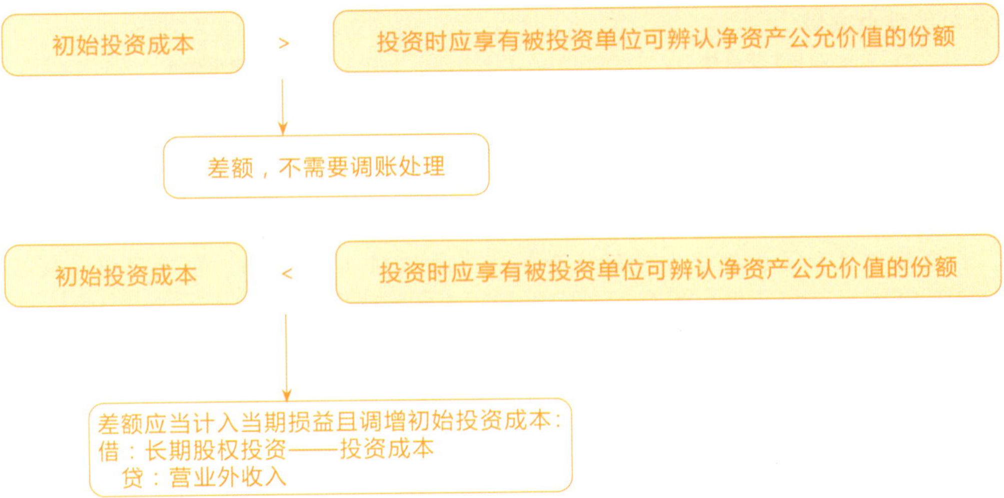

图6.2.3　权益法下取得长期股权投资的账务处理

持有期间投资损益的处理：

①被投资单位实现净利润时，其账务处理为：

借：长期股权投资——损益调整（被投资单位实现的净利润×持股比例）

　贷：投资收益

②被投资单位宣告分派现金股利时：

借：应收股利

　贷：长期股权投资——损益调整

③被投资单位实现其他综合收益：

借：长期股权投资——其他综合收益

　贷：其他综合收益

④被投资单位发生所有者权益其他变动：

借：长期股权投资——其他权益变动

　贷：资本公积——其他资本公积

⑤超额亏损的确认：

借：投资收益

　贷：长期股权投资——损益调整

　　长期应收款（投资账面减至零后还需承担的损失）

　　预计负债（上一账户账面价值减至零，按合同或协议约定将承担的损失）

长期股权投资处置（三步走）：

第一步，结平账面价值：

借：银行存款

　贷：长期股权投资——投资成本

　　　　——损益调整

　　　　——其他综合收益

　　　　——其他权益变动

　　投资收益

第二步，结转“其他综合收益”：

借：其他综合收益

　贷：投资收益（或相反分录）

第三步，结转“资本公积——其他资本公积”：

借：资本公积——其他资本公积

　贷：投资收益（或相反分录）

学习情境 6.2.1

会计主体：西藏TLE股份有限公司

投资入股协议书

甲方：重庆ZJ再生资源开发有限公司

统一社会信用代码：91500227580543792H

法定代表人：李梅

地址：重庆渝北区金渝大道66号

乙方：西藏TLE股份有限公司

统一社会信用代码：91540000670895222B

法定代表人：汤恩伦

地址：拉萨市城关区夺底路18号

鉴于：

1. 甲方系2010年4月28日成立的有限责任公司，统一社会信用代码为91500227580543792H。截至本协议签署日，注册资本为5 000万元，实收资本为1 000万元。因发展需要，优化公司股权结构，完善公司治理结构，甲方股东会在2021年12月14日对本次股权调整形成了第2021106号决议，同意乙方向甲方投资。

2. 乙方系2018年3月12日成立的股份有限公司。

3. 甲方现有股东同意对其股权进行调整并确认放弃对新增股东所认缴出资股份的认购优先权。

为此，经友好协商，双方就公司入资事宜达成本协议，以资共同信守：

1. 根据甲方股东会决议，决定吸收乙方参股经营且经乙方股东大会决议同意，由乙方以现金方式进行出资并持有甲方25%股权。

2. 以经甲乙双方审计评估确认的现有净资产3 965.71万元为依据，协商确定本协议中确定的25%股权出资或认购价为人民币991.43万元。

3. 出资时间：

乙方应在双方签订合同框架协议并分步实施后签订本协议。自本协议签订之日起10个工作日内根据合作框架协议商定的资金用度及步骤分步出资：

（1）第一次出资：自签订框架协议之日起30个工作日内支付100万元，占乙方出资总额的10.08%。

（2）第二次出资：自公司变更登记机关办理变更登记完成后20个工作日内支付694万元，占乙方出资总额的70%。

（3）剩余未出资部分，由甲乙双方根据公司的经营发展和战略需要，协商逐步支付。

4. 甲方指定收款账户信息：

户名：重庆ZJ再生资源开发有限公司

开户银行：广发银行重庆分行

收款账户：9550880217886700286

5. 变更登记：

甲方自收到乙方出资起，收到按本协议所列金额后向乙方出具出资证明，将乙方载于股东名册，享有股份项下的全部股东权利，承担股东义务。根据协议修改公司章程，完成股权转让的工商变更登记手续。

⋮

甲方：重庆ZJ再生资源开发有限公司

法定代表人或授权代表（签章）李梅

签订时间：2021年12月14日

乙方：西藏TLE股份有限公司

法定代表人或授权代表（签章）汤恩伦

签订时间：2021年12月14日

图 6.2.4　投资协议（复印件）

说明：此合同为复印件。附件附后作辅助说明。

原始凭证 6.2.1

ICBC 中国工商银行　进账单　（付款通知）2

2021 年 12 月 20 日

付款人	全称	西藏 TLE 股份有限公司	收款人	全称	重庆 ZJ 再生资源开发有限公司
	账号	50001143600089799287		账号	9550880217886700286
	开户银行	中国工商银行西藏拉萨分行		开户银行	广发银行重庆分行

金额	人民币（大写）	亿	千	百	十	万	千	百	十	元	角	分
	壹佰万元整		¥	1	0	0	0	0	0	0	0	0

交易时间：2021 年 12 月 20 日 09:28:38

汇划流水：004963865028

附言：第一次投资款

复核 李文丽　　记账 吴华

中国工商银行西藏拉萨分行 电子业务专用章

开户银行签章

此联是付款人开户银行交给付款人的付款通知

情境分析：

原始凭证 6.2.1 为按投资协议规定支付第一次投资款（采用权益法核算）。同时，投资协议里明确了第二次认缴资本的时间与金额，应确认对应的资产与金融负债，剩余认缴资本未明确时间与金额，则不予确认。其会计处理为：

借：长期股权投资——投资成本	7 940 000.00	
贷：银行存款		1 000 000.00
其他应付款——认缴资本		6 940 000.00

原始凭证 6.2.2

ICBC 中国工商银行　进账单　（付款通知）2

2021 年 12 月 30 日

付款人	全称	西藏 TLE 股份有限公司	收款人	全称	重庆 ZJ 再生资源开发有限公司
	账号	50001143600089799287		账号	9550880217886700286
	开户银行	中国工商银行西藏拉萨分行		开户银行	广发银行重庆分行

金额	人民币（大写）	亿	千	百	十	万	千	百	十	元	角	分
	陆佰玖拾肆万元整		¥	6	9	4	0	0	0	0	0	0

交易时间：2021 年 12 月 30 日 09:58:06

汇划流水：004963865133

附言：第二次投资款

复核 李文丽　　记账 吴华

中国工商银行西藏拉萨分行 电子业务专用章

开户银行签章

此联是付款人开户银行交给付款人的付款通知

情境分析：

原始凭证6.2.2为根据协议支付第二次认缴资本。其会计处理为：

借：其他应付款——认缴资本　　6 940 000.00

　贷：银行存款　　6 940 000.00

如果长期股权投资的初始投资成本大于投资时应享有被投资单位可辨认净资产公允价值份额的，不调整长期股权投资的初始投资成本；长期股权投资的初始投资成本小于投资时应享有被投资单位可辨认净资产公允价值份额的，应按其差额，借记“长期股权投资——投资成本”科目，贷记“营业外收入”科目。

在年终决算前，根据重庆ZJ再生资源开发有限公司提供的财务报告和股利分派政策等进行账务处理。

经查，从投资后，被投资企业实现相关所有者权益增加分析情况如原始凭证6.2.3所示（2022年12月31日净资产与协议签订日一致）。

原始凭证6.2.3

权益法下投资价值调整计算表

2022年12月31日

影响投资价值项目	投资所属期间		增加额	收益应占份额（25%×80.08%=20.02%）
	2022年12月31日	2021年12月31日		
资本公积	178 174.43	163 107.02	15 067.41	3 016.50
其他综合收益	22 316.36	—	22 316.36	4 467.74
盈余公积	52 648.86	52 648.86	—	—
未分配利润	40 815.35	−558 655.88	599 471.23	120 014.14
合计	293 955.00	−342 900.00	636 855.00	127 498.37

西藏TLE股份有限公司 财务专用章

情境分析：

本投资占比25%，具有重要影响，应采用权益法进行核算。因合同未约定是否按认缴资本享有权益，故根据公司法应按实缴比例（25%×80.08%=20.02%）确认收益，按认缴比例25%确定损失（已经是现时义务）。根据原始凭证6.2.3的计算结果，其会计处理为：

借：长期股权投资——其他权益变动　　3 016.50

　　　　　　　　——其他综合收益　　4 467.74

　　　　　　　　——损益调整　　120 014.14

　贷：资本公积——其他资本公积　　3 016.50

　　　其他综合收益　　4 467.74

　　　投资收益　　120 014.14

学习情境6.2.2

会计主体：重庆恒达资源处理技术股份有限公司

投资入股协议书复印件如图6.2.5所示。

投资入股协议书

本投资入股协议书（以下简称“本协议”）由以下各方于2022年1月28日在重庆汽博中心签订：

甲方：重庆ZJ再生资源开发有限公司

统一社会信用代码：91500227580543792H

法定代表人：李梅

地址：重庆渝北区金渝大道66号

乙方：重庆恒达资源处理技术股份有限公司

统一社会信用代码：91500011356209967Q

法定代表人：魏永发

地址：重庆渝西区永川胜利街18号

鉴于：

1.甲方系2010年4月28日成立的有限责任公司，统一社会信用代码为91500227580543792H。截至本协议签署日，注册资本为5 000万元，实收成本为4 000万元。因发展需要，优化公司股权结构，完善公司治理结构，甲方股东会于2022年1月28日对本次股权调整形成了第2022009号决议，同意乙方向甲方投资。

2.乙方系2018年3月12日成立的股份有限公司。

3.甲方现有股东同意对其股权进行调整并确认放弃对新增股东所认缴出资股份的认购优先权。

为此，经友好协商，双方就公司入资事宜达成本协议，以资共同信守：

1.根据甲方股东会决议，决定吸收乙方参股经营且经乙方股东大会决议同意，由乙方以专利权——沥青转良专利技术方式进行出资并持有甲方5%股权。

2.以经甲乙双方审计评估确认的现有净资产3 966.82万元为依据，协商确定本协议中确定的5%股权出资或认购价为人民币198.34万元。

3.出资时间：

乙方应在双方签订合作框架协议之日起30个工作日内办理完成专利权转让手续。

4.变更登记：

甲方自收到乙方专利权起，向乙方出具出资证明，将乙方载于股东名册，享有股份项下的全部股东权利，承担股东义务。根据协议修改公司章程，完成股权转让的工商变更登记手续。

⋮

甲方：重庆ZJ再生资源开发有限公司

法定代表人或授权代表（签章）李梅

签订时间：2022年1月28日

乙方：重庆恒达资源处理技术股份有限公司

法定代表人或授权代表（签章）魏永发

签订时间：2022年1月28日

图6.2.5　投资协议（复印件）

在投资入股协议书基础上，双方于2022年2月8日进一步签订了“专利权转让协议”（略）。经查，该专利权账面原值为880 000元，已摊销80 000元。已开具增值税普通发票。

原始凭证 6.2.4

重庆市增值税普通发票　　№ 00961345

5023557468　　此联不作报销、扣税凭证使用　　开票日期：2022年2月21日

购买方	名　　称：重庆ZJ再生资源开发有限公司 纳税人识别号：91500227580543792H 地址、电话：重庆渝北区金渝大道66号023-61004328 开户行及账号：广发银行重庆分行9550880217886700286				密码区	（略）	
货物或应税劳务、服务名称	规格型号	单位	数量	单价	金额	税率	税额
*无形资产*专利技术*沥青转良技术		项	1	1 680 000.00	1 680 000.00	6%	100 800.00
*信息技术服务*技术咨询		项	1	200 000.00	200 000.00	6%	12 000.00
合　计					¥1 880 000.00		¥112 800.00
价税合计（大写）	⊗壹佰玖拾玖万贰仟捌佰元整				（小写）¥1 992 800.00		
销售方	名　　称：重庆恒达资源处理技术股份有限公司 纳税人识别号：91500011356209967Q 地址、电话：重庆渝西区永川胜利街18号023-47457722 开户行及账号：重庆工商银行永川分行3100056909100064776				备注		

收款人：王志　　复核：程浩　　开票人：李志　　销售方（章）

第一联 记账联 销售方记账凭证

情境分析

本情境为根据投资协议转让专利权投资入股，公允价值为199.28万元，并以此作为投资成本。该公允价值与账面价值的差额计入资产处置损益。转让专利技术，免征增值税。其会计处理为：

借：长期股权投资——重庆ZJ再生资源开发有限公司　　1 992 800.00

　　累计摊销　　80 000.00

　贷：资产处置损益——处置无形资产损益　　1 192 800.00

　　　无形资产——专利权　　880 000.00

本投资占比为5%，应采用成本法进行核算。对方宣告分派现金股利时，按所占份额确认为投资收益。会计处理为：

借：应收股利

　贷：投资收益

任务要求与分析

1.结合《财务会计实训》中实训资料的期初余额，根据原始凭证16、24、33、52分析以下问题，并填制和审核记账凭证

（1）原始凭证16-2中的共同投资应采用成本法还是权益法进行核算？__________投资成本为__________。

（2）原始凭证24是属于本期确认股利还是收回前期股利，依据是什么？__________

（3）原始凭证33-2中的转让投资账面价值为__________，转让40%应结转的成本为__________，实得转让款与应结转账面价值的差额应记入的账户是__________。

（4）原始凭证52-2所指的股权投资应采用的核算方法是______________，投资额100万元小于甲方净资产价值400万元的30%，其处理方法为______________________。

2.职业素养：树立拓展上游或下游经营空间的管理意识

为更好地服务于企业主营业务，作为企业经营的强力助手，应树立拓展上游或下游经营空间的管理意识。请搜集相关信息，阐述拓展上游或下游经营空间对企业经营可以创造哪些便利条件？

____

____

3.任务评价（3%）

小组编号：		小组长姓名：	小组长评分：
序号	评价内容	评价标准	分值
1	原始凭证审核	审核并正确描述业务	2
2	账户对应关系	相关账户及方向运用正确	3
3	金额确定	各账户金额正确	3
4	记账凭证其他要素	正确填制日期及附件、制单、审核	2

4.知识自测

扫码任务测试

任务6.3　债权投资业务会计分析与应用（选修）

扫码文字教材

以摊余成本计量的金融资产的核算

扫码微课视频

以摊余成本计量的金融资产的核算

任务6.4　其他债权投资与其他权益工具投资业务会计分析与应用（选修）

扫码文字教材

以公允价值计量且其变动计入其他综合收益的金融资产的核算

扫码微课视频

其他债权投资的核算

扫码微课视频

其他权益工具投资的核算

本模块任务参考答案

扫码实训

对外投资业务

本模块思维导图

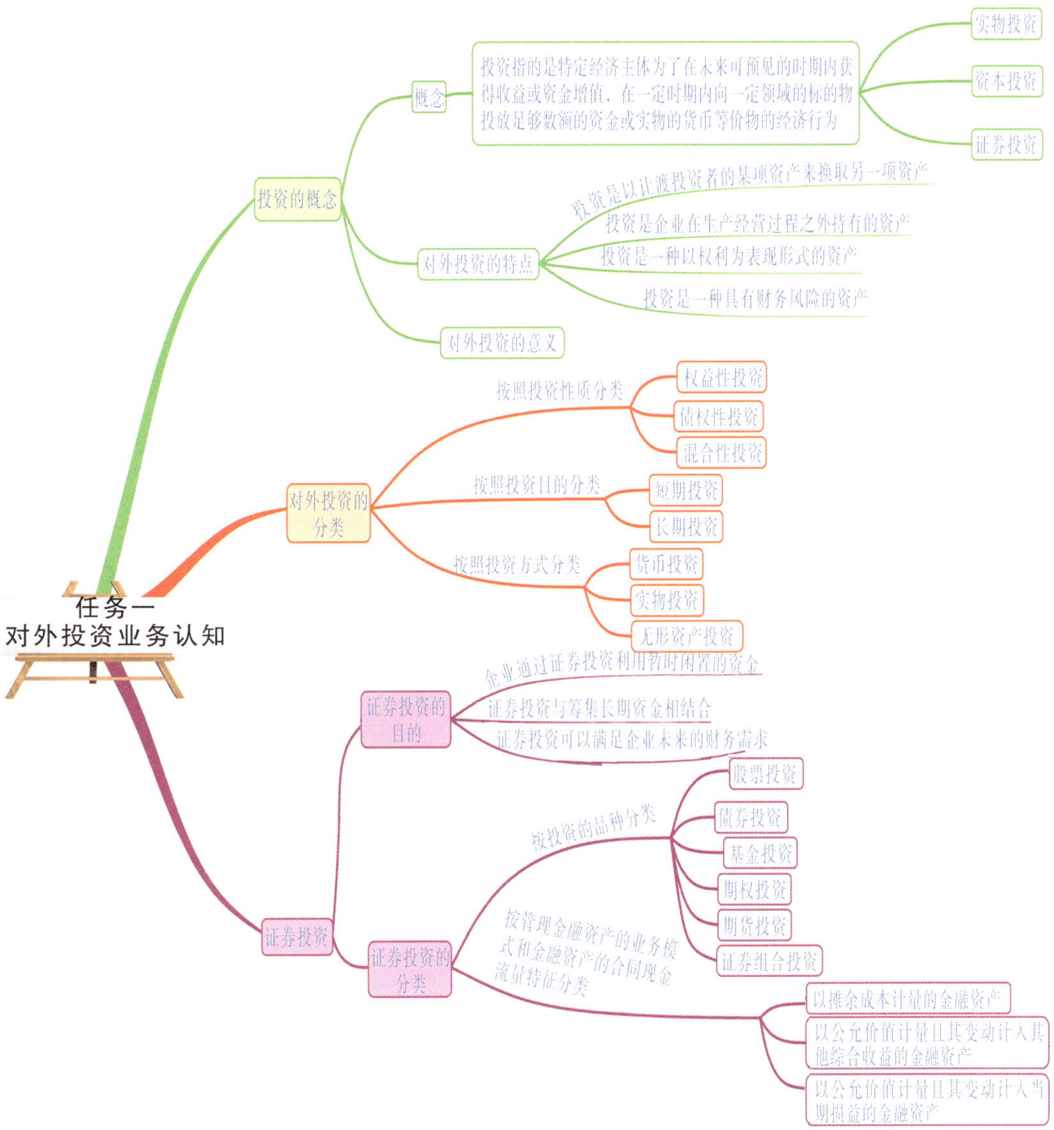

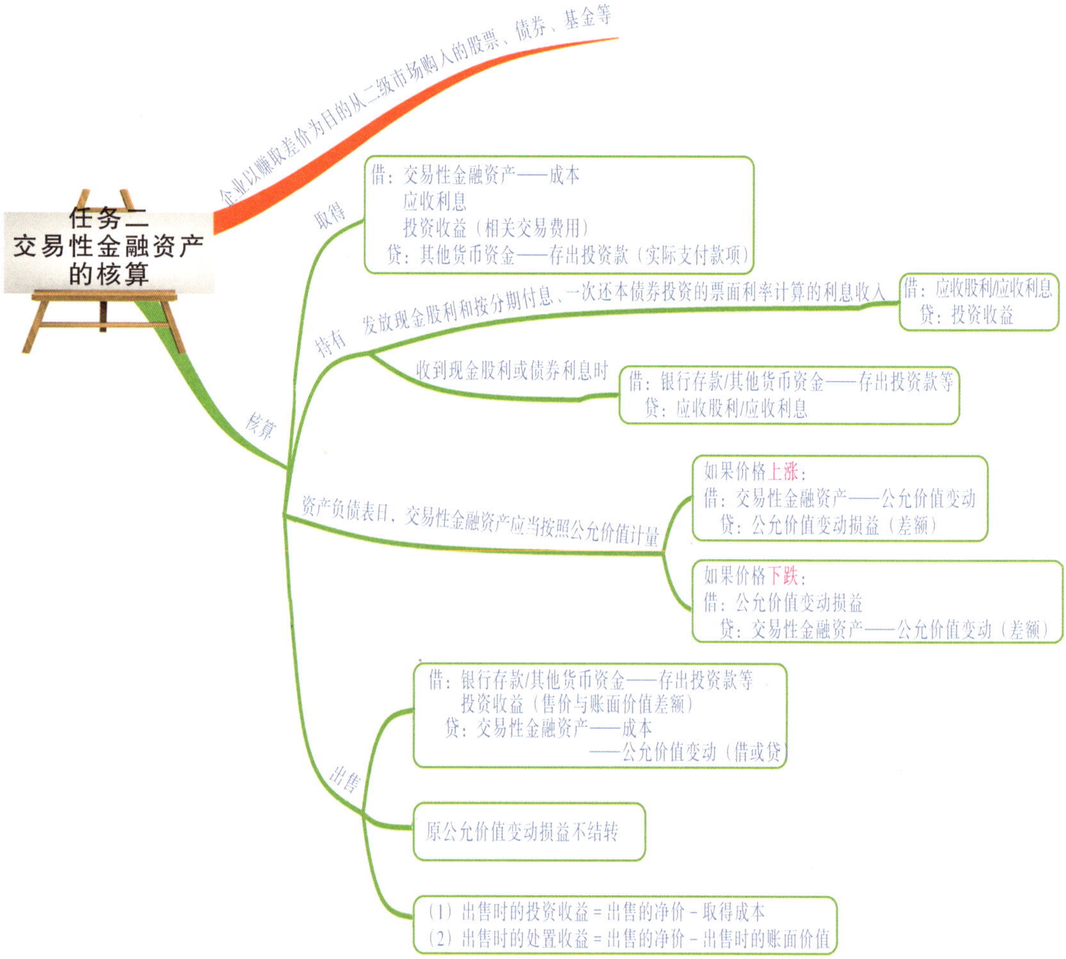
任务二
交易性金融资产的核算
企业以赚取差价为目的从二级市场购入的股票、债券、基金等
核算
取得
借：交易性金融资产——成本
应收利息
投资收益（相关交易费用）
贷：其他货币资金——存出投资款（实际支付款项）
持有
发放现金股利和按分期付息、一次还本债券投资的票面利率计算的利息收入
借：应收股利/应收利息
贷：投资收益
收到现金股利或债券利息时
借：银行存款/其他货币资金——存出投资款等
贷：应收股利/应收利息
资产负债表日，交易性金融资产应当按照公允价值计量
如果价格上涨：
借：交易性金融资产——公允价值变动
贷：公允价值变动损益（差额）
如果价格下跌：
借：公允价值变动损益
贷：交易性金融资产——公允价值变动（差额）
出售
借：银行存款/其他货币资金——存出投资款等
投资收益（售价与账面价值差额）
贷：交易性金融资产——成本
——公允价值变动（借或贷）
原公允价值变动损益不结转
（1）出售时的投资收益＝出售的净价－取得成本
（2）出售时的处置收益＝出售的净价－出售时的账面价值

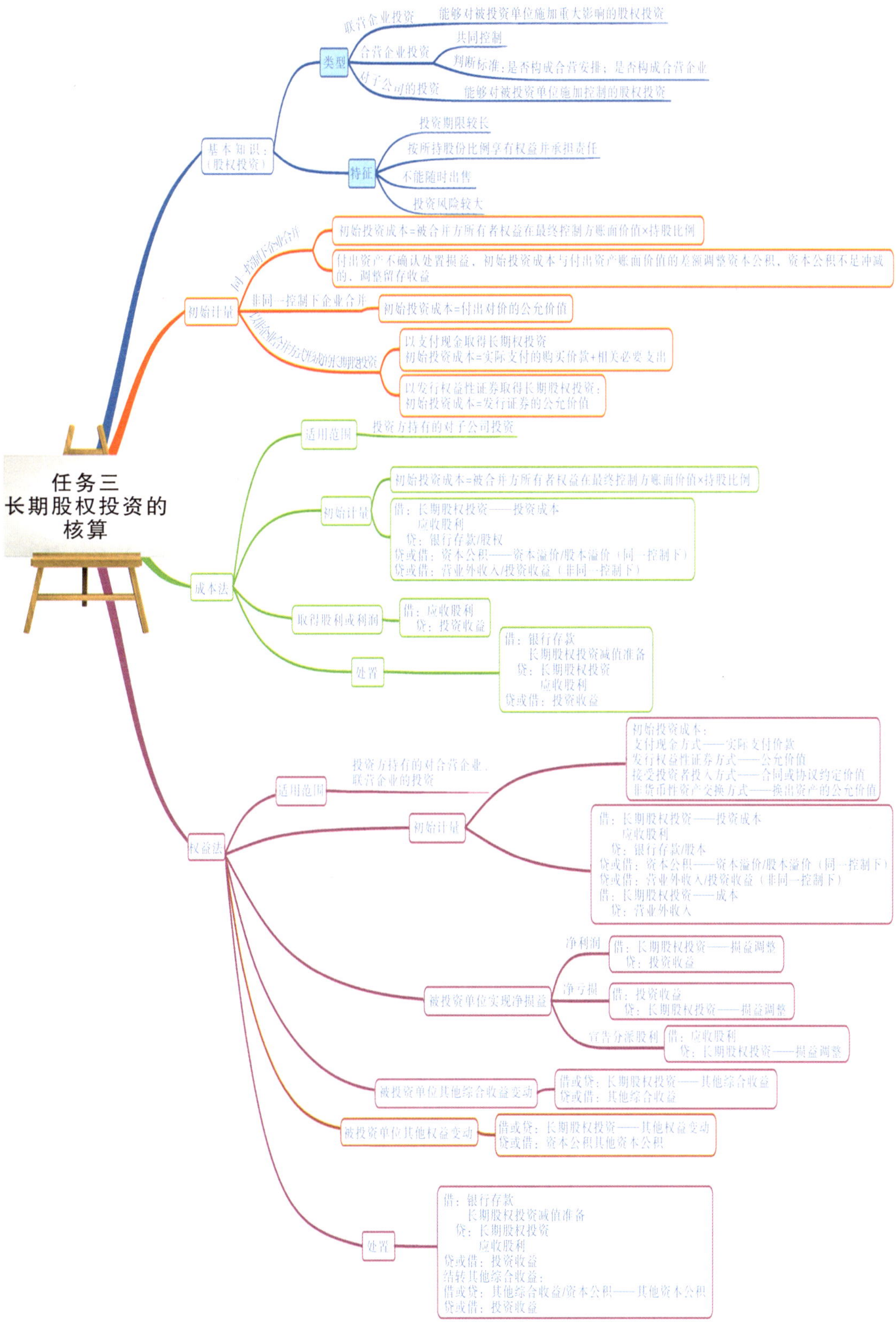
任务三
长期股权投资的核算
基本知识：（股权投资）
类型
联营企业投资
能够对被投资单位施加重大影响的股权投资
合营企业投资
共同控制
判断标准：是否构成合营安排；是否构成合营企业
对子公司的投资
能够对被投资单位施加控制的股权投资
特征
投资期限较长
按所持股份比例享有权益并承担责任
不能随时出售
投资风险较大
初始计量
同一控制下企业合并
初始投资成本=被合并方所有者权益在最终控制方账面价值×持股比例
付出资产不确认处置损益，初始投资成本与付出资产账面价值的差额调整资本公积，资本公积不足冲减的，调整留存收益
非同一控制下企业合并
初始投资成本=付出对价的公允价值
以非企业合并方式形成的长期股权投资
以支付现金取得长期权投资
初始投资成本=实际支付的购买价款+相关必要支出
以发行权益性证券取得长期股权投资：
初始投资成本=发行证券的公允价值
成本法
适用范围
投资方持有的对子公司投资
初始计量
初始投资成本=被合并方所有者权益在最终控制方账面价值×持股比例
借：长期股权投资——投资成本
应收股利
贷：银行存款/股权
贷或借：资本公积——资本溢价/股本溢价（同一控制下）
贷或借：营业外收入/投资收益（非同一控制下）
取得股利或利润
借：应收股利
贷：投资收益
处置
借：银行存款
长期股权投资减值准备
贷：长期股权投资
应收股利
贷或借：投资收益
权益法
适用范围
投资方持有的对合营企业、联营企业的投资
初始计量
初始投资成本：
支付现金方式——实际支付价款
发行权益性证券方式——公允价值
接受投资者投入方式——合同或协议约定价值
非货币性资产交换方式——换出资产的公允价值
借：长期股权投资——投资成本
应收股利
贷：银行存款/股本
贷或借：资本公积——资本溢价/股本溢价（同一控制下）
贷或借：营业外收入/投资收益（非同一控制下）
借：长期股权投资——成本
贷：营业外收入
被投资单位实现净损益
净利润
借：长期股权投资——损益调整
贷：投资收益
净亏损
借：投资收益
贷：长期股权投资——损益调整
宣告分派股利
借：应收股利
贷：长期股权投资——损益调整
被投资单位其他综合收益变动
借或贷：长期股权投资——其他综合收益
贷或借：其他综合收益
被投资单位其他权益变动
借或贷：长期股权投资——其他权益变动
贷或借：资本公积其他资本公积
处置
借：银行存款
长期股权投资减值准备
贷：长期股权投资
应收股利
贷或借：投资收益
结转其他综合收益：
借或贷：其他综合收益/资本公积——其他资本公积
贷或借：投资收益

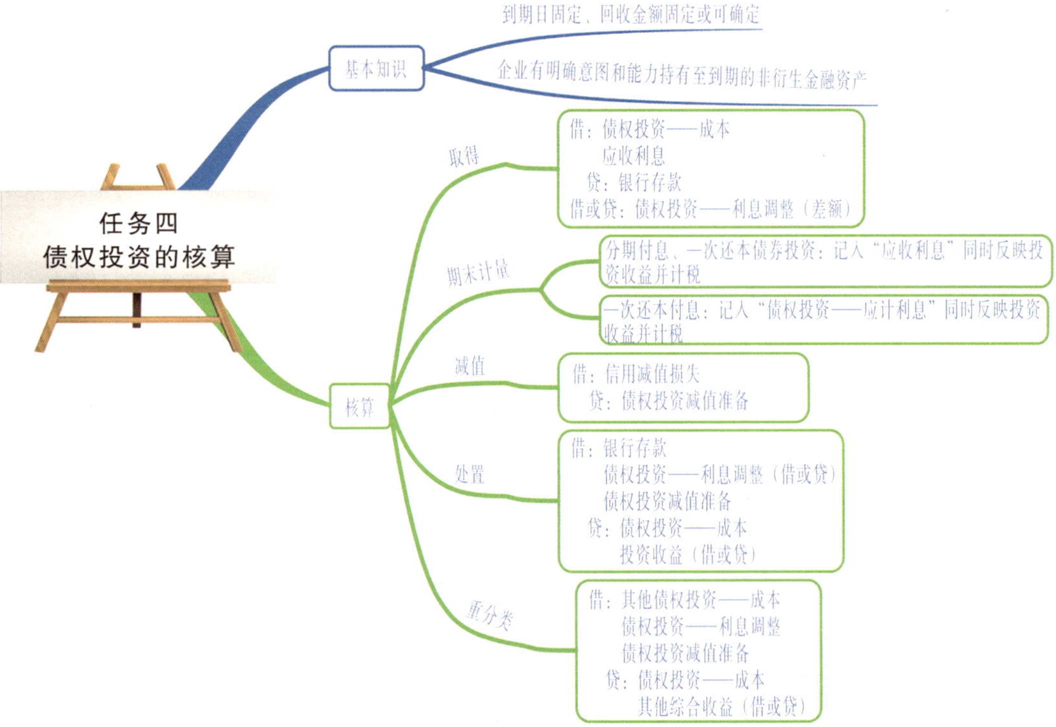
任务四
债权投资的核算
基本知识
到期日固定、回收金额固定或可确定
企业有明确意图和能力持有至到期的非衍生金融资产
核算
取得
借：债权投资——成本
应收利息
贷：银行存款
借或贷：债权投资——利息调整（差额）
期末计量
分期付息、一次还本债券投资：记入“应收利息”同时反映投资收益并计税
一次还本付息：记入“债权投资——应计利息”同时反映投资收益并计税
减值
借：信用减值损失
贷：债权投资减值准备
处置
借：银行存款
债权投资——利息调整（借或贷）
债权投资减值准备
贷：债权投资——成本
投资收益（借或贷）
重分类
借：其他债权投资——成本
债权投资——利息调整
债权投资减值准备
贷：债权投资——成本
其他综合收益（借或贷）

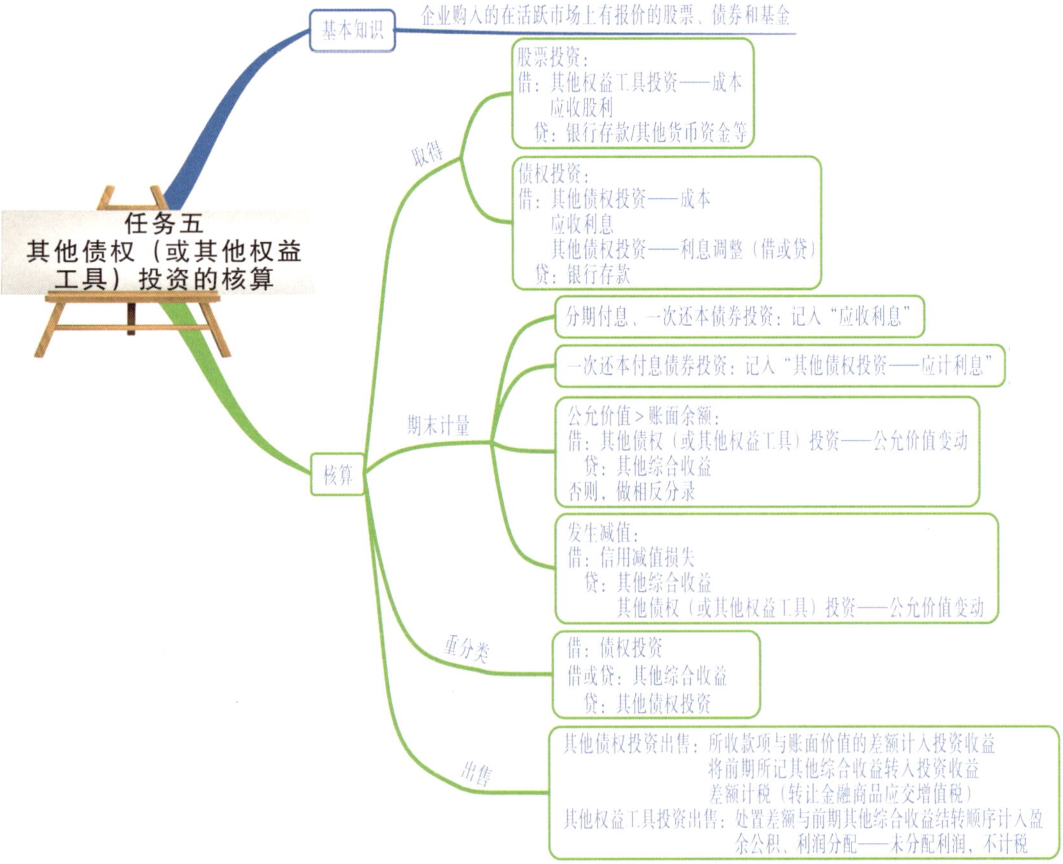
任务五
其他债权（或其他权益工具）投资的核算
基本知识
企业购入的在活跃市场上有报价的股票、债券和基金
核算
取得
股票投资：
借：其他权益工具投资——成本
应收股利
贷：银行存款/其他货币资金等
债权投资：
借：其他债权投资——成本
应收利息
其他债权投资——利息调整（借或贷）
贷：银行存款
期末计量
分期付息、一次还本债券投资：记入“应收利息”
一次还本付息债券投资：记入“其他债权投资——应计利息”
公允价值＞账面余额：
借：其他债权（或其他权益工具）投资——公允价值变动
贷：其他综合收益
否则，做相反分录
发生减值：
借：信用减值损失
贷：其他综合收益
其他债权（或其他权益工具）投资——公允价值变动
重分类
借：债权投资
借或贷：其他综合收益
贷：其他债权投资
出售
其他债权投资出售：所收款项与账面价值的差额计入投资收益
将前期所记其他综合收益转入投资收益
差额计税（转让金融商品应交增值税）
其他权益工具投资出售：处置差额与前期其他综合收益结转顺序计入盈余公积、利润分配——未分配利润，不计税

本模块学习评价与反馈：小组学习总结与PPT展示

学习过程评价小组自评表

<table>
<tr><td>班　级</td><td></td><td>组　名</td><td></td><td>日　期</td><td>年　月　日</td></tr>
<tr><td>评价指标</td><td colspan="3">评价内容</td><td colspan="2">成绩评定</td></tr>
<tr><td>信息检索</td><td colspan="3">能有效利用网络、图书资源、工作手册查找有用的相关信息等；能用自己的语言有条理地去解释、表述所学知识；能将查到的信息有效地传递到工作中</td><td colspan="2"></td></tr>
<tr><td>感知工作</td><td colspan="3">熟悉工作岗位，认同工作价值；在工作中能获得满足感</td><td colspan="2"></td></tr>
<tr><td rowspan="2">参与态度</td><td colspan="3">积极主动参与工作，能吃苦耐劳，崇尚劳动光荣、技能宝贵；与教师、同学之间能够相互尊重、理解、平等相处；与教师、同学之间能够保持多向、丰富、适宜的信息交流</td><td colspan="2"></td></tr>
<tr><td colspan="3">探究式学习、自主学习不流于形式，处理好合作学习与独立思考的关系，做到有效学习；能提出有意义的问题或能发表个人见解；能按要求正确操作；能够倾听别人意见、协作共享</td><td colspan="2"></td></tr>
<tr><td>学习方法</td><td colspan="3">操作技能符合规范；能按要求正确操作；获得了进一步学习的能力</td><td colspan="2"></td></tr>
<tr><td>工作过程</td><td colspan="3">平时上课的出勤情况和每天完成工种任务情况；善于多角度分析问题，能主动发现、提出有价值的问题</td><td colspan="2"></td></tr>
<tr><td>思维态度</td><td colspan="3">能发现问题、提出问题、分析问题、解决问题、创新问题</td><td colspan="2"></td></tr>
<tr><td>自评反馈</td><td colspan="3">按时按质完成工作任务；较好地掌握了专业知识点；具有较强的信息分析能力和理解能力；具有较为全面、严谨的思维能力并能条理清楚、明晰地表达成文</td><td colspan="2"></td></tr>
<tr><td colspan="4">小组评定</td><td colspan="2"></td></tr>
<tr><td>有益的经验和做法</td><td colspan="5"></td></tr>
<tr><td>从其他组得到的启发</td><td colspan="5"></td></tr>
<tr><td>总结反馈建议</td><td colspan="5"></td></tr>
</table>

教师评价表

班　级		组　名		姓　名	
出勤情况					
评价内容	评价要点	考察要点		分数	分数评定
1. 任务描述、接受任务	口述内容细节	（1）表述仪态自然、吐字清晰		2分	表述仪态不自然或吐字模糊扣1分
		（2）表达思路清晰、层次分明、准确			表达思路模糊或层次不清扣1分
2. 任务分析、分组情况	依据原始凭证分析业务，小组分工	（1）分析原始凭证关键点准确		30分	表达思路模糊或层次不清扣20分
		（2）涉及理论知识回顾完整，分组分工明确			知识不完整扣5分，分工不明确扣5分
3. 任务实施	会计工作准备	（1）记账凭证准备		5分	每漏一项扣1分
		（2）书写用具准备			没有检查扣1分
		（3）辅助用具准备			实操期间缺失扣1分
	会计工作实施	（1）正确组合原始凭证		5分	选择错误扣1分，扣完为止
		（2）查阅资料，正确填制记账凭证并完成配套整理		25分	选择错误扣1分，扣完为止
		（3）正确完成审核任务		10分	
	现场恢复	（1）工作过程中保持环境干净、整洁		5分	每漏一项扣1分，扣完为止
		（2）办公室环境恢复		5分	每违反一项扣1分，扣完为止
4. 总结	任务总结	（1）依据自评分数		5分	
		（2）依据个人总结评分报告		8分	依据总结内容是否到位酌情给分
合　计				100分	

模块七

主要税费业务会计分析与应用

核心目标

- 能识别相关经济业务的涉税问题并进行分析应用，培养经济业务解读能力。

能力目标

- 1. 能够准确判断企业所发生的经济业务应交什么税，并能正确计算相关税费的金额；
- 2. 具备相应账务处理的能力；
- 3. 熟悉增值税、企业所得税的纳税申报流程，掌握相应申报表及附表的填制。

素养目标

- 1. 培养学生敬业精神和团队精神；培养学生一丝不苟、严格认真的作风和不断追求知识的自学能力；培养学生良好的职业道德和职业自律性。
- 2. 培养学生分析问题并解决问题的能力。
- 3. 在实操过程中培养学生知法、懂法、守法，做一个合法的纳税人。

案例引入

重庆渝中摩托制造有限公司2022年发生的相关税费业务如下：

查阅《财务会计实训》教材中以下原始凭证：14、67。

问题思考：

1.这些原始凭证载明了什么经济业务？

2.应交增值税是如何完成计算并进行申报的？

3.对确认无误的应交税费应如何进行账务处理？

主要税费业务及流程认知

企业在一定时期内取得的营业收入和实现的利润，要按规定向国家缴纳税费，这些应缴纳的税费，按权责发生制原则应计提并记入有关账户。其一般做法是：企业每月应交的税费于下月初上缴。一定时期内企业应交未交的各项税费形成企业的一项负债。

企业根据税法规定应交纳的各种税费包括：增值税、消费税、城市维护建设税、资源税、企业所得税、土地增值税、房产税、车船税、城镇土地使用税、教育费附加、印花税、耕地占用税等。

企业税费的核算，一般通过设置“应交税费”账户进行，用T形账表示如下：

应交税费

实际缴纳的各种税费	应缴纳的各种税费
多交或尚未抵扣的税费	尚未缴纳的税费

企业代扣代缴的个人所得税也通过“应交税费”账户核算。

印花税、耕地占用税、契税、车辆购置税等不需要预计应交未交的税金，不通过“应交税费”科目核算，具体处理见表7.1.1。

表7.1.1　不通过“应交税费”科目核算的税种的会计处理

税　种	会计处理
印花税	借：税金及附加 　贷：银行存款
耕地占用税	借：无形资产、开发支出等 　贷：银行存款
契税	借：无形资产、固定资产等 　贷：银行存款
车辆购置税	借：固定资产 　贷：银行存款

特别说明：《中华人民共和国印花税法》已正式颁布，于2022年7月1日正式执行，印花税纳入计征范畴（即申报与缴纳可分开），可通过“应交税费”科目核算。其具体

变化参阅任务7.4的认知学习扫码。

任务7.1　增值税申报业务会计分析与应用

任务说明

在完成已有记账凭证编号并登记明细账的前提下，根据本月收到的票据和对外开具的发票（原始凭证4、6、9、13、18、19、21、22、25、26、27、28、31、32、34、35、39、40、41、43、44、45、51、53、67）等及记账凭证进行业务分析，并与“应交税费——应交增值税”“应交税费——转让金融商品应交增值税”等明细账进行核对，计算当期应交增值税并进行涉税处理。

学习目标

能对增值税业务熟练地进行职业分析并正确进行会计处理，同时能完成申报纳税。

知识储备

扫码文字教材　　扫码微课视频

增值税业务　　增值税的计算与缴纳

1.增值税认知

增值税是流转税，是对销售货物或提供加工、修理分配劳务或销售服务、无形资产、不动产等过程中实现的增值额征收的一种税。它是价外税，一般不会对企业的经营成果产生影响。

增值税的纳税人：在我国境内销售货物或者提供加工、修理修配劳务，销售服务、无形资产、不动产以及进口货物的单位和个人。增值税的征税范围特点就是全覆盖。

纳税人的分类：按照纳税人的经营规模及会计核算的健全程度，增值税纳税人分为一般纳税人和小规模纳税人。

增值税的计税方法：一般计税方法和简易计税方法。

一般计税方法：也叫购进扣税法，指先按应税产品、劳务的课税金额和适用税率计算出总体税额，然后减去应税产品、劳务耗用的外购法定扣除项目已缴纳的税额后，计算出其应纳税额的一种方法。其特点是在计税过程中不直接反映产品、劳务的增值额，而是通过税款抵扣的方法来间接地计算增值税应纳税额。

如图7.1.1所示，站在批发商的角度，它是一般纳税人，当月从厂家买入价款为1 000元的商品，然后以1 500元的价格卖给零售商。在这个过程中，这批商品在流转过程中的增值额为500元，增值税应该是65元（500×13%）。这是增值税的本质。

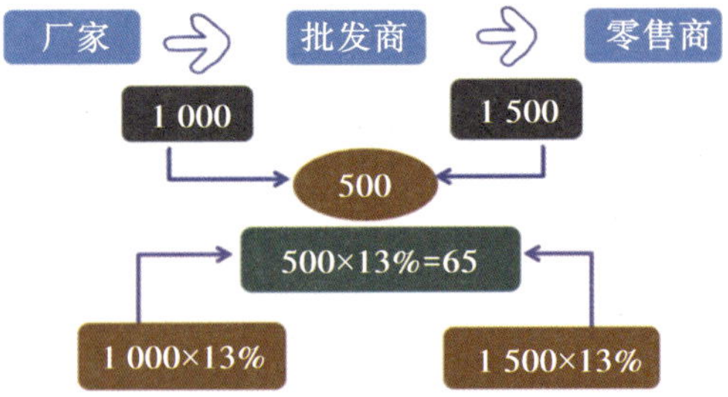

图 7.1.1　一般计税方法

实际工作中，采用一般计税方法计税时，批发商购进商品价款为 1 000 元，取得增值税专用发票，为这批商品负担的进项税额为 130 元（1 000×13%），销售给零售商时，开出增值税专用发票，价款 1 500 元，取得的销项税额为 195 元（1 500×13%）。

批发商应纳税额=当期销项税额-当期进项税额

=1 500×13%-1 000×13%=500×13%=65（元）

简易计税方法：是指按照销售额和增值税征收率计算税额，且不得抵扣进项税额的计税方法。

如上例，该批发商采用简易计税方法计税，当月直接按照销售额 1 500 元和增值税征收率（假设为 3%，不考虑税收优惠）计算的税额为 45 元，且不得抵扣从厂家购入该批商品所负担的进项税额，如图 7.1.2 所示。

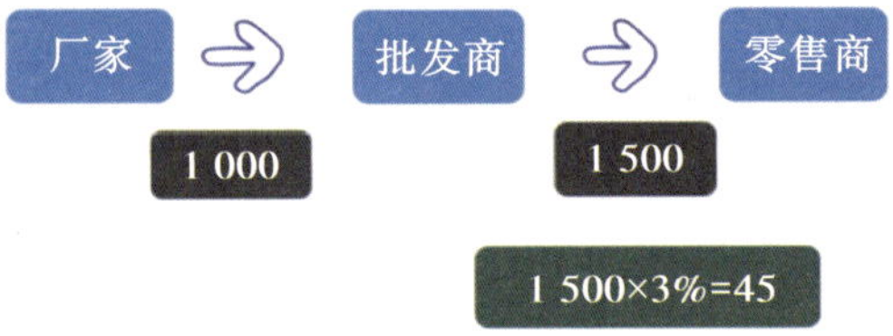

图 7.1.2　简易计税方法

批发商应纳税额=1 500×3%=45（元）

2. 核算账户

增值税一般纳税人：在“应交税费——应交增值税”明细账内设置专栏，见表 7.1.2。

表 7.1.2　**“应交税费——应交增值税”明细账内设置的专栏**

借方						贷方			
进项税额	已交税金	减免税款	销项税额抵减	出口抵减内销产品应纳税额	转出未交增值税	销项税额	出口退税	进项税额转出	转出多交增值税

小规模纳税人：只设置“应交税费——应交增值税”明细账，没有专栏。

学习重难点突破

（1）一般纳税人企业涉税业务

实行税款抵扣制度（允许从销项税额中抵扣进项税额）：

当期应交增值税=当期销项税额-（当期进项税额-进项税额转出）-上期留抵税额

①进项税额转出——认证为不可抵扣。其会计处理如图 7.1.3 所示。

②对于销项税额的确定，要注意会计收入确认时点与纳税义务发生时点不一致的情形。比如，会计收入的确认时点可能早于增值税纳税义务发生时间，如图 7.1.4 所示。

取得发票尚未经认证	借：应交税费——待认证进项税额 贷：银行存款等
经认证后抵扣	借：应交税费——应交增值税（进项税额） 贷：应交税费——待认证进项税额
税务局认证为不可抵扣的进项税额	借：费用/资产类账户 贷：应交税费——应交增值税（进项税额转出）

图 7.1.3　进项税额转出的会计处理

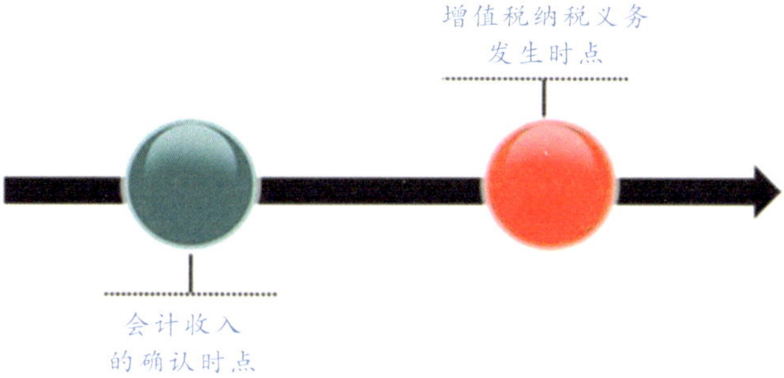

图 7.1.4　会计收入的确认时点早于增值税纳税义务发生时间

由于收入确认是根据会计准则相关规定执行的，而确认增值税是根据税法规定，所以可能存在会计上满足收入确认条件，但是税法中还没有满足增值税纳税义务的情况，此时出现时间差异导致已确认收入但还没有交增值税，不能贷记销项税额，而是确认待转销项税额。这种会计收入的确认时点早于增值税纳税义务发生时间的会计处理如图 7.1.5 所示。

按照企业会计准则规定确认收入时	借：银行存款/应收账款 贷：主营业务收入/其他业务收入 应交税费——待转销项税额
实际发生纳税义务时	借：应交税费——待转销项税额 贷：应交税费——应交增值税（销项税额） 应交税费——简易计税

图 7.1.5　收入的确认时点早于增值税纳税义务发生时间的会计处理

当然，会计收入的确认时点也可能晚于增值税纳税义务发生时间（纳税义务已发生，但尚未确认收入）。增值税纳税义务发生时间与发票开具时间有严格的要求，先开发票，即使会计上不确认收入，税法上也要确认为收入进行纳税申报，即发生了纳税义务。这种情形下的处理如图 7.1.6 所示。

实际发生纳税义务	借：银行存款/应收账款 贷：应交税费——应交增值税（销项税额） 应交税费——简易计税
按照企业会计准则规定确认收入时	借：银行存款/应收账款 贷：主营业务收入 / 其他业务收入

图 7.1.6　收入的确认时点晚于增值税纳税义务发生时间的会计处理

③视同销售销项税额的会计处理。

视同销售的情形：委托代销；受托代销；总分机构之间货物移送；自产、委托加工货物用于集体福利或个人消费（外购的则不视同销售，作进项税额转出）；外购、自产、委托加工货物用于对外投资、分配、捐赠等。

阐释：

自产/委托加工货物——→集体福利或个人消费

根据新会计准则的要求，企业以其自产或委托加工的产品作为非货币性福利发给职工，应当根据受益对象，按照该产品的公允价值和相关税费计入相关资产成本或当期损益，确认应付职工薪酬。同时，这也属于增值税视同销售情形，按照视同销售进行处理，即按照公允价值确认相应的收入与增值税销项税，并结转产品成本。会计处理如图7.1.7所示。

借：应付职工薪酬
　贷：主营业务收入
　　　应交税费——应交增值税（销项税额）
借：主营业务成本
　贷：库存商品

图7.1.7　将自产或委托加工的产品用于职工福利的会计处理

外购货物——→集体福利或个人消费

一般纳税人企业外购货物用于集体福利或个人消费，所发生的进项税额不能抵扣，只能随货物等的价款一起计入有关成本费用。购入时不能直接认定其用于上述用途的，所发生的进项税额先记入“应交税费——应交增值税（进项税额）”明细账户的借方。以后用于上述用途时，再作进项税额转出处理。会计处理如图7.1.8所示。

借：应付职工薪酬
　贷：库存商品
　　　应交税费——应交增值税（进项税额转出）

图7.1.8　将外购的产品用于职工福利的会计处理

自产/委托加工、外购货物——→对外投资

企业将自产、委托加工或外购的货物作为投资提供给其他单位或者个体工商户，会计核算遵照长期股权投资准则进行会计处理。同时，企业将自产、委托加工或外购的货物作为投资属于非货币性资产交换，换出资产为存货的，应当视同销售处理，根据收入准则的规定以公允价值确认收入，计算增值税销项税额，以账面价值确认成本。会计处理如图7.1.9所示。

借：长期股权投资
　贷：主营业务收入
　　　应交税费——应交增值税（销项税额）
借：主营业务成本
　贷：库存商品

图7.1.9　将货物用于对外投资的会计处理

自产/委托加工、外购货物———→对外分配

企业将自产、委托加工或者外购的货物分配给股东或者投资者，属于“视同销售”行为，一方面要确认收入，结转成本；另一方面要计算缴纳增值税，其纳税义务发生时间为货物移送的当天。会计处理如图 7.1.10 所示。

宣告分配利润时：
借：利润分配——应付现金股利
　贷：应付股利
实际分配给股东或投资者时：
借：应付股利
　贷：主营业务收入
　　　应交税费——应交增值税（销项税额）
同时结转成本：
借：主营业务成本
　贷：库存商品

图 7.1.10　将货物用于对外分配的会计处理

自产/委托加工、外购货物———→对外捐赠

将自产、委托加工或者外购的货物无偿赠送给其他单位或者个人，按照收入准则的规定，因没有经济利益流入，会计上不确认为收入，按货物实际成本转出；按照税法政策规定，其符合增值税视同销售情形，应计算缴纳增值税。会计处理如图 7.1.11 所示。

借：营业外支出
　贷：库存商品
　　　应交税费——应交增值税（销项税额）

图 7.1.11　将货物用于对外捐赠的会计处理

④交纳增值税。

交纳增值税的会计处理如图 7.1.12 所示。

借：应交税费——应交增值税（已交税金）　【交纳当月】
　　　　　　——未交增值税　【交纳以前】
　　　　　　——预交增值税　【预交】
　贷：银行存款

图 7.1.12　交纳增值税会计处理

⑤月末转出多交增值税和未交增值税。

月末结转应交增值税的账户关系如图 7.1.13 所示。

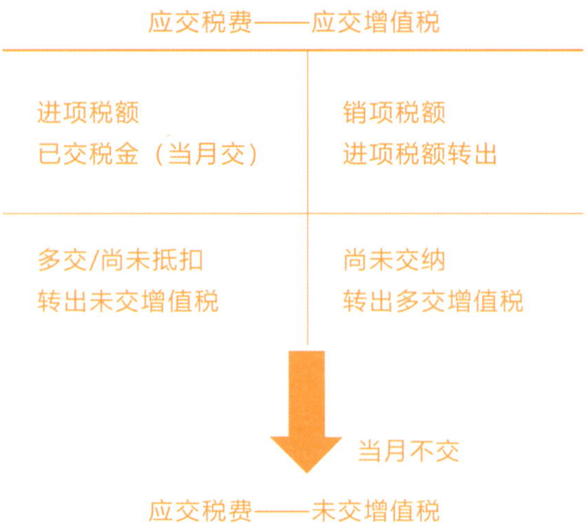

图 7.1.13　月末结转应交增值税 T 型账户示意图

【案例 7.1.1】企业当期的销项税额为 300 000 元，已认证的进项税额为 400 000 元，进项税额转出为 50 000 元，所以当期“应交税费——应交增值税”为借方余额 50 000 元，表示尚未抵扣的进项税额为 50 000 元，留待下期抵扣。应交增值税的 T 型账户如图 7.1.14 所示。

应交税费——应交增值税

进项税额	400 000	销项税额	300 000
		进项税额转出	50 000
尚未抵扣（留抵）	50 000		

图 7.1.14　留抵税额

【案例 7.1.2】转出当月应交未交增值税：企业当期的销项税额为 400 000 元，已认证的进项税额为 200 000 元，进项税额转出为 50 000 元，故当月“应交税费——应交增值税”账户为贷方余额 250 000 元，表示尚未缴纳的税额为 250 000 元，月份终了，企业应将计算出的当月应交未交的增值税额 250 000 元进行结转。其账户关系如图 7.1.15 所示。

图 7.1.15　转出未交增值税

转出未交增值税的会计处理如图 7.1.16 所示。

借：应交税费——应交增值税（转出未交增值税）　250 000【当月不交】
　贷：应交税费——未交增值税　250 000

图 7.1.16　转出未交增值税的会计处理

【案例 7.1.3】转出当月多交的增值税：企业当期的销项税额为 300 000 元，已认证的进项税额为 200 000 元，进项税额转出为 50 000 元，当月已交税金 250 000 元，故当期“应交税费——应交增值税”账户为借方余额 100 000 元，表示多交的税额为 100 000 元，月份终了，企业应将计算出的当月多交的增值税额 100 000 元进行结转。其账户关系如图 7.1.17 所示。

图 7.1.17 转出多交增值税

转出多交增值税的会计处理如图 7.1.18 所示。

借：应交税费——未交增值税　　100 000【今后抵交】

　贷：应交税费——应交增值税（转出多交增值税）　　100 000

图 7.1.18 转出多交增值税的会计处理

“应交税费——未交增值税”科目的期末借方余额反映多交的增值税，贷方余额反映尚未缴纳的增值税。账户关系如图 7.1.19 所示。

应交税费——未交增值税

转入多交 交纳前期	转入未交
多交	尚未缴纳

图 7.1.19 未交增值税的 T 型账户示意图

（2）小规模纳税企业涉税业务

简易计税办法：计算应纳税额，不享有进项税额的抵扣权，其购进货物和接受应税劳务、服务等支付的增值税，直接计入有关货物和劳务、服务等的成本（资产成本或相关费用）。

应交增值税=不含增值税的销售额×征收率

不含税销售额=含税销售额/（1+征收率）

具体如图 7.1.20 所示。

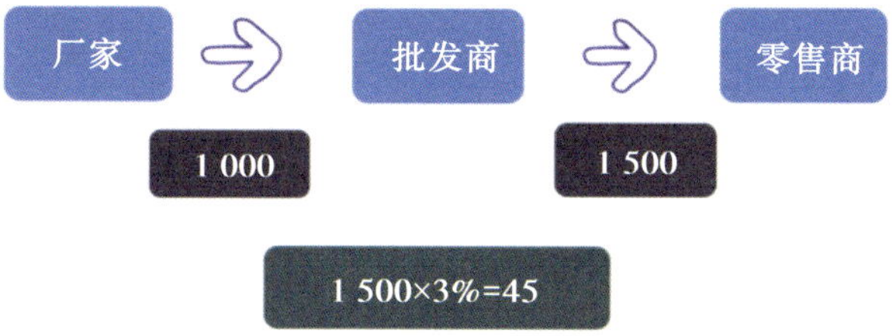

图 7.1.20 小规模纳税人税额计算

站在批发商的角度：

第一：批发商将进价为 1 000 元的商品以 1 500 元销售出去，发生了增值，应该缴增值税。

第二：批发商为小规模纳税人，不考虑进项税额抵扣问题。

第三：缴纳的增值税=1 500×3%=45（元）。

注："应交税费——应交增值税"账户不再设置专栏。

小规模纳税人涉税业务处理如图7.1.21所示。

购进	借：在途物资/原材料等（增值税计入成本） 　　制造费用/管理费用等 　贷：银行存款/应付账款
销售	借：银行存款/应收账款 　贷：主营业务收入 　　　应交税费——应交增值税
交纳	借：应交税费——应交增值税 　贷：银行存款

图7.1.21　小规模纳税人涉税业务的会计处理

（3）差额征税业务

一般纳税人企业提供应税服务，发生相关成本费用允许扣减销售额的，发生成本费用时，按应付或实际支付的金额进行如下会计处理：

借：主营业务成本等

　贷：银行存款/应付账款等

待取得合规增值税扣税凭证且纳税义务发生时，按照允许扣减的税额进行如下会计处理：

借：应交税费——应交增值税（销项税额抵减）

　贷：主营业务成本等

（4）金融商品转让业务

转让金融商品应以盈亏相抵后的余额作为销售额。其会计处理如图7.1.22所示。

转让收益	借：投资收益 　贷：应交税费——转让金融商品应交增值税
转让损失	可结转下月抵扣税额： 借：应交税费——转让金融商品应交增值税 　贷：投资收益

图7.1.22　转让金融商品的增值税的会计处理

月末"应交税费——转让金融商品应交增值税"是贷方余额，缴纳增值税的会计处理如图7.1.23所示。

月末贷方余额， 缴纳增值税	借：应交税费——转让金融商品应交增值税 　贷：银行存款

图7.1.23　月末缴纳转让金融商品应交增值税的会计处理

年末"应交税费——转让金融商品应交增值税"是借方余额时，不得结转至下一年度，应将其结平并调整投资收益。其会计处理为：

借：投资收益

　　贷：应交税费——转让金融商品应交增值税

（5）增值税纳税申报

①纳税地点。

a.固定业户——其机构所在地或居住地

b.固定业户外出经营——其机构所在地税务机关负总责

c.非固定业户——销售地、劳务或者应税行为发生地

d.进口货物——报关地

e.扣缴义务人——机构所在地或居住地

②纳税期限。

企业纳税期限由主管税务机关核定。具体纳税期限有1日、3日、5日、10日、15日、1个月或者1个季度等。不能按照固定期限纳税的，可以按次纳税。

以1个月或者1个季度为1期的，自期满之日起15日内申报纳税。其他纳税期限下则应自期满之日起5日内预缴税款，于次月1日起15日内申报纳税并结清上月应纳税款。

③增值税申报。

增值税申报流程如图7.1.24所示。

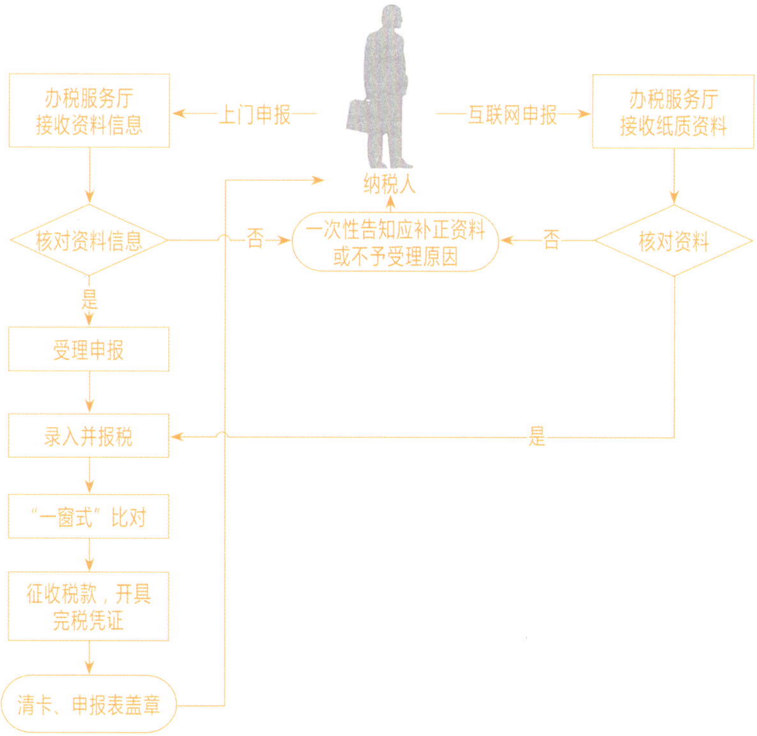

图7.1.24　增值税申报流程图

学习情境7.1.1　收集增值税信息

纳税主体：重庆芳华保温杯有限公司（一般纳税人，2019年5月10日成立）

法定代表人：方华

纳税人识别号：913301001615141318
地址、电话：重庆市高新区南环路3738号023-88778855
开户银行及账号：中国农业银行重庆高新支行1202020200123456789

原始凭证7.1.1

重庆市增值税专用发票

（全国统一发票监制章 国家税务总局 重庆市税务局）

5047886766　　　此联不作报销、扣税凭证使用　　　№ 00564064

开票日期：2022年05月03日

购买方	名　　称：重庆星星有限责任公司 纳税人识别号：913301086005441718 地址、电话：重庆渝中区大坪大黄路18号023-89618826 开户行及账号：工行渝中支行大黄路分理处915101842839091205	密码区	（略）

货物或应税劳务、服务名称	规格型号	单位	数　量	单　价	金　额	税率	税　额
*非金属矿物制品*铝壳保温杯		个	100	140	14 000.00	13%	1 820.00
合　计					¥14 000.00		¥1 820.00
价税合计（大写）	⊗壹万伍仟捌佰贰拾元整				（小写）¥15 820.00		

销售方	名　　称：重庆芳华保温杯有限公司 纳税人识别号：913301001615141318 地址、电话：重庆市高新区南环路3738号023-88778855 开户行及账号：中国农业银行重庆高新支行1202020200123456789	备注	（重庆芳华保温杯有限公司 913301001615141318 发票专用章）

收款人：史佳佳　　复核：魏吴献　　开票人：周正　　销售方（章）

第一联 记账联 销售方记账凭证

原始凭证7.1.2

重庆市增值税专用发票

（全国统一发票监制章 国家税务总局 重庆市税务局）

3301191231　　　发票联　　　№ 00110630

开票日期：2022年05月15日

购买方	名　　称：重庆芳华保温杯有限公司 纳税人识别号：913301001615141318 地址、电话：重庆市高新区南环路3738号023-88778855 开户行及账号：中国农业银行重庆高新支行1202020200123456789	密码区	（略）

货物或应税劳务、服务名称	规格型号	单位	数　量	单　价	金　额	税率	税　额
*供电*电费		度	2 300	0.80	1 840.00	13%	239.20
合　计					¥1 840.00		¥239.20
价税合计（大写）	⊗贰仟零柒拾玖元贰角整				（小写）¥2 079.20		

销售方	名　　称：重庆市电网有限公司 纳税人识别号：9133010832186KMN08 地址、电话：重庆市滨江区江汉路352号023-86688103 开户行及账号：中国工商银行重庆市滨江支行2342848564554300	备注	（重庆市电网有限公司 9133010832186KMN08 发票专用章）

收款人：张力　　复核：王晓敏　　开票人：罗瑞　　销售方（章）

第三联 发票联 购买方记账凭证

原始凭证 7.1.3

重庆市增值税专用发票

抵扣联

国家税务总局 重庆市税务局

3301191231　　　　　　No 00110630

开票日期：2022年05月15日

购买方	名　　称：重庆芳华保温杯有限公司 纳税人识别号：913301001615141318 地址、电话：重庆市高新区南环路3738号023-88778855 开户行及账号：中国农业银行重庆高新支行1202020200123456789				密码区	（略）	
货物或应税劳务、服务名称	规格型号	单位	数　量	单　价	金　额	税率	税　额
*供电*电费		度	2 300	0.80	1 840.00	13%	239.20
合　计					¥1 840.00		¥239.20
价税合计（大写）	⊗贰仟零柒拾玖元贰角整				（小写）¥2 079.20		
销售方	名　　称：重庆市电网有限公司 纳税人识别号：9133010832186KMN08 地址、电话：重庆市滨江区江汉路352号023-86688103 开户行及账号：中国工商银行重庆市滨江支行2342848564554300				备注	重庆市电网有限公司 9133010832186KMN08 发票专用章	

第二联　抵扣联　购买方扣税凭证

收款人：张力　　复核：王晓敏　　开票人：罗瑞　　销售方（章）

原始凭证 7.1.4

中国农业银行
AGRICULTURAL BANK OF CHINA

客户收付款入账通知

付款方户名：重庆芳华保温杯有限公司

付款方账号：1202020200123456789

付款方开户行：中国农业银行重庆高新支行

收款方户名：重庆市电网有限公司

收款方账号：2342848564554300

收款方开户行：中国工商银行重庆市滨江支行

入账日期：20220515　　金额：2 079.20　　大写金额：贰仟零柒拾玖元贰角整

摘要：转账付款

渠道：网上银行

附言：支付电费

中国农业银行股份有限公司
回单专用章

打印时间：2022-05-15　　打印行号：0453　　打印设备：190501Zc31

原始凭证 7.1.5

重庆市增值税专用发票

No 00102336

3500182140　　此联不作报销、扣税凭证使用　　开票日期：2022年05月18日

购买方	名　　称：佳诚印刷器材商行 纳税人识别号：913402016301820445 地址、电话：重庆市沙坪坝区龙岗开发区龙岗路28号023-88778955 开户行及账号：中信银行重庆景泰大夏支行2342848564555903				密码区	（略）	
货物或应税劳务、服务名称	规格型号	单位	数量	单价	金额	税率	税额
*非金属矿物制品*铝壳保温瓶		个	500	140.00	70 000.00	13%	9 100.00
*非金属矿物制品*铁壳保温瓶		个	500	80.00	40 000.00	13%	5 200.00
合　计					¥110 000.00		¥14 300.00
价税合计（大写）	⊗壹拾贰万肆仟叁佰元整				（小写）¥124 300.00		
销售方	名　　称：重庆芳华保温杯有限公司 纳税人识别号：913301001615141318 地址、电话：重庆市高新区南环路3738号023-88778855 开户行及账号：中国农业银行重庆高新支行1202020200123456789				备注	重庆芳华保温杯有限公司 913301001615141318 发票专用章	

收款人：史佳佳　　复核：魏吴献　　开票人：周正　　销售方（章）

第一联　记账联　销售方记账凭证

原始凭证 7.1.6

重庆市增值税专用发票

No 18176429

3301191230　　发票联　　开票日期：2022年05月20日

购买方	名　　称：重庆芳华保温杯有限公司 纳税人识别号：913301001615141318 地址、电话：重庆市高新区南环路3738号023-88778855 开户行及账号：中国农业银行重庆高新支行1202020200123456789				密码区	（略）	
货物或应税劳务、服务名称	规格型号	单位	数量	单价	金额	税率	税额
*纸制品*纸盒	350*140*140	个	3 500	1.00	3 500.00	13%	455.00
合　计					¥3 500.00		¥455.00
价税合计（大写）	⊗叁仟玖佰伍拾伍元整				（小写）¥3 955.00		
销售方	名　　称：重庆市纸品制造厂 纳税人识别号：913101002674173135 地址、电话：重庆市嘉庆路101号023-86562808 开户行及账号：中国工商银行重庆嘉庆支行12023040450234444				备注	重庆市纸品制造厂 913101002674173135 发票专用章	

收款人：关宏宇　　复核：张筱雨　　开票人：陈晨　　销售方（章）

第三联　发票联　购买方记账凭证

原始凭证 7.1.7

重庆市增值税专用发票

№ 18176429

3301191230

抵扣联

开票日期：2022年05月20日

购买方	名　　称：重庆芳华保温杯有限公司 纳税人识别号：913301001615141318 地 址 、电 话：重庆市高新区南环路3738号023-88778855 开户行及账号：中国农业银行重庆高新支行1202020200123456789					密码区	（略）	
货物或应税劳务、服务名称	规格型号	单位	数　量	单　价	金　额	税率	税　额	
*纸制品*纸盒	350*140*140	个	3 500	1.00	3 500.00	13%	455.00	
合　计					¥3 500.00		¥455.00	
价税合计（大写）	⊗叁仟玖佰伍拾伍元整				（小写）¥3 955.00			
销售方	名　　称：重庆市纸品制造厂 纳税人识别号：913101002674173135 地 址 、电 话：重庆市嘉庆路101号023-86562808 开户行及账号：中国工商银行重庆嘉庆支行1202304045O2344444					备注		

收款人：关宏宇　　复核：张筱雨　　开票人：陈晨　　销售方（章）

第二联 抵扣联 购买方扣税凭证

原始凭证 7.1.8

中国农业银行 AGRICULTURAL BANK OF CHINA　客户收付款入账通知

付款方户名：重庆芳华保温杯有限公司

付款方账号：1202020200123456789

付款方开户行：中国农业银行重庆高新支行

收款方户名：重庆市纸品制造厂

收款方账号：1202304045023444444

收款方开户行：中国工商银行重庆嘉庆支行

入账日期：20220520　　金额：3 955.00　　大写金额：叁仟玖佰伍拾伍元整

摘要：转账付款

渠道：网上银行

附言：支付采购款

打印时间：2022-05-20　　打印行号：0453　　打印设备：190501Zc31

情境分析：

原始凭证 7.1.1、7.1.5 为本公司开具的增值税专用发票，是确认销售收入和销项税额的依据；原始凭证 7.1.2、7.1.6 为取得的增值税专用发票，是本公司作购进处理的依据；原始凭证 7.1.3、7.1.7 是取得的增值税专用发票抵扣联，是企业进行发票验证作为扣税的依据，应单独立档保管；原始凭证 7.1.4、7.1.8 是购进货物的付款依据，是资金流出的直接证据。

学习情境7.1.2　网上报税

2022年6月10日进行网上申报，并纳税。

申报流程

1.发票勾选认证

首先用浏览器进入“增值税发票综合服务平台（重庆）”，安上税盘并输入证书密码登录。接着在“抵扣勾选”菜单栏下找到“发票抵扣勾选”，进入“发票勾选”页面，确定好发票开票日期后，点击“查询”按钮，见表7.1.3。查询完后，在页面下方可以看到已开具的发票，将想要认证的发票进行勾选后提交。结合本案例，把销售方是重庆市电网有限公司和重庆市纸品制造厂的两张发票进行勾选。

表7.1.3　　增值税发票勾选列表

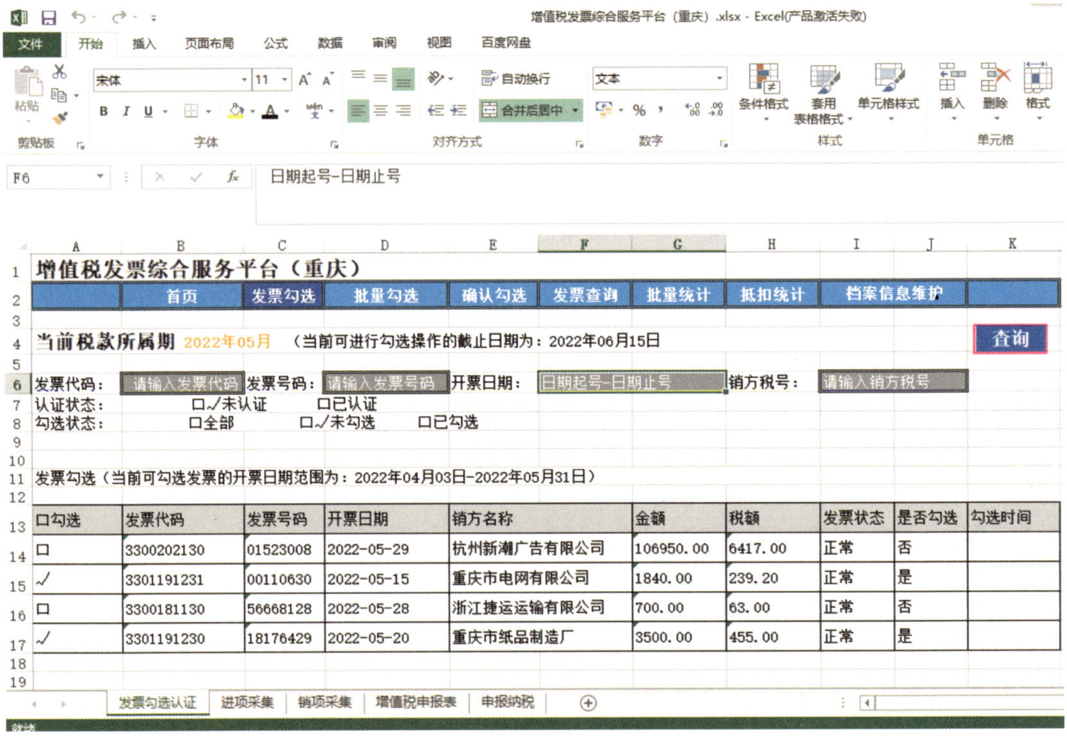

□勾选	发票代码	发票号码	开票日期	销方名称	金额	税额	发票状态	是否勾选	勾选时间
□	3300202130	01523008	2022-05-29	杭州新潮广告有限公司	106950.00	6417.00	正常	否	
√	3301191231	00110630	2022-05-15	重庆市电网有限公司	1840.00	239.20	正常	是	
□	3300181130	56668128	2022-05-28	浙江捷运运输有限公司	700.00	63.00	正常	否	
√	3301191230	18176429	2022-05-20	重庆市纸品制造厂	3500.00	455.00	正常	是	

2.进项税额采集

进项税额采集（也称进项采集）是为了将数据上传给税务机关的数据库，已经过认证的增值税专用发票可以进行抵扣。本期采集，企业可抵扣的发票有两份，税款总额为694.20元，见表7.1.4。

3.销项税额采集

销项税额采集（也称销项采集）也是为了将数据上传给税务机关的数据库。本期企业销售开出专用发票两份，销售额为124 000元，销项税总额为16 120元，见表7.1.5。

4.填写增值税及附加税费申报表（一般纳税人适用）。

填写后的申报表见表7.1.6，具体填写结果可扫描表7.1.6右方二维码查看。

表 7.1.4

增值税进项税额采集表

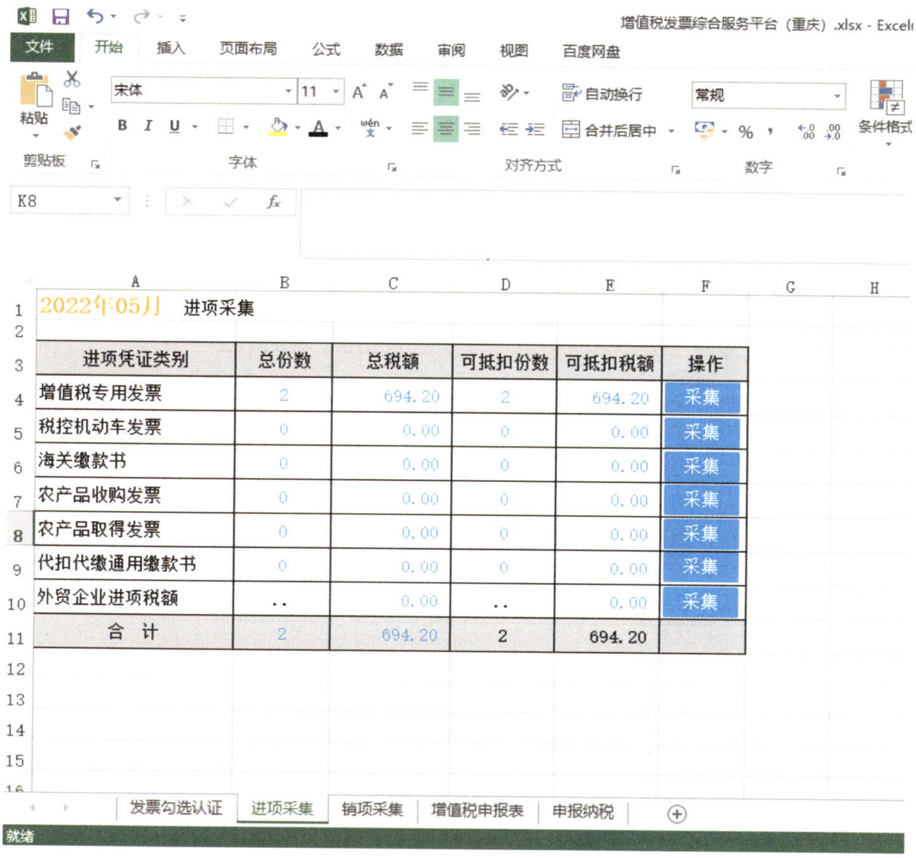

2022年05月 进项采集

进项凭证类别	总份数	总税额	可抵扣份数	可抵扣税额	操作
增值税专用发票	2	694.20	2	694.20	采集
税控机动车发票	0	0.00	0	0.00	采集
海关缴款书	0	0.00	0	0.00	采集
农产品收购发票	0	0.00	0	0.00	采集
农产品取得发票	0	0.00	0	0.00	采集
代扣代缴通用缴款书	0	0.00	0	0.00	采集
外贸企业进项税额	..	0.00	..	0.00	采集
合 计	2	694.20	2	694.20	

表 7.1.5

增值税销项税额采集表

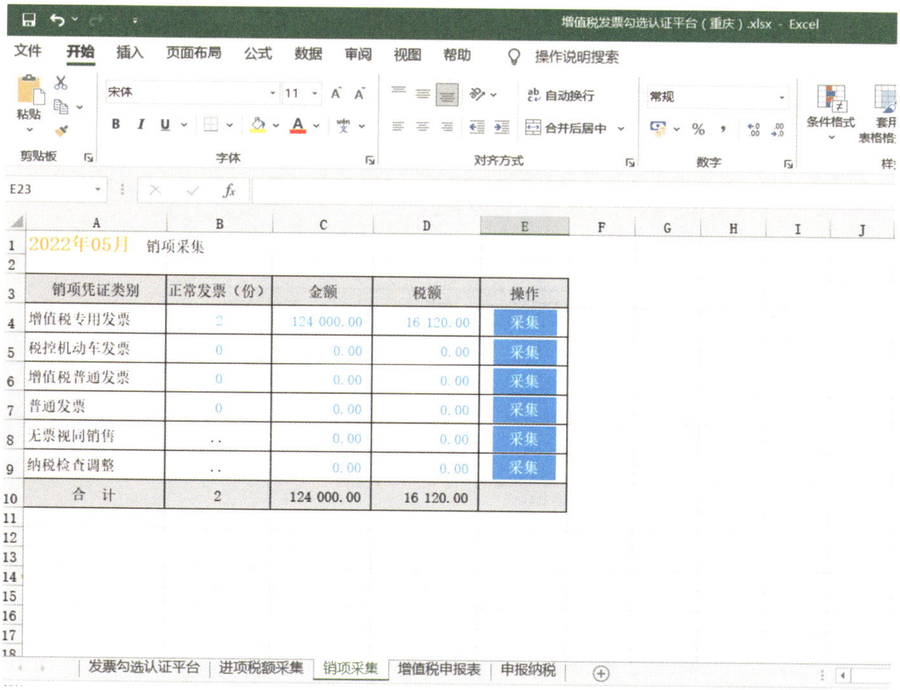

2022年05月 销项采集

销项凭证类别	正常发票（份）	金额	税额	操作
增值税专用发票	2	124 000.00	16 120.00	采集
税控机动车发票	0	0.00	0.00	采集
增值税普通发票	0	0.00	0.00	采集
普通发票	0	0.00	0.00	采集
无票视同销售	..	0.00	0.00	采集
纳税检查调整	..	0.00	0.00	采集
合 计	2	124 000.00	16 120.00	

表 7.1.6　　　增值税及附加税费申报表（一般纳税人适用）

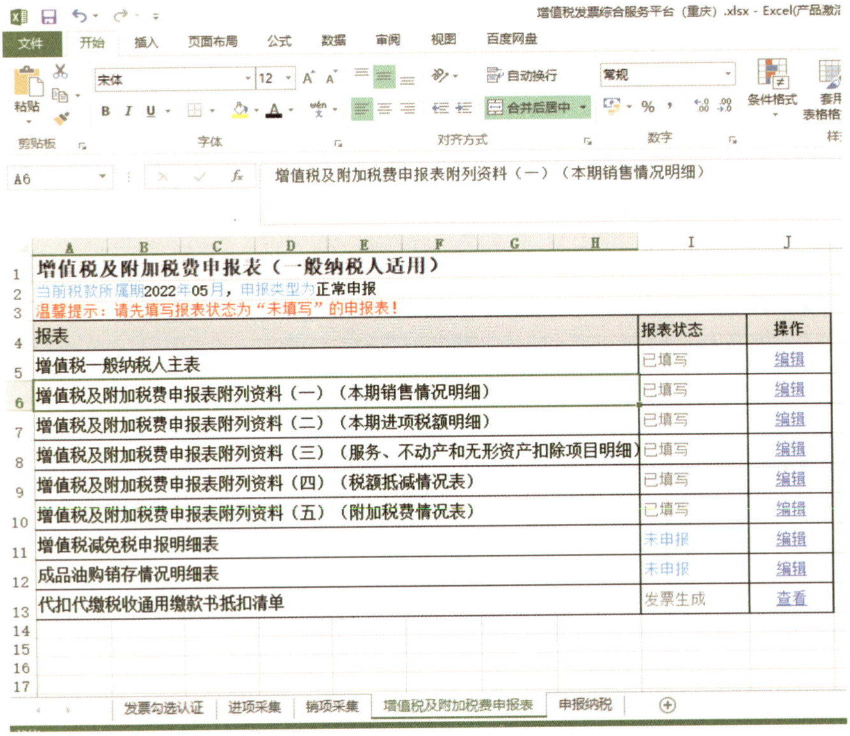

增值税及附加税费
申报表主表及附列资料

5. 申报纳税（见表 7.1.7）

表 7.1.7　　　增值税纳税申报

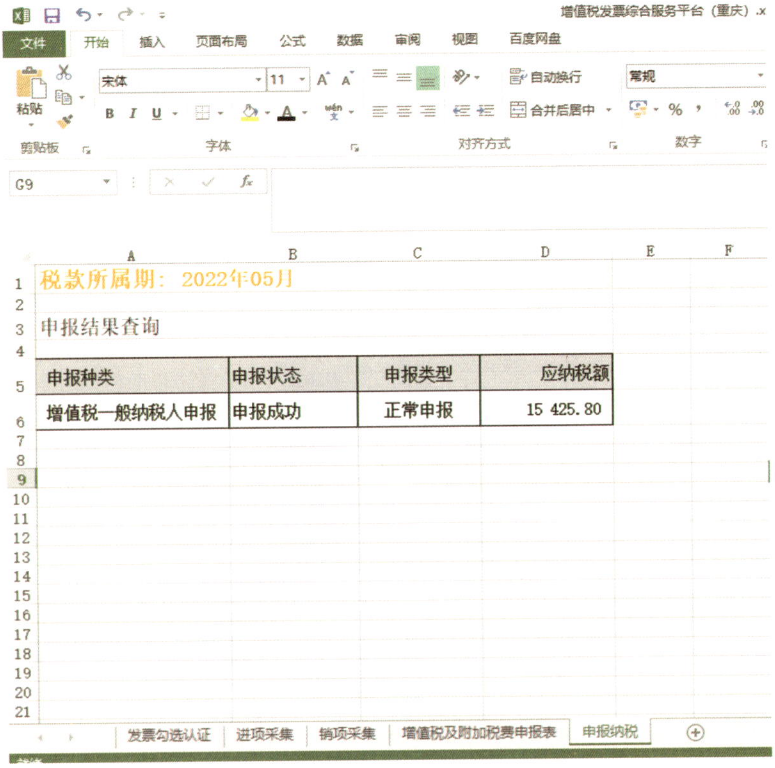

情境分析：

表7.1.3～7.1.7为一般纳税人申报增值税必须完成的各个列表，直至申报完成。完成申报后其会计处理为：

借：应交税费——应交增值税（转出未交增值税）　　15 425.80

　　贷：应交税费——未交增值税　　15 425.80

学习情境7.1.3　缴税

网上缴税示意图如图7.1.25所示。

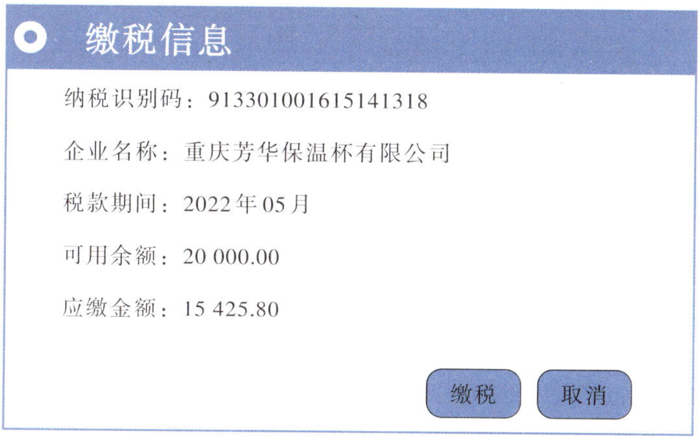

图7.1.25　网上缴税示意图

原始凭证7.1.9

中华人民共和国
税收通用缴款书

隶属关系：区属企业

经济类型：民营企业　　填发日期：2022年6月10日　征收机关：重庆市滨江区税务局

无银行收讫章无效

缴款单位或个人 代码	913301001615141318		预算科目 编码		
全称	重庆芳华保温杯有限公司		名称	增值税	
开户银行	中国农业银行重庆高新支行		级次	共享税	
账号	1202020200123456789		收缴国库		
税款所属时期　2022年5月			税款限缴日期　2022年6月15日		
品目名称	课税数量	计税金额或销售收入	税率或单位税额	已缴或扣除额	实缴税额
增值税		124 000	13%		15 425.80
金额合计	人民币（大写）壹万伍仟肆佰贰拾伍元捌角整				¥15 425.80
缴款单位（人）（盖章） 经办人（章）	税务机关（盖章） 填票人（章）	上列款项已收妥并划转收款单位账户 国库（银行）盖章 2022年6月10日		备注：	

第一联（收据）国库（银行）收款盖章后退缴款单位（人）作完税凭证

（逾期不缴按税法规定加收滞纳金）

原始凭证 7.1.10

中华人民共和国
税收通用缴款书

隶属关系：区属企业

经济类型：民营企业　　填发日期：2022年6月10日　征收机关：重庆市滨江区税务局

缴款单位或个人			预算科目		
	代　码	913301001615141318		编　码	
	全　称	重庆芳华保温杯有限公司		名　称	城市维护建设税
	开户银行	中国农业银行重庆高新支行		级　次	地方税
	账　号	1202020200123456789	收缴国库		

税款所属时期　2022年5月			税款限缴日期　2022年6月15日		
品目名称	课税数量	计税金额或销售收入	税率或单位税额	已缴或扣除额	实缴税额
城市维护建设税		15 425.80	7%		1 079.81
金额合计	人民币（大写）壹仟零柒拾玖元捌角壹分				¥1 079.81
缴款单位（人）（盖章） 经办人（章）	税务机关（盖章） 填票人（章）	上列款项已收妥并划转收款单位账户 国库（银行）盖章 2022年6月10日		备注：	

无银行收讫章无效

第一联（收据）国库（银行）收款盖章后退缴款单位（人）作完税凭证

（逾期不缴按税法规定加收滞纳金）

原始凭证 7.1.11

中华人民共和国
税收通用缴款书

隶属关系：区属企业

经济类型：民营企业　　填发日期：2022年6月11日　征收机关：重庆市滨江区税务局

缴款单位或个人			预算科目		
	代　码	913301001615141318		编　码	
	全　称	重庆芳华保温杯有限公司		名　称	教育费附加、地方教育附加
	开户银行	中国农业银行重庆高新支行		级　次	地方税
	账　号	1202020200123456789	收缴国库		

税款所属时期　2022年5月			税款限缴日期　2022年6月15日		
品目名称	课税数量	计税金额或销售收入	税率或单位税额	已缴或扣除额	实缴税额
教育费附加		15 425.80	3%		462.77
地方教育附加		15 425.80	2%		308.52
金额合计	人民币（大写）柒佰柒拾壹元贰角玖分				¥771.29
缴款单位（人）（盖章） 经办人（章）	税务机关（盖章） 填票人（章）	上列款项已收妥并划转收款单位账户 国库（银行）盖章 2022年6月10日		备注：	

无银行收讫章无效

第一联（收据）国库（银行）收款盖章后退缴款单位（人）作完税凭证

（逾期不缴按税法规定加收滞纳金）

原始凭证7.1.9～7.1.11，是本公司缴税成功的证据。其会计处理为：

借：应交税费——未交增值税　　15 425.80
　　　　　　——应交城市维护建设税　　1 079.81
　　　　　　——应交教育费附加　　462.77
　　　　　　——应交地方教育附加　　308.52
　贷：银行存款　　17 276.90

注：城市维护建设税、教育费附加以及地方教育附加随着增值税的申报，一并申报缴纳。

任务要求与分析

1.逐步分析并完成下列任务

（1）根据已填制并审核的记账凭证，完成编号并登记“应交税费——应交增值税”“应交税费——转让金融商品应交增值税”“应交税费——简易计税”等明细账。

（2）重新审核原始凭证、记账凭证与应交税费明细账，完成对账手续。

（3）根据“应交税费——应交增值税”“应交税费——转让金融商品应交增值税”“应交税费——简易计税”填写自制原始凭证67-2。

（4）根据67-2完成结转未交增值税的账务处理（填制记账凭证并过账）。

2.职业素养：遵纪守法，合法纳税

阅读以下资料，阐述自己的理解：

扫码职业素养

虚开发票案

3.任务评价（10%）

小组编号：		小组长姓名：	小组长评分：
序号	评价内容	评价标准	分值
1	证证、证账审核	审核并发现问题，证证、证账相符	2
2	自制原始凭证填写	正确采集数据并完成计算	3
3	填写记账凭证	正确完成记账凭证各要素填写	3
4	过账	根据所编制记账凭证正确过账	2

4.知识自测

扫码任务测试

任务7.2　消费税业务会计分析与应用

任务说明

在完成已有记账凭证编号并登记明细账的前提下，根据本月22、27、45号原始凭证进行业务分析，并与“应交税费——应交消费税”明细账进行核对，完成原始凭证67-3的填制并进行账务处理。

学习目标

能对消费税业务熟练地进行职业分析并正确进行会计处理。

知识储备

1.消费税认知

扫码文字教材　　　　扫码微课视频

消费税业务　　　　消费税的计算与缴纳

消费税是指在我国境内生产、委托加工和进口应税消费品的单位和个人，按其流转额缴纳的一种税。

征收方法：从价定率、从量定额、复合计税。

征税环节：生产销售环节、委托加工环节、进口环节、零售环节（仅针对商业零售金银首饰、零售超豪华小汽车）、批发环节（仅针对批发销售卷烟）。

消费税是一种“价内税”，价内税的特点是会影响企业当期的损益。

消费税与增值税的关系如图7.2.1所示。

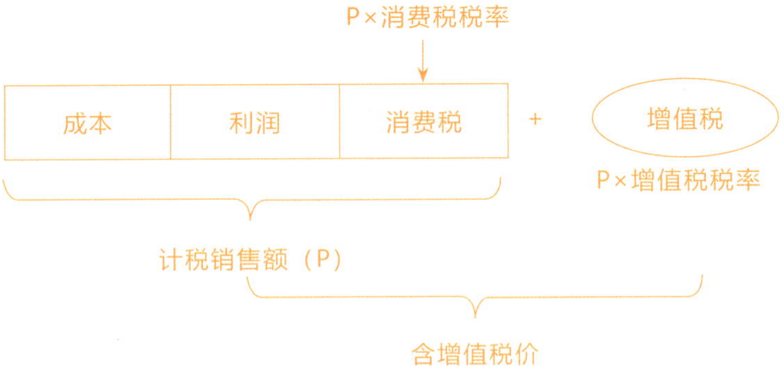

图7.2.1　消费税与增值税关系图

消费税主要是单一环节征税，只交一次。

2.核算账户

企业计算交纳消费税时，应通过“应交税费——应交消费税”账户进行核算。其登记内容如图 7.2.2 所示。

应交税费——应交消费税	
实际交纳 准予抵扣	应缴纳
多交/待抵扣	应交未交

图 7.2.2 “应交税费——应交消费税”账户的登记内容

学习重难点突破

（1）一般销售应税消费品涉税业务处理

企业将生产的应税消费品直接对外销售，除了确认收入、计算增值税、结转销售成本外，应交纳的消费税，要通过“税金及附加”科目核算。会计处理如图 7.2.3 所示。

图 7.2.3 一般销售应税消费品的会计处理

（2）视同销售应税消费品的会计处理

①将自产应税消费品用于在建工程。其会计处理为：

借：在建工程（成本+消费税）

　贷：库存商品（成本）

　　应交税费——应交消费税（体现价内税）

注：将自产应税消费品用于自营建造工程，不是增值税视同销售，不计算应交的增值税，但需要计算应交的消费税，计入在建工程成本。（在建工程属于资本化，消费税计入成本）

②将自产应税消费品对外捐赠。

不确认销售收入，但是要按照该应税消费品的售价计算增值税和消费税。其会计处理为：

借：营业外支出（成本+增值税+消费税）

　贷：库存商品（成本）

　　应交税费——应交增值税（售价×增值税税率）

　　　　——应交消费税（体现价内税）

③将自产应税消费品用于集体福利或个人消费。其会计处理如下：

a. 确认销售收入（即发放非货币性福利）：

借：应付职工薪酬——非货币性福利

　贷：主营业务收入

　　应交税费——应交增值税（销项税额）

b.结转销售成本：

借：主营业务成本

  贷：库存商品

c.计算消费税：

借：税金及附加

  贷：应交税费——应交消费税

④委托加工应税消费品。

按照税法规定，企业委托加工的应税消费品，由受托方在向委托方交货时代扣代缴税款（除受托加工或翻新金银首饰按规定由受托方交纳消费税外）。其会计处理如图7.2.4所示。

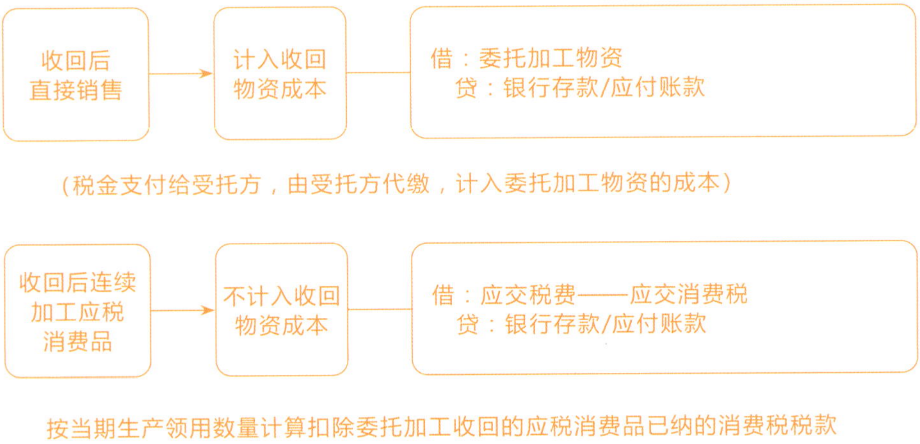

图7.2.4 委托加工应税消费品的会计处理

（3）消费税申报缴纳

①纳税地点。

纳税人销售的应税消费品以及自产自用的应税消费品，除国务院财政、税务主管部门另有规定外，应当向纳税人机构所在地或者居住地的税务机关申报纳税。

委托加工的应税消费品，除受托方为个人外，由受托方向机构所在地或者居住地的税务机关解缴消费税税款；受托方为个人的，由委托方向其机构所在地的税务机关申报纳税。

进口的应税消费品，由进口人或者其代理人向报关地海关申报纳税。

②纳税期限。

企业纳税期限由主管税务机关核定。具体纳税期限有1日、3日、5日、10日、15日、1个月或者1个季度等。不能按照固定期限纳税的，可以按次纳税。

以1个月或者1个季度为1期的，自期满之日起15日内申报纳税。其他纳税期限下则应自期满之日起5日内预缴税款，于次月1日起15日内申报纳税并结清上月应纳税款。

进口应税消费品，应当自海关填发海关进口消费税专用缴款书之日起15日内缴纳税款。

任务要求与分析

1.逐步分析并完成下列任务

（1）根据已填制并审核的记账凭证，完成编号并登记“主营业务收入——125型摩托”“主营业务收入——250型摩托”明细账。

（2）重新审核原始凭证、记账凭证与主营业务收入明细账，完成对账手续。

（3）本会计主体消费税应税产品是__________，适用的计税方法是__________，适用的消费税税率为__________。

（4）根据“主营业务收入——250型摩托”填写自制原始凭证67-3，计算应交消费税。

（5）根据原始凭证67-3填制并审核记账凭证。

（6）记账凭证编号并过账。

2. 职业素养：从身边事领会消费税的立法目的——调整消费结构（奢侈品、危害品）

从消费税立法目的出发，结合身边事谈谈你对消费税调整作用的理解。

____

____

3. 任务评价（3%）

小组编号：		小组长姓名：	小组长评分：
序号	评价内容	评价标准	分值
1	证证、证账审核	审核并发现问题，证证、证账相符	2
2	自制原始凭证填写	正确采集数据并完成计算	3
3	填写记账凭证	正确完成记账凭证各要素填写	3
4	过账	根据所编制记账凭证正确过账	2

4. 知识自测

扫码任务测试

任务7.3　企业所得税业务会计分析与应用

任务说明

根据本月发生的经济业务，完成自制原始凭证69的填制，正确计算预缴企业所得税并进行账务处理。

学习目标

1. 能对企业所得税业务熟练地进行职业分析并正确进行会计处理；
2. 正确填制企业所得税纳税申报表及附表；
3. 树立合法纳税的职业意识。

知识储备

扫码文字教材

所得税业务

扫码微课视频

暂时性差异认知

扫码微课视频

递延所得税资产的核算

扫码微课视频

递延所得税负债的核算

扫码微课视频

所得税费用的确认和计量

1.企业所得税认知

企业所得税是对企业和其他取得收入的组织生产经营所得和其他所得征收的一种所得税。

根据收入来源地管辖权和居民管辖权的双重标准，把企业分为居民企业和非居民企业。具体纳税人类别、税收管辖权及适用税率见表7.3.1。

表7.3.1　企业所得税纳税人类别及适用税率

<table>
<tr><th colspan="3">纳税人</th><th colspan="2">税收管辖权</th><th>税　率</th></tr>
<tr><td colspan="3">居民企业</td><td colspan="2">居民管辖权，就其全部所得征税</td><td rowspan="2">基本税率25%</td></tr>
<tr><td rowspan="3">非居民企业</td><td rowspan="2">在我国境内设立机构、场所</td><td>取得的所得与所设立机构场所有联系的</td><td rowspan="3">地域管辖权</td><td>就其来源于我国的所得和发生在中国境外但与其境内所设机构、场所有实际联系的所得征税</td></tr>
<tr><td>取得的所得与所设立机构场所没有实际联系的</td><td rowspan="2">仅就其来源于我国境内的股息、红利等权益性投资收益和利息、租金、特许权使用费、转让财产所得、其他所得征税</td><td rowspan="2">低税率20%（实际减按10%征收）</td></tr>
<tr><td colspan="2">未在我国境内设立机构、场所，却有来源于我国境内的所得</td></tr>
</table>

企业所得税的基本税率是25%，符合条件的小型微利企业适用的企业所得税税率为20%，国家需要重点扶持的高新技术企业适用的企业所得税税率为15%。

应纳税额=应纳税所得额×适用税率−减免税额−抵免税额

2.所得税会计核算流程

需对按会计准则计算确认的会计利润与按税法规定计算的应纳税所得额产生的差异进行会计处理。

企业所得税的会计处理方法有两种：应付税款法和资产负债表债务法。我国企业采用资产负债表债务法。

资产负债表债务法的基本核算程序如图7.3.1所示。

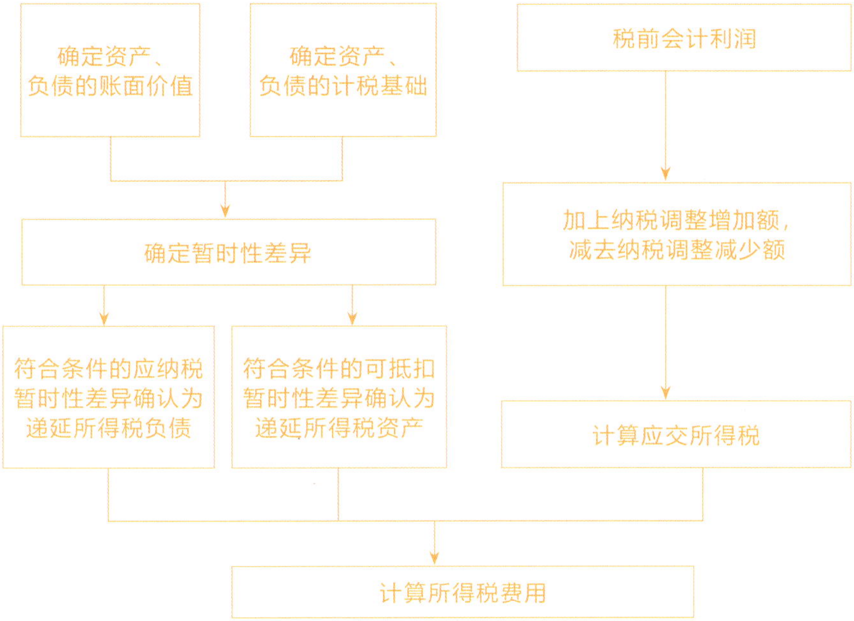

图 7.3.1　资产负债表债务法的基本核算程序

注：计税基础即税法认可的账面价值。

资产的计税基础，是指一项资产在未来期间计税时按照税法规定可以税前扣除的金额。

负债的计税基础：账面价值–未来期间按照税法规定可予税前抵扣的金额。

学习重难点突破

所得税费用是由“当期所得税”与“递延所得税”组成。所得税费用构成如图 7.3.2 所示。

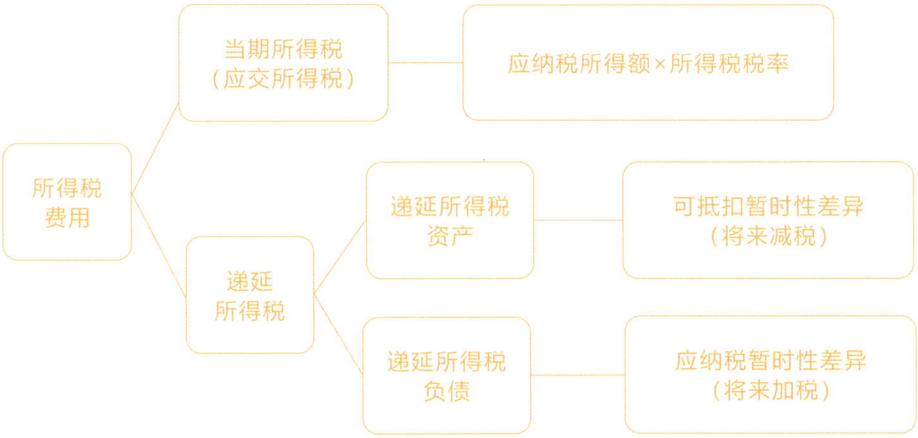

图 7.3.2　所得税费用构成图

（1）当期所得税=当期应交所得税=应纳税所得额×适用税率

其中：应纳税所得额可以通过直接法和间接法计算，实际工作中按间接法计算。

直接法：应纳税所得额=收入总额−不征税收入−免税收入−准予扣除项目金额−允许弥补的以前年度亏损

间接法：应纳税所得额 = 税前会计利润 + 纳税调整增加额 − 纳税调整减少额

纳税调整增加额和纳税调整减少额具体如图 7.3.3 所示。

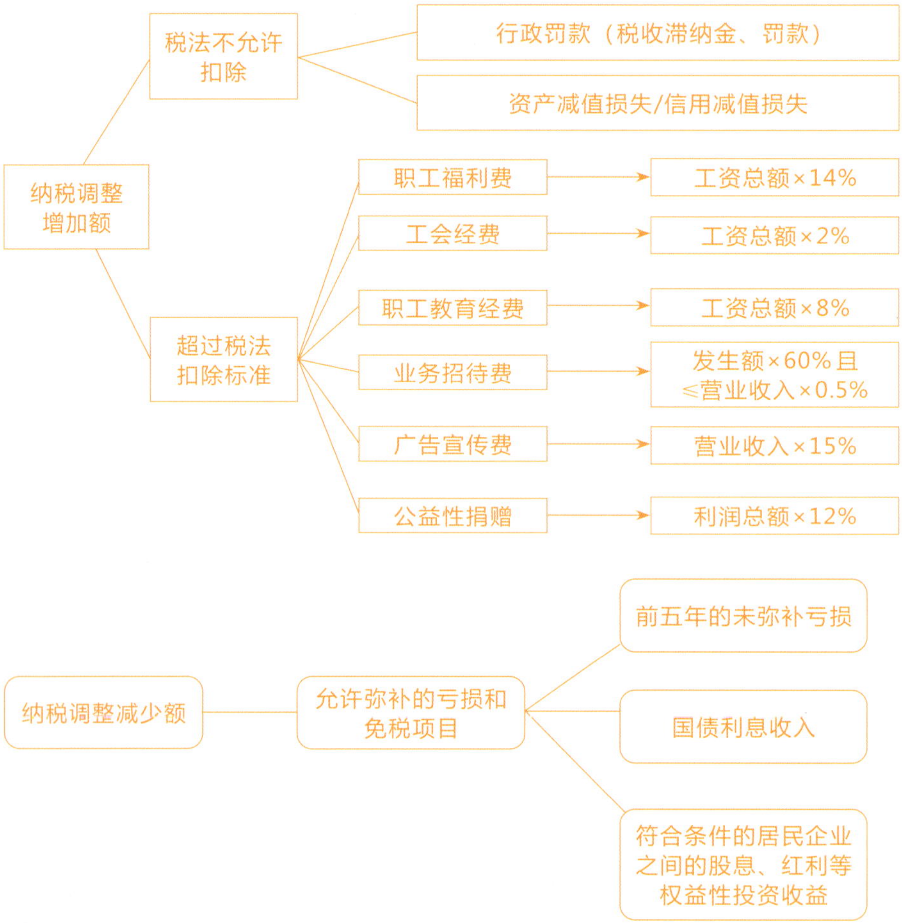

图 7.3.3　所得税纳税调整示意图

（2）递延所得税=（递延所得税负债的期末余额−递延所得税负债的期初余额）−（递延所得税资产的期末余额−递延所得税资产的期初余额）

（3）所得税费用=当期所得税+递延所得税

（4）会计分录：

借：所得税费用

　　递延所得税资产（或递延所得税负债）

　贷：应交税费——应交所得税

　　　递延所得税负债（或递延所得税资产）

学习情境描述

学习情境 7.3.1

重庆芳华科技有限公司是我市（重庆市）重点企业，税务登记日期为 2015 年 3 月 12 日。属于增值税一般纳税人，纳税人识别号：91500012759000656X，税务机关核定的企业所得税征收方式为查账征收，按照实际利润预缴方式预缴企业所得税。企业财务执行新企业会计准则，非汇总企业，无分支机构。注册资本为 5 000 万元，公司总资产为

10 000万元，总人数为1 000人，适用的所得税税率为25%。

股东信息：张芳华（中国国籍，身份证330101196011120101）投资比例为60%；李鑫（中国国籍，身份证330101196505065233）投资比例为40%

所属行业：4119其他日用杂品制造

会计主管：王芬芬

适用的会计准则：企业会计准则（一般企业）

会计档案存放地：重庆市

会计核算软件：用友

记账本位币：人民币

会计政策和估计是否发生变化：否

固定资产折旧方法：年限平均法

存货成本计价方法：先进先出法

坏账损失核算方法：备抵法

所得税计算方法：资产负债表债务法（企业会计准则要求）

按税法规定的扣除比例：职工教育经费为8%、广告费和业务宣传费为15%。

递延所得税资产期初余额为：38 537.50元（固定资产计提减值准备形成）。

现进行该公司2022年度企业所得税汇算清缴，已经预缴所得税1 800 000元，相关资料见表7.3.2至表7.3.11。

表7.3.2　**利润表**　会企02表

编制单位：重庆芳华科技有限公司　2022年12月31日　单位：元

项　目	本期金额	本年累计金额
一、营业收入	11 100 000.00	122 088 000.00
减：营业成本	5 153 000.00	61 644 240.00
税金及附加	854 415.00	10 025 301.00
销售费用	1 683 300.00	19 180 000.00
管理费用	1 280 000.00	14 806 700.00
研发费用		650 000.00
财务费用	72 325.00	847 754.79
其中：利息费用		847 754.79
利息收入		
加：其他收益		
投资收益（损失以“-”号填列）	3 161 221.83	3 161 221.83
其中：对联营企业和合营企业的投资收益		
以摊余成本计量的金融资产终止确认收益（损失以“-”号填列）		

续表

项　目	本期金额	本年累计金额
净敞口套期收益（损失以"-"号填列）		
公允价值变动收益（损失以"-"号填列）		
信用减值损失（损失以"-"号填列）		
资产减值损失（损失以"-"号填列）		-377 542.83
资产处置收益（损失以"-"号填列）		
二、营业利润（亏损以"-"号填列）	5 218 181.83	17 717 683.21
加：营业外收入		
减：营业外支出		
三、利润总额（亏损总额以"-"号填列）	5 218 181.83	17 717 683.21
减：所得税费用	1 304 545.46	3 647 675.34
四、净利润（净亏损以"-"号填列）	3 913 636.37	14 070 007.87
（一）持续经营净利润（净亏损以"-"号填列）	（略）	（略）
（二）终止经营净利润（净亏损以"-"号填列）		
五、其他综合收益的税后净额		
（一）不能重分类进损益的其他综合收益		
1.重新计量设定受益计划变动额		
2.权益法下不能转损益的其他综合收益		
3.其他权益工具投资公允价值变动		
4.企业自身信用风险公允价值变动		
⋮		
（二）将重分类进损益的其他综合收益		
1.权益法下可转损益的其他综合收益		
2.其他债权投资公允价值变动		
3.金融资产重分类计入其他综合收益的金额		
4.其他债权投资信用减值准备		
5.现金流量套期储备		
6.外币财务报表折算差额		
⋮		
六、综合收益总额		
七、每股收益		
（一）基本每股收益		
（二）稀释每股收益		

表 7.3.3 **收入明细表** 单位：元

一级科目	明细科目	金　额	备　注
主营业务收入	销售货物	121 200 000.00	
劳务收入	提供劳务	888 000.00	

表 7.3.4 **成本明细表** 单位：元

一级科目	明细科目	金　额	备　注
主营业务成本	销售货物	61 440 000.00	
劳务成本	提供劳务	204 240.00	

表 7.3.5 **销售费用明细表** 单位：元

序　号	扣除项目明细	入账金额	备　注
1	差旅费	2 136 000.00	
2	广告费和业务宣传费	17 044 000.00	本年发生广告费和业务宣传费支出17 044 000元，其中含不符合扣除条件的广告支出44 000元。广告费和业务宣传费支出按销售收入的15%扣除
合　计		19 180 000.00	

表 7.3.6 **管理费用明细表** 单位：元

序　号	扣除项目明细	入账金额	备　注
1	工资	6 888 000.00	
2	咨询费	1 050 000.00	
5	办公费	1 700 000.00	
6	差旅费	1 150 000.00	
7	房租费	800 000.00	
8	基本社会保险费	750 000.00	
9	资产维修费	450 000.00	
10	业务招待费	1 200 000.00	
11	其他费用	818 700.00	
合　计		14 806 700.00	

表 7.3.7 **财务费用明细表** 单位：元

序　号	扣除项目明细	入账金额	备　注
1	利息支出	500 000.00	
2	手续费	347 754.79	
合　计		847 754.79	根据金融机构同期同类贷款利率执行

表 7.3.8　　　　**研发费用支出明细表**　　　　单位：元

序　号	费用项目	实际支出数额	备　注
1	研发活动直接消耗材料费	20 000.00	该研发费用均为费用化支出，且符合新技术、新产品、新工艺的研究开发费用加计扣除标准
2	直接从事研发活动人员工资	150 000.00	
3	直接从事研发活动人员五险一金	22 600.00	
5	用于研发活动的设备的折旧费	230 000.00	
6	用于研发活动的软件的摊销费	227 400.00	
合　计		650 000.00	

表 7.3.9　　　　**人工费用明细表**　　　　单位：元

序　号	费用项目	实际支出数额	备　注
1	工资支出	6 888 000.00	
2	福利费用支出	1 015 000.00	
3	职工教育经费支出	193 010.00	
4	工会经费	137 760.00	
合　计		8 233 770.00	

表 7.3.10　　　　**投资收益明细**　　　　单位：元

一级科目	明细科目	金　额
投资收益	国债利息收入	3 161 221.83

表 7.3.11　　　　**资产减值情况表**　　　　单位：元

准备科目	期初余额	本期计提	本期转回	期末余额
固定资产减值准备	154 150.00	377 542.83		531 692.83

情境分析：

该情境为截至2022年12月31日的企业纳税基本信息及选用的会计政策、已确定的相关财务数据等，以此作为我们进行纳税申报与调整的基础数据。

学习情境7.3.2

申报流程

填写企业基本信息→填写收入、成本明细表→纳税调整→填写年度纳税申报表→申报纳税

1.填写企业基本信息（见表7.3.12至表7.3.15）

表7.3.12 基本经营情况（必填项目）

101纳税申报企业类型	100（非跨地区经营企业）		
102分支机构就地纳税比例	—		
103资产总额（万元）	10 000.00	104从业人数	1 000
105所属国民经济行业	4119（其他日用杂品制造）	106从事国家限制或禁止行业	□是 ■否
107使用会计准则或会计制度	110 企业会计准则（一般企业）		
108采用一般企业财务报表格式（2019年版）		■是 □否	
109小型微利企业	□是 ■否	110上市公司	是（□境内 □境外）■否

表7.3.13 主要股东及分红情况（必填项目）

股东名称	证件种类	证件号码	投资比例	当年（决议日）分配的股息红利等权益性投资收益金额	国籍（注册地址）
张芳华	201 居民身份证	330101196011120101	60.00%		156 中国
李鑫	201 居民身份证	330101196505065233	40.00%		156 中国
	—请选择—		%		—请选择—

表7.3.14 税法规定的相关扣除率列表

项　目	税收规定扣除率
职工福利费支出	14%
按税收规定比例扣除的职工教育经费	8%
按税收规定全额扣除的职工培训费用（特殊行业）	100%
工会经费支出	2%
补充养老保险	5%
补充医疗保险	5%
广告费和业务宣传费	15%
捐赠支出	12%
业务招待费	按照发生额的60%扣除，最高不超过当年销售（营业）收入的0.5%

表 7.3.15 **所得税预缴及结转信息** 单位：元

项　目	金　额
本年累计实际已缴纳的所得税额	1 800 000.00
以前年度累计结转准予扣除的职工教育经费支出余额	0.00
以前年度累计结转扣除的广告费和业务宣传费	0.00
结转以前年度的尚未抵扣的股权投资余额	0.00
以前年度结转的可抵扣投资额余额	0.00

2.填写收入、成本明细表（见表 7.3.16 至表 7.3.18）

表 7.3.16 **一般企业收入明细表** 单位：元

行次	项　目	金　额
1	一、营业收入（2+9）	122 088 000.00
2	（一）主营业务收入（3+5+6+7+8）	122 088 000.00
3	1.销售商品收入	121 200 000.00
4	其中：非货币性资产交换收入	0.00
5	2.提供劳务收入	888 000.00
6	3.建造合同收入	0.00
7	4.让渡资产使用权收入	0.00
8	5.其他	0.00
9	（二）其他业务收入（10+12+13+14+15）	0.00
10	1.销售材料收入	0.00
11	其中：非货币性资产交换收入	0.00
12	2.出租固定资产收入	0.00
13	3.出租无形资产收入	0.00
14	4.出租包装物和商品收入	0.00
15	5.其他	0.00
16	二、营业外收入（17+18+19+20+21+22+23+24+25+26）	0.00
17	（一）非流动资产处置利得	0.00
18	（二）非货币性资产交换利得	0.00
19	（三）债务重组利得	0.00
20	（四）政府补助利得	0.00
21	（五）盘盈利得	0.00
22	（六）捐赠利得	0.00
23	（七）罚没利得	0.00
24	（八）确实无法偿付的应付款项	0.00
25	（九）汇兑收益	0.00
26	（十）其他	0.00

表 7.3.17

一般企业成本支出明细表

单位：元

行次	项　目	金　额
1	一、营业成本（2+9）	61 644 240.00
2	（一）主营业务成本（3+5+6+7+8）	61 644 240.00
3	1. 销售商品成本	61 440 000.00
4	其中：非货币性资产交换成本	0.00
5	2. 提供劳务成本	204 240.00
6	3. 建造合同成本	0.00
7	4. 让渡资产使用权成本	0.00
8	5. 其他	0.00
9	（二）其他业务成本（10+12+13+14+15）	0.00
10	1. 销售材料成本	0.00
11	其中：非货币性资产交换成本	0.00
12	2. 出租固定资产成本	0.00
13	3. 出租无形资产成本	0.00
14	4. 包装物出租成本	0.00
15	5. 其他	0.00
16	二、营业外支出（17+18+19+20+21+22+23+24+25+26）	0.00
17	（一）非流动资产处置损失	0.00
18	（二）非货币性资产交换损失	0.00
19	（三）债务重组损失	0.00
20	（四）非常损失	0.00
21	（五）捐赠支出	0.00
22	（六）赞助支出	0.00
23	（七）罚没支出	0.00
24	（八）坏账损失	0.00
25	（九）无法收回的债券股权投资损失	0.00
26	（十）其他	0.00

表 7.3.18

期间费用明细表

单位：元

行次	项　目	销售费用	其中：境外支付	管理费用	其中：境外支付	财务费用	其中：境外支付
		1	2	3	4	5	6
1	一、职工薪酬	0.00	*	6 888 000.00	*	*	*
2	二、劳务费	0.00	0.00	0.00	0.00	*	*
3	三、咨询顾问费	0.00	0.00	1 050 000.00	0.00	*	*
4	四、业务招待费	0.00	*	1 200 000.00	*	*	*
5	五、广告费和业务宣传费	17 044 000.00	*	0.00	*	*	*
6	六、佣金和手续费	0.00	0.00	0.00	0.00	347 754.79	0.00
7	七、资产折旧摊销费	0.00	*	0.00	*	*	*
8	八、财产损耗、盘亏及毁损损失	0.00	*	0.00	*	*	*
9	九、办公费	0.00	*	1 700 000.00	*	*	*
10	十、董事会费	0.00	*	0.00	*	*	*
11	十一、租赁费	0.00	0.00	800 000.00	0.00	*	*
12	十二、诉讼费	0.00	*	0.00	*	*	*
13	十三、差旅费	2 136 000.00	*	1 150 000.00	*	*	*
14	十四、保险费	0.00	*	750 000.00	*	*	*
15	十五、运输、仓储费	0.00	0.00	0.00	0.00	*	*
16	十六、修理费	0.00	0.00	450 000.00	0.00	*	*
17	十七、包装费	0.00	*	0.00	*	*	*
18	十八、技术转让费	0.00	0.00	0.00	0.00	*	*
19	十九、研究费用	0.00	0.00	650 000.00	0.00	*	*
20	二十、各项税费	0.00	*	0.00	*	*	*
21	二十一、利息收支	*	*	*	*	500 000.00	0.00
22	二十二、汇兑差额	*	*	*	*	0.00	0.00
23	二十三、现金折扣	*	*	*	*	0.00	*
24	二十四、党组织工作经费	*	*	0.00	*	*	*
25	二十五、其他	0.00	0.00	818 700.00	0.00	0.00	0.00
26	合计（1+2+3+…+25）	19 180 000.00	0.00	15 456 700.00	0.00	847 754.79	0.00

3.纳税调整（见表7.3.19至表7.3.24）。

表7.3.19　　职工薪酬支出及纳税调整明细表　　金额单位：元

行次	项　目	账载金额	实际发生额	税收规定扣除率	以前年度累计结转扣除额	税收金额	纳税调整金额	累计结转以后年度扣除额
		1	2	3	4	5	6（1-5）	7（2+4-5）
1	一、工资薪金支出	6 888 000	6 888 000	*	*	6 888 000	0	*
2	其中：股权激励	0	0	*	*	0	0	*
3	二、职工福利费支出	1 015 000	1 015 000	14%	*	964 320	50 680	*
4	三、职工教育经费支出	193 010	193 010	*	0	193 010	0	0
5	其中：按税收规定比例扣除的职工教育经费	193 010	193 010	8%	0	193 010	0	0
6	按税收规定全额扣除的职工培训费用	0	0	100%	*	0	0	*
7	四、工会经费支出	137 760	137 760	2%	*	137 760	0	*
8	五、各类基本社会保障性缴款	0	0	*	*	0	0	*
9	六、住房公积金	0	0	*	*	0	0	*
10	七、补充养老保险	0	0	5%	*	0	0	*
11	八、补充医疗保险	0	0	5%	*	0	0	*
12	九、其他	0	0	*	*	0	0	*
13	合计（1+3+4+...+11+12）	8 233 770	8 233 770	*	0	8 183 090	50 680	0

表7.3.20　　广告费和业务宣传费跨年度纳税调整明细表　　金额单位：元

行次	项　目	金　额
1	一、本年广告费和业务宣传费支出	17 044 000.00
2	减：不允许扣除的广告费和业务宣传费支出	44 000.00
3	二、本年符合条件的广告费和业务宣传费支出（1-2）	17 000 000.00
4	三、本年计算广告费和业务宣传费扣除限额的销售（营业）收入	122 088 000.00
5	乘：税收规定扣除率	15.00%
6	四、本企业计算的广告费和业务宣传费扣除限额（4×5）	18 313 200.00
7	五、本年结转以后年度扣除额（3＞6，本行=3-6；3≤6，本行=0）	0.00
8	加：以前年度累计结转扣除额	0.00
9	减：本年扣除的以前年度结转额［3＞6，本行=0；3≤6，本行=8与（6-3）孰小值］	0.00
10	六、按照分摊协议归集至其他关联方的广告费和业务宣传费（10≤3与6孰小值）	0.00
11	按照分摊协议从其他关联方归集至本企业的广告费和业务宣传费	0.00
12	七、本年广告费和业务宣传费支出纳税调整金额（3＞6，本行=2+3-6+10-11；3≤6，本行=2+10-9-11）	44 000.00
13	八、累计结转以后年度扣除额（7+8-9）	0.00

表 7.3.21　　**研发费用加计扣除优惠明细表**　　金额单位：元

行次	项　目	金　额
1	本年可享受研发费用加计扣除项目数量	0.00
2	一、自主研发、合作研发、集中研发（3+7+16+19+23+34）	650 000.00
3	（一）人员人工费用（4+5+6）	172 600.00
4	1.直接从事研发活动人员工资薪金	150 000.00
5	2.直接从事研发活动人员五险一金	22 600.00
6	3.外聘研发人员的劳务费用	0.00
7	（二）直接投入费用（8+9+10+11+12+13+14+15）	20 000.00
8	1.研发活动直接消耗材料费用	20 000.00
9	2.研发活动直接消耗燃料费用	0.00
10	3.研发活动直接消耗动力费用	0.00
11	4.用于中间试验和产品试制的模具、工艺装备开发及制造费	0.00
12	5.用于不构成固定资产的样品、样机及一般测试手段购置费	0.00
13	6.用于试制产品的检验费	0.00
14	7.用于研发活动的仪器、设备的运行维护、调整、检验、维修等费用	0.00
15	8.通过经营租赁方式租入的用于研发活动的仪器、设备租赁费	0.00
16	（三）折旧费用（17+18）	230 000.00
17	1.用于研发活动的仪器的折旧费	0.00
18	2.用于研发活动的设备的折旧费	230 000.00
19	（四）无形资产摊销（20+21+22）	227 400.00
20	1.用于研发活动的软件的摊销费用	227 400.00
21	2.用于研发活动的专利权的摊销费用	0.00
22	3.用于研发活动的非专利技术（包括许可证、专有技术、设计和计算方法等）的摊销费用	0.00
23	（五）新产品设计费等（24+25+26+27）	0.00
24	1.新产品设计费	0.00
25	2.新工艺规程制定费	0.00
26	3.新药研制的临床试验费	0.00
27	4.勘探开发技术的现场试验费	0.00

续表

行次	项　目	金　额
28	（六）其他相关费用（29+30+31+32+33）	0.00
29	1.技术图书资料费、资料翻译费、专家咨询费、高新科技研发保险费	0.00
30	2.研发成果的检索、分析、评议、论证、鉴定、评审、评估、验收费用	0.00
31	3.知识产权的申请费、注册费、代理费	0.00
32	4.职工福利费、补充养老保险费、补充医疗保险费	0.00
33	5.差旅费、会议费	0.00
34	（七）经限额调整后的其他相关费用	0.00
35	二、委托研发（36+37+39）	0.00
36	（一）委托境内机构或个人进行研发活动所发生的费用	0.00
37	（二）委托境外机构进行研发活动发生的费用	0.00
38	其中：允许加计扣除的委托境外机构进行研发活动发生的费用	0.00
39	（三）委托境外个人进行研发活动发生的费用	0.00
40	三、年度研发费用小计（2+36×80%+38）	650 000.00
41	（一）本年费用化金额	650 000.00
42	（二）本年资本化金额	0.00
43	四、本年形成无形资产摊销额	0.00
44	五、以前年度形成无形资产本年摊销额	0.00
45	六、允许扣除的研发费用合计（41+43+44）	650 000.00
46	减：特殊收入部分	0.00
47	七、允许扣除的研发费用抵减特殊收入后的金额（45−46）	650 000.00
48	减：当年销售研发活动直接形成产品（包括组成部分）对应的材料部分	0.00
49	减：以前年度销售研发活动直接形成产品（包括组成部分）对应材料部分结转金额	0.00
50	八、加计扣除比例（%）	100.00
51	九、本年研发费用加计扣除总额（47−48−49）×50	650 000.00
52	十、销售研发活动直接形成产品（包括组成部分）对应材料部分结转以后年度扣减金额（当47−48−49≥0，本行=0；当47−48−49<0，本行=47−48−49的绝对值）	0.00

表 7.3.22　　**免税、减计收入及加计扣除优惠明细表**　　单位：元

行次	项　目	金　额
1	一、免税收入（2+3+9+…+16）	3 161 221.83
2	（一）国债利息收入免征企业所得税	3 161 221.83
3	（二）符合条件的居民企业之间的股息、红利等权益性投资收益免征企业所得税（4+5+6+7+8）	
4	1.一般股息红利等权益性投资收益免征企业所得税（填写 A107011）	
5	2.内地居民企业通过沪港通投资且连续持有H股满12个月取得的股息红利所得免征企业所得税（填写 A107011）	
6	3.内地居民企业通过深港通投资且连续持有H股满12个月取得的股息红利所得免征企业所得税（填写 A107011）	
7	4.居民企业持有创新企业CDR取得的股息红利所得免征企业所得税（填写 A107011）	
8	5.符合条件的永续债利息收入免征企业所得税（填写 A107011）	
9	（三）符合条件的非营利组织的收入免征企业所得税	
10	（四）中国清洁发展机制基金取得的收入免征企业所得税	
11	（五）投资者从证券投资基金分配中取得的收入免征企业所得税	
12	（六）取得的地方政府债券利息收入免征企业所得税	
13	（七）中国保险保障基金有限责任公司取得的保险保障基金等收入免征企业所得税	
14	（八）中国奥委会取得北京冬奥组委支付的收入免征企业所得税	
15	（九）中国残奥委会取得北京冬奥组委分期支付的收入免征企业所得税	
16	（十）其他	
17	二、减计收入（18+19+23+24）	
18	（一）综合利用资源生产产品取得的收入在计算应纳税所得额时减计收入	
19	（二）金融、保险等机构取得的涉农利息、保费减计收入（20+21+22）	
20	1.金融机构取得的涉农贷款利息收入在计算应纳税所得额时减计收入	
21	2.保险机构取得的涉农保费收入在计算应纳税所得额时减计收入	
22	3.小额贷款公司取得的农户小额贷款利息收入在计算应纳税所得额时减计收入	
23	（三）取得铁路债券利息收入减半征收企业所得税	
24	（四）其他（24.1+24.2）	
24.1	1.取得的社区家庭服务收入在计算应纳税所得额时减计收入	
24.2	2.其他	
25	三、加计扣除（26+27+28+29+30）	650 000.00
26	（一）开发新技术、新产品、新工艺发生的研究开发费用加计扣除（填写 A107012）	650 000.00
27	（二）科技型中小企业开发新技术、新产品、新工艺发生的研究开发费用加计扣除（填写 A107012）	
28	（三）企业为获得创新性、创意性、突破性的产品进行创意设计活动而发生的相关费用加计扣除	
29	（四）安置残疾人员所支付的工资加计扣除	
30	（五）其他	
31	合计（1+17+25）	3 811 221.83

表 7.3.23 纳税调整项目明细表 单位：元

行次	项 目	账载金额	税收金额	调增金额	调减金额
		1	2	3	4
1	一、收入类调整项目（2+3+4+5+6+7+8+10+11）	*	*	0.00	0.00
2	（一）视同销售收入（填写 A105010）	*	0.00	0.00	*
3	（二）未按权责发生制原则确认的收入（填写 A105020）	0.00	0.00	0.00	0.00
4	（三）投资收益（填写 A105030）	0.00	0.00	0.00	0.00
5	（四）按权益法核算长期股权投资对初始投资成本调整确认收益	*	*	*	0.00
6	（五）交易性金融资产初始投资调整	*	*	0.00	*
7	（六）公允价值变动净损益	0.00	*	0.00	0.00
8	（七）不征税收入	*	*	0.00	0.00
9	其中：专项用途财政性资金（填写 A105040）	*	*	0.00	0.00
10	（八）销售折扣、折让和退回	0.00	0.00	0.00	0.00
11	（九）其他	0.00	0.00	0.00	0.00
12	二、扣除类调整项目（13+14+…24+26+27+28+29+30）	*	*	684 240.00	0.00
13	（一）视同销售成本（填写 A105010）	*	0.00	*	0.00
14	（二）职工薪酬（填写 A105050）	8 233 770.00	8 183 090.00	50 680.00	0.00
15	（三）业务招待费支出	1 200 000.00	610 440.00	589 560.00	*
16	（四）广告费和业务宣传费支出（填写 A105060）	*	*	44 000.00	0.00
17	（五）捐赠支出（填写 A105070）	0.00	0.00	0.00	0.00
18	（六）利息支出	0.00	0.00	0.00	0.00
19	（七）罚金、罚款和被没收财物的损失	0.00	*	0.00	*
20	（八）税收滞纳金、加收利息	0.00	*	0.00	*
21	（九）赞助支出	0.00	*	0.00	*
22	（十）与未实现融资收益相关在当期确认的财务费用	0.00	0.00	0.00	0.00

续表

行次	项　目	账载金额	税收金额	调增金额	调减金额
		1	2	3	4
23	（十一）佣金和手续费支出	0.00	0.00	0.00	*
24	（十二）不征税收入用于支出所形成的费用	*	*	0.00	*
25	其中：专项用途财政性资金用于支出所形成的费用（填写A105040）	*	*	0.00	*
26	（十三）跨期扣除项目	0.00	0.00	0.00	0.00
27	（十四）与取得收入无关的支出	0.00	*	0.00	*
28	（十五）境外所得分摊的共同支出	*	*	0.00	*
29	（十六）党组织工作经费	0.00	0.00	0.00	0.00
30	（十七）其他	0.00	0.00	0.00	0.00
31	三、资产类调整项目（32+33+34+35）	*	*	377 542.83	0.00
32	（一）资产折旧、摊销（填写A105080）	0.00	0.00	0.00	0.00
33	（二）资产减值准备金	377 542.83	*	377 542.83	0.00
34	（三）资产损失（填写A105090）	0.00	0.00	0.00	0.00
35	（四）其他	0.00	0.00	0.00	0.00
36	四、特殊事项调整项目（37+38+39+40+41+42+43）	*	*	0.00	0.00
37	（一）企业重组及递延纳税事项（填写A105100）	0.00	0.00	0.00	0.00
38	（二）政策性搬迁（填写A105110）	*	*	0.00	0.00
39	（三）特殊行业准备金（填写A105120）	0.00	0.00	0.00	0.00
40	（四）房地产开发企业特定业务计算的纳税调整额（填写A105010）	*	0.00	0.00	0.00
41	（五）有限合伙企业法人合伙人应分得的应纳税所得额	0.00	0.00	0.00	0.00
42	（六）发行永续债利息支出	0.00	0.00	0.00	0.00
43	（七）其他	*	*	0.00	0.00
44	五、特别纳税调整应税所得	*	*	0.00	0.00
45	六、其他	*	*	0.00	0.00
46	合计（1+12+31+36+44+45）	*	*	1 061 782.83	0.00

4.填写年度纳税申报表

表7.3.24　**中华人民共和国企业所得税年度纳税申报表（A类）**　金额单位：元

行次	类别	项　目	金　额
1	利润总额计算	一、营业收入（填写A101010\101020\103000）	122 088 000.00
2		减：营业成本（填写A102010\102020\103000）	61 644 240.00
3		减：税金及附加	10 025 301.00
4		减：销售费用（填写A104000）	19 180 000.00
5		减：管理费用（填写A104000）	15 456 700.00
6		减：财务费用（填写A104000）	847 754.79
7		减：资产减值损失	377 542.83
8		加：公允价值变动收益	0.00
9		加：投资收益	3 161 221.83
10		二、营业利润（1-2-3-4-5-6-7+8+9）	17 717 683.21
11		加：营业外收入（填写A101010\101020\103000）	0.00
12		减：营业外支出（填写A102010\102020\103000）	0.00
13		三、利润总额（10+11-12）	17 717 683.21
14	应纳税所得额计算	减：境外所得（填写A108010）	0.00
15		加：纳税调整增加额（填写A105000）	1 061 782.83
16		减：纳税调整减少额（填写A105000）	0.00
17		减：免税、减计收入及加计扣除（填写A107010）	3 811 221.83
18		加：境外应税所得抵减境内亏损（填写A108000）	0.00
19		四、纳税调整后所得（13-14+15-16-17+18）	14 968 244.21
20		减：所得减免（填写A107020）	0.00
21		减：弥补以前年度亏损（填写A106000）	0.00
22		减：抵扣应纳税所得额（填写A107030）	0.00
23		五、应纳税所得额（19-20-21-22）	14 968 244.21
24	应纳税额计算	税率（25%）	25.00%
25		六、应纳所得税额（23×24）	3 742 061.05
26		减：减免所得税额（填写A107040）	0.00
27		减：抵免所得税额（填写A107050）	0.00
28		七、应纳税额（25-26-27）	3 742 061.05
29		加：境外所得应纳所得税额（填写A108000）	0.00
30		减：境外所得抵免所得税额（填写A108000）	0.00
31		八、实际应纳所得税额（28+29-30）	3 742 061.05
32		本年累计实际已缴纳的所得税额	1 800 000.00
33		九、本年应补（退）所得税额（31-32）	1 942 061.05
34		其中：总机构分摊本年应补（退）所得税额（填写A109000）	0.00
35		财政集中分配本年应补（退）所得税额（填写A109000）	0.00
36		总机构主体生产经营部门分摊本年应补（退）所得税额（填写A109000）	0.00

5. 申报纳税

（1）申报。企业所得税申报情况如图7.3.4所示。

□全选	申报种类	申报次数	应补（退）税额	报表状态
□	企业所得税年度汇算清缴（A类）	1	1 942 061.05	填写完整

申报表发送　　　　政策风险提示服务

图7.3.4　企业所得税申报

根据申报与纳税调整结果，其会计处理为：

借：递延所得税资产（377 542.83×25%）　　94 385.71

　贷：所得税费用——递延所得税费用　　94 385.71

借：所得税费用——当期所得税费用　　1 942 061.05

　贷：应交税费——应交所得税　　1 942 061.05

（本年累计预缴企业所得税1 800 000元，已确认了1 800 000元的所得税费用）

（2）缴纳税款。缴纳企业所得税情况如图7.3.5所示。

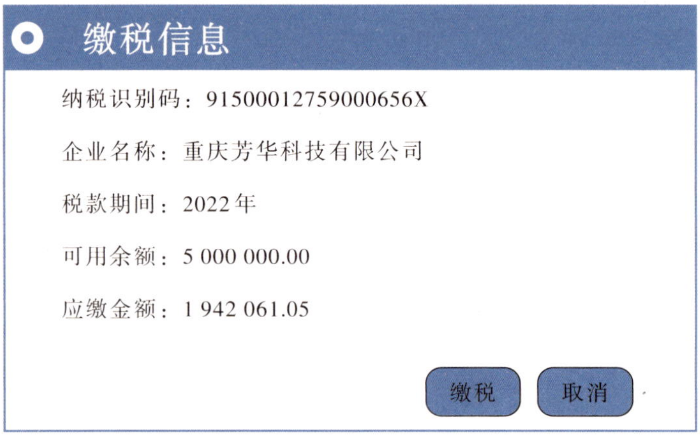

图7.3.5　企业所得税缴税

完成缴税后，其会计处理为：

借：应交税费——应交所得税　　1 942 061.05

　贷：银行存款　　1 942 061.05

任务要求与分析

1. 逐步分析并完成下列任务：

（1）将当前已完成记账凭证全部编号并过账。

（2）审核损益类明细账、记账凭证、原始凭证，完成对账。

（3）根据损益类明细账本期发生额合计填列原始凭证69-1。

（4）根据原始凭证69-1编制结转当期损益的记账凭证并过账。

（5）当期结转至本年利润的借方金额是__________，贷方金额是__________，利润总额等于__________，1—5月利润总额（期初资料查找）等于__________，则1—6月累计利润总额等于__________，所得税税率为__________，累计应交所得税等于__________，1—5月已交所得税为（期初资料查找）__________，当月应补缴的所得税等于__________。

（6）根据原始凭证69-2，编制申报所得税的记账凭证并审核过账。

（7）根据原始凭证69-3，编制结转所得税费用的记账凭证并审核过账。

【深入学习与实施步骤】

（1）旅游费能否作为职工福利费税前扣除？______________________________

（2）企业所得税中的小微企业有新的税收优惠，满足什么样的标准才是小微企业呢？______________________________

2.职业素养：纳税光荣

企业是国家的构成元素之一。企业在国家治理环境下成为社会经济一分子，“享其荣光，为其出力”理所应当。企业缴入国库的税款，由国家统筹之后用于民生。国富民强，有你参与！谈谈你对企业缴税的理解。

____

____

3.任务评价（5%）

小组编号：		小组长姓名：	小组长评分：
序号	评价内容	评价标准	分值
1	原始凭证审核	审核并正确描述业务	2
2	账户对应关系	相关账户及方向运用正确	3
3	金额确定	各账户金额正确	3
4	记账凭证其他要素	正确填制日期及附件、制单、审核	2

4.知识自测

扫码任务测试

任务7.4　其他税费业务会计分析与应用

任务说明

根据本月相关经济业务原始凭证进行业务分析，判断除增值税、消费税、所得税外，还要缴纳哪些税，能正确填写原始凭证67-4中的相关内容，计算应交附加税金额并进行账务处理。

学习目标

能对其他税费业务熟练地进行职业分析，并正确进行会计处理，进一步加深对企业税费体系的理解。

知识储备

扫码文字教材

其他税费业务分析与应用

扫码微课视频

附加税的计算与缴纳

1.应交资源税业务分析与应用

（1）资源税是指对在我国境内从事应税矿产品开采或者生产盐的单位和个人征收的一种税。

（2）资源税是价内税。

（3）计税依据：销售额或者销售量。

（4）资源税的应税产品包括：能源矿产、金属矿产、非金属矿产、水气矿产和盐。

（5）账务处理：如图7.4.1所示。

图7.4.1　应交资源税账务处理

2.应交城市维护建设税业务分析与应用

（1）城市维护建设税是以纳税人实际缴纳的增值税、消费税为计税依据征收的一种税。

（2）税率因纳税人所在地不同，设置三档比例税率：7%（市区）、5%（县城、镇）和1%（市区、县城、镇以外）。

（3）计税公式如下：

应纳税额=（增值税税额+消费税税额）×适用税率

账务处理为：

借：税金及附加

　贷：应交税费——应交城市维护建设税

3.应交教育费附加业务分析与应用

（1）教育费附加是指为发展教育事业而向企业征收的附加费用。

（2）教育费附加按照企业缴纳的增值税、消费税税额的一定比例计算，与流转税一起缴纳。

（3）税率：3%。

账务处理为：

借：税金及附加

　贷：应交税费——应交教育费附加

4.应交土地增值税业务分析与应用

（1）土地增值税是指在我国境内有偿转让土地使用权及地上建筑物和其他附着物产权的单位和个人，就其土地增值额征收的一种税。

（2）土地增值额是指转让收入减去规定扣除项目金额后的余额。转让收入包括货币收入、实物收入和其他收入。扣除项目主要包括取得土地使用权所支付的金额、开发土地的费用、新建及配套设施的成本、旧房及建筑物的评估价格等。

（3）账务处理：

①企业转让的土地使用权连同地上建筑物及其附着物一并在“固定资产”等科目核算的，其账务处理为：

借：固定资产清理

　贷：应交税费——应交土地增值税

②土地使用权在“无形资产”科目核算的，其账务处理为：

借：银行存款

　　累计摊销

　　无形资产减值准备

　贷：无形资产

　　　应交税费——应交土地增值税

　　　资产处置损益（或借记）

③房地产开发企业销售房地产的，其账务处理如下：

借：税金及附加

　贷：应交税费——应交土地增值税

5.应交房产税、城镇土地使用税和车船税业务分析与应用

（1）房产税是指国家对在城市、县城、建制县和工矿区征收的由产权所有人缴纳的一种税。房产税依照房产原值一次减除10%至30%后的余额计算缴纳。没有房产原值作为依据的，由房产所在地税务机关参考同类房产核定；房产出租的，以房产租金收入为房产税的计税依据。

（2）城镇土地使用税是指国家为合理利用城镇土地，调节土地级差收入，提高土地使用效益，加强土地管理而开征的一种税。城镇土地使用税以纳税人实际占用的土地面积为计税依据，依照规定税额计算征收。

（3）车船税由拥有并且使用车船的单位和个人缴纳。车船税按照适用税额计算缴纳。

（4）企业计提应交的房产税、城镇土地使用税、车船税，借记“税金及附加”科目，贷记“应交税费——应交房产税（或应交城镇土地使用税、应交车船税）”科目。

6.印花税业务分析与应用

（1）印花税是指对经济活动和经济交往中书立应税凭证、进行证券交易而征收的一种税。实际工作中其通过申报等方式征收，不再贴花。

扫码文字教材

印花税法

（2）企业缴纳的印花税，可以不通过“应交税费”账户核算，于申报缴纳时直接借记“税金及附加”账户，贷记“银行存款”账户。（《中华人民共和国印花税法》正式颁布，于2022年7月1日正式执行，具体变化请查看上方“扫码文字教材——印花税法”后附的拓展阅读）

7.个人所得税业务分析与应用

（1）企业按根据规定计算的代扣代缴的职工个人所得税，借记“应付职工薪酬”科目，贷记“应交税费——应交个人所得税”科目。

（2）企业缴纳个人所得税时，借记“应交税费——应交个人所得税”科目，贷记“银行存款”等科目。

任务要求与分析

1.逐步分析并完成下列任务

（1）原始凭证67-4的计税依据是______________，其数据来源的账户是______________，城市维护建设税的税率是______________，教育费附加的税率是______________。

（2）根据原始凭证67-4的计算结果编制记账凭证并审核。

（3）记账凭证编号并过账。

2.职业素养：纳税光荣

2019年，中国个人所得税经历了自立法以来最大的一次变革，新修改的个人所得税法全面实施。2020年3月至6月，中国开始了历史上首次个人所得税综合所得年度汇算。

个人所得税综合所得年度汇算清缴（简称“综合所得年度汇算”），指的是年度终了后，纳税人汇总工资薪金、劳务报酬、稿酬、特许权使用费等四项综合所得的全年收入额，减去全年的费用和扣除，得出应纳税所得额并按照综合所得年度税率表，计算全年应纳个人所得税，再减去年度内已经预缴的税款，向税务机关办理年度纳税申报并结清应退或应补税款的过程。

根据以上信息，阐述自己对主动申报与汇缴个人所得税的认知。

____

____

3.任务评价（2%）

小组编号：		小组长姓名：	小组长评分：
序号	评价内容	评价标准	分值
1	证证、证账审核	审核并发现问题，证证、证账相符	2
2	自制原始凭证填写	正确采集数据并完成计算	3
3	填写记账凭证	正确完成记账凭证各要素填写	3
4	过账	根据所编制记账凭证正确过账	2

4. 知识自测

扫码任务测试

本模块任务参考答案

扫码实训

主要税费业务

本模块思维导图

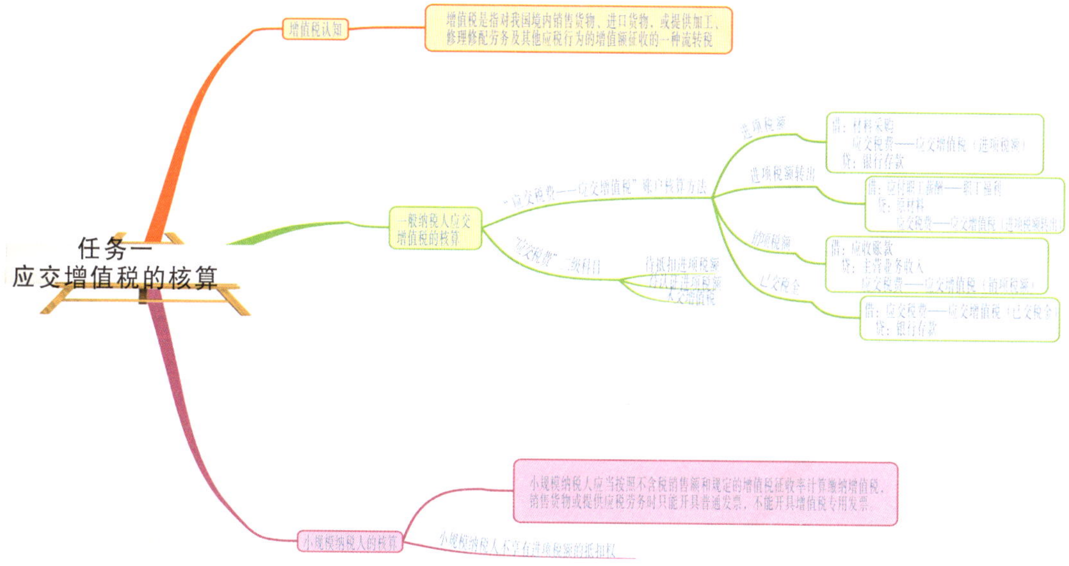

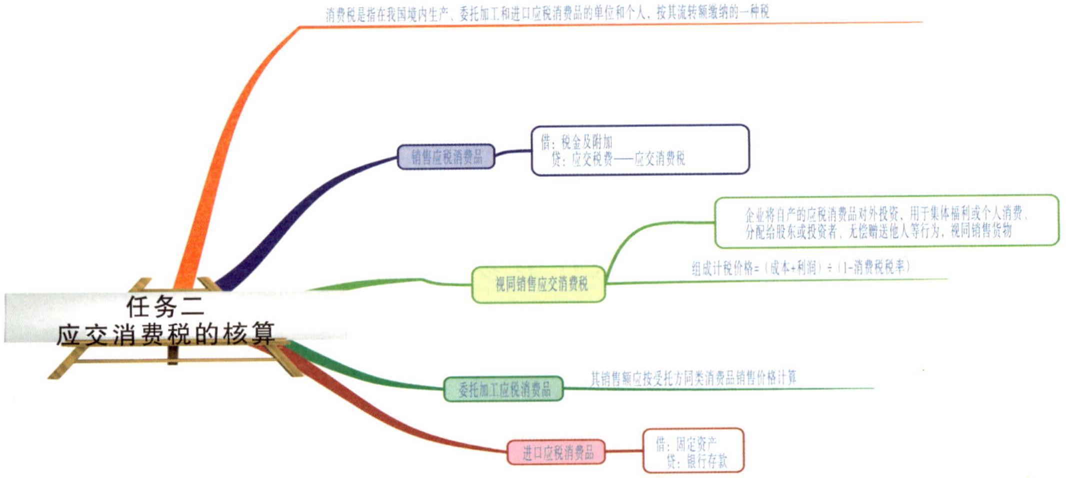
任务二
应交消费税的核算
消费税是指在我国境内生产、委托加工和进口应税消费品的单位和个人，按其流转额缴纳的一种税
销售应税消费品
借：税金及附加
贷：应交税费——应交消费税
视同销售应交消费税
企业将自产的应税消费品对外投资、用于集体福利或个人消费、分配给股东或投资者、无偿赠送他人等行为，视同销售货物
组成计税价格=（成本+利润）÷（1-消费税税率）
委托加工应税消费品
其销售额应按受托方同类消费品销售价格计算
进口应税消费品
借：固定资产
贷：银行存款

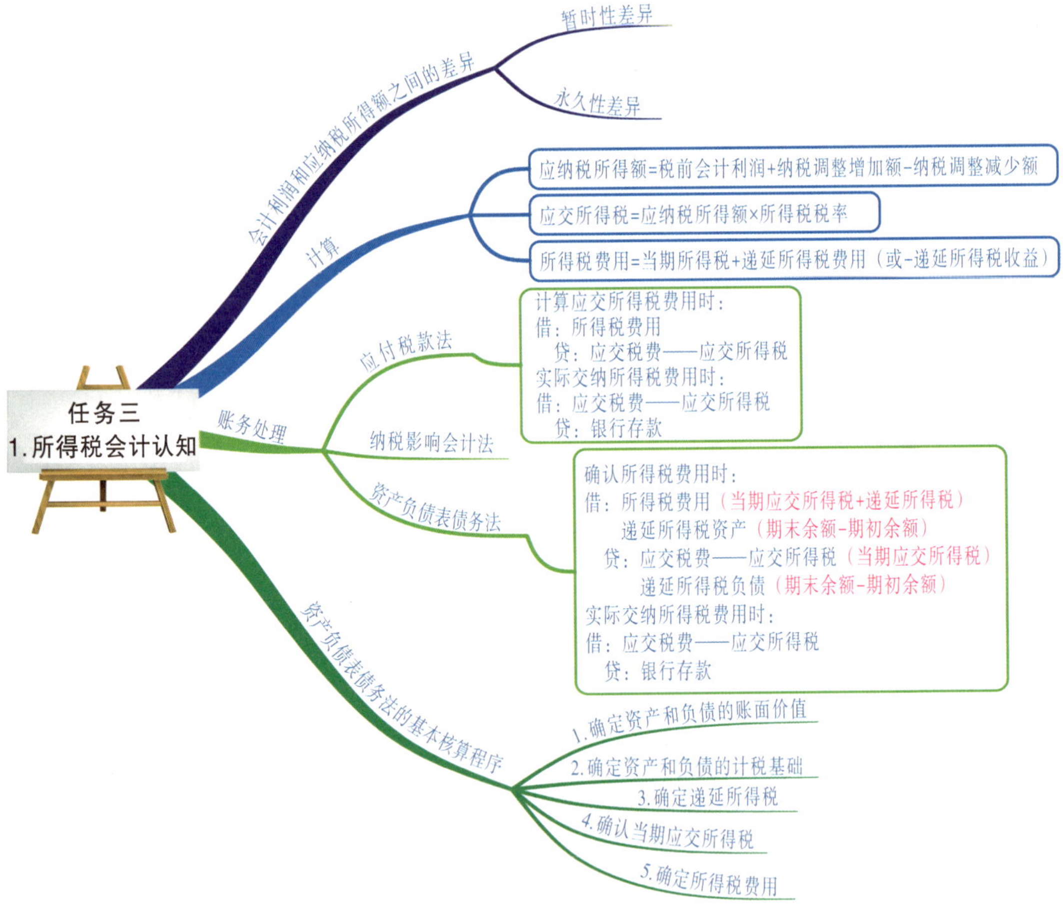
任务三
1. 所得税会计认知
会计利润和应纳税所得额之间的差异
暂时性差异
永久性差异
计算
应纳税所得额=税前会计利润+纳税调整增加额-纳税调整减少额
应交所得税=应纳税所得额×所得税税率
所得税费用=当期所得税+递延所得税费用（或-递延所得税收益）
账务处理
应付税款法
计算应交所得税费用时：
借：所得税费用
贷：应交税费——应交所得税
实际交纳所得税费用时：
借：应交税费——应交所得税
贷：银行存款
纳税影响会计法
资产负债表债务法
确认所得税费用时：
借：所得税费用（当期应交所得税+递延所得税）
递延所得税资产（期末余额-期初余额）
贷：应交税费——应交所得税（当期应交所得税）
递延所得税负债（期末余额-期初余额）
实际交纳所得税费用时：
借：应交税费——应交所得税
贷：银行存款
资产负债表债务法的基本核算程序
1. 确定资产和负债的账面价值
2. 确定资产和负债的计税基础
3. 确定递延所得税
4. 确认当期应交所得税
5. 确定所得税费用

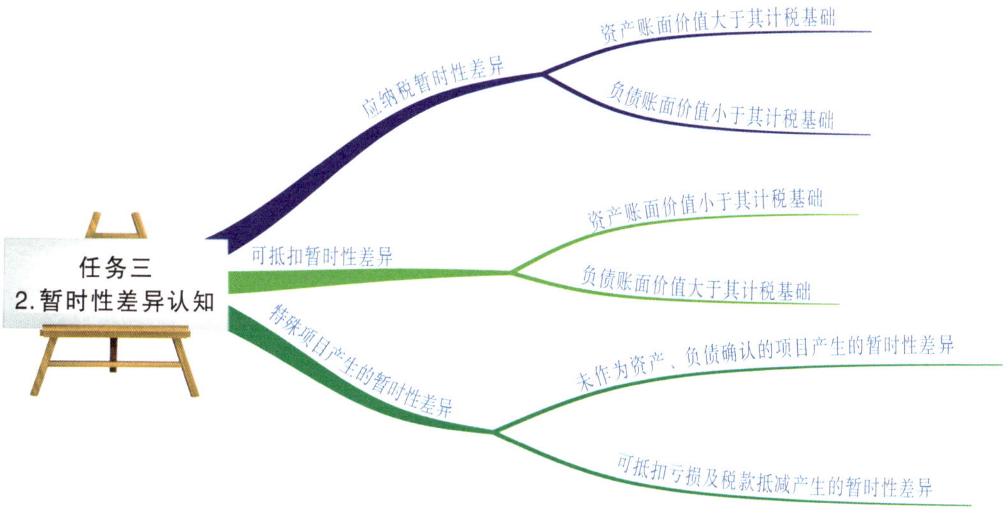
任务三
2.暂时性差异认知
应纳税暂时性差异
资产账面价值大于其计税基础
负债账面价值小于其计税基础
可抵扣暂时性差异
资产账面价值小于其计税基础
负债账面价值大于其计税基础
特殊项目产生的暂时性差异
未作为资产、负债确认的项目产生的暂时性差异
可抵扣亏损及税款抵减产生的暂时性差异

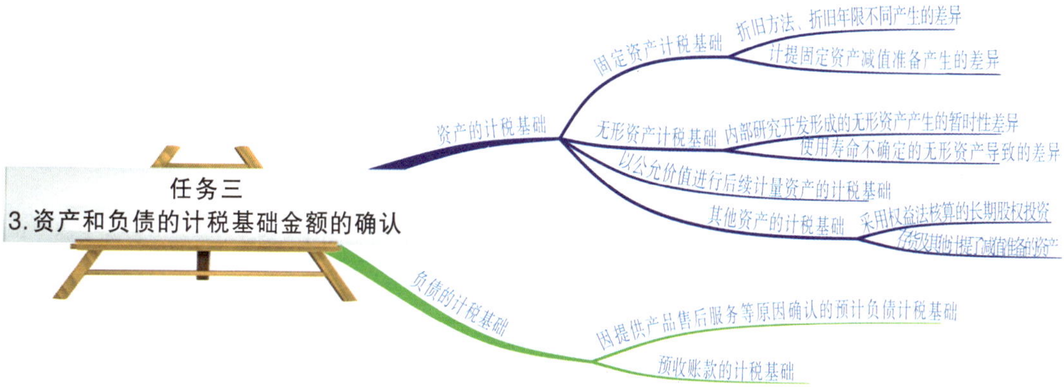
任务三
3.资产和负债的计税基础金额的确认
资产的计税基础
固定资产计税基础
折旧方法、折旧年限不同产生的差异
计提固定资产减值准备产生的差异
无形资产计税基础
内部研究开发形成的无形资产产生的暂时性差异
使用寿命不确定的无形资产导致的差异
以公允价值进行后续计量资产的计税基础
其他资产的计税基础
采用权益法核算的长期股权投资
存货及其他计提了减值准备的资产
负债的计税基础
因提供产品售后服务等原因确认的预计负债计税基础
预收账款的计税基础

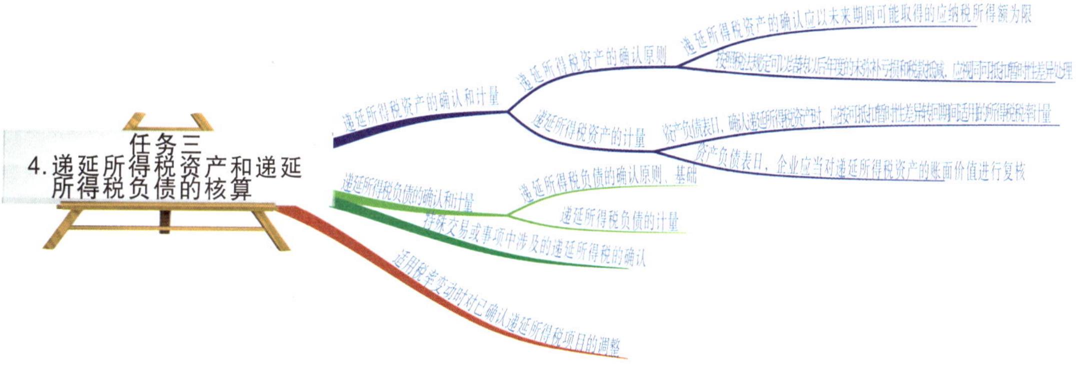
任务三
4.递延所得税资产和递延所得税负债的核算
递延所得税资产的确认和计量
递延所得税资产的确认原则
递延所得税资产的确认应以未来期间可能取得的应纳税所得额为限
按照税法规定可以结转以后年度的未弥补亏损和税款抵减，应视同可抵扣暂时性差异处理
递延所得税资产的计量
资产负债表日，确认递延所得税资产时，应按可抵扣暂时性差异转回期间适用的所得税税率计量
资产负债表日，企业应当对递延所得税资产的账面价值进行复核
递延所得税负债的确认和计量
递延所得税负债的确认原则、基础
递延所得税负债的计量
特殊交易或事项中涉及的递延所得税的确认
适用税率变动时对已确认递延所得税项目的调整

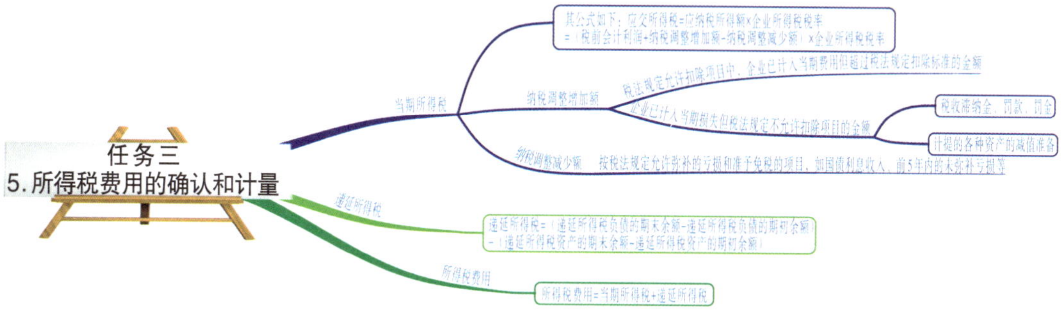
任务三
5.所得税费用的确认和计量
当期所得税
其公式如下：应交所得税=应纳税所得额×企业所得税税率
=（税前会计利润+纳税调整增加额-纳税调整减少额）×企业所得税税率
纳税调整增加额
税法规定允许扣除项目中，企业已计入当期费用但超过税法规定扣除标准的金额
企业已计入当期损失但税法规定不允许扣除项目的金额
税收滞纳金、罚款、罚金
计提的各种资产的减值准备
纳税调整减少额
按税法规定允许弥补的亏损和准予免税的项目，如国债利息收入、前5年内的未弥补亏损等
递延所得税
递延所得税=（递延所得税负债的期末余额-递延所得税负债的期初余额）
-（递延所得税资产的期末余额-递延所得税资产的期初余额）
所得税费用
所得税费用=当期所得税+递延所得税

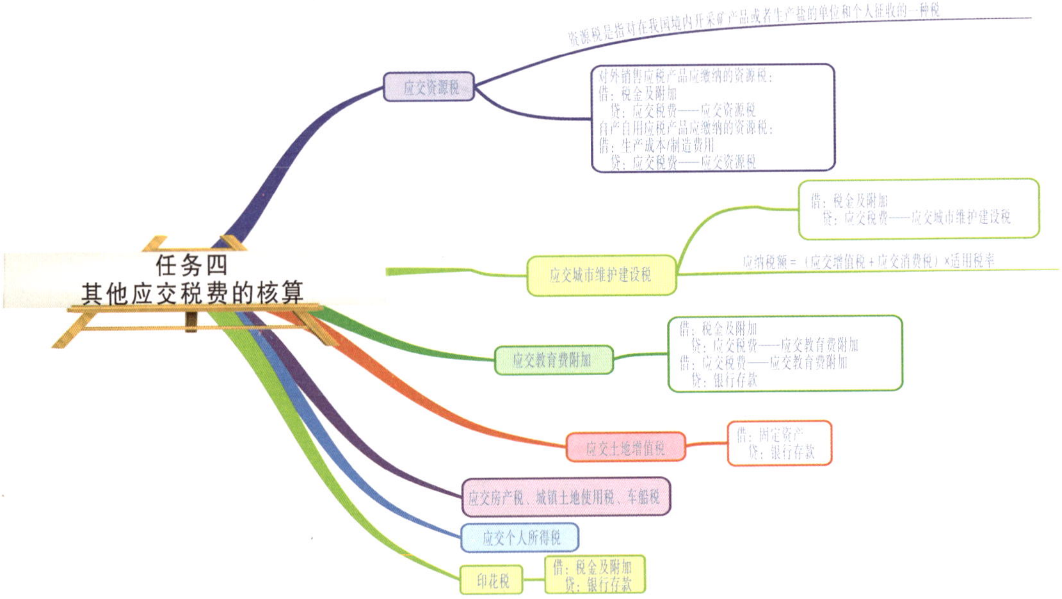

本模块学习评价与反馈：小组学习总结与PPT展示

学习过程评价小组自评表

班级	组名	日期	年 月 日
评价指标	评价内容	成绩评定	
信息检索	能有效利用网络、图书资源、工作手册查找有用的相关信息等；能用自己的语言有条理地去解释、表述所学知识；能将查到的信息有效地传递到工作中	👍 🙂 🙁	
感知工作	熟悉工作岗位，认同工作价值；在工作中能获得满足感	👍 🙂 🙁	
参与态度	积极主动参与工作，能吃苦耐劳，崇尚劳动光荣、技能宝贵；与教师、同学之间能够相互尊重、理解、平等相处；与教师、同学之间能够保持多向、丰富、适宜的信息交流	👍 🙂 🙁	
	探究式学习、自主学习不流于形式，处理好合作学习与独立思考的关系，做到有效学习；能提出有意义的问题或能发表个人见解；能按要求正确操作；能够倾听别人意见、协作共享	👍 🙂 🙁	
学习方法	操作技能符合规范；能按要求正确操作；获得了进一步学习的能力	👍 🙂 🙁	
工作过程	平时上课的出勤情况和每天完成工种任务情况；善于多角度分析问题，能主动发现、提出有价值的问题	👍 🙂 🙁	
思维态度	能发现问题、提出问题、分析问题、解决问题、创新问题	👍 🙂 🙁	

续表

评价指标	评价内容	成绩评定
自评反馈	按时按质完成工作任务；较好地掌握了专业知识点；具有较强的信息分析能力和理解能力；具有较为全面、严谨的思维能力并能条理清楚、明晰地表达成文	
小组评定		
有益的经验和做法		
从其他组得到的启发		
总结反馈建议		

教师评价表

班　级		组　名		姓　名
出勤情况				
评价内容	评价要点	考察要点	分数	分数评定
1. 任务描述、接受任务	口述内容细节	（1）表述仪态自然、吐字清晰	2分	表述仪态不自然或吐字模糊扣1分
		（2）表达思路清晰、层次分明、准确		表达思路模糊或层次不清扣1分
2. 任务分析、分组情况	依据原始凭证分析业务，小组分工	（1）分析原始凭证关键点准确	30分	表达思路模糊或层次不清扣20分
		（2）涉及理论知识回顾完整，分组分工明确		知识不完整扣5分，分工不明确扣5分
3. 任务实施	会计工作准备	（1）记账凭证准备	5分	每漏一项扣1分
		（2）书写用具准备		没有检查扣1分
		（3）辅助用具准备		实操期间缺失扣1分
	会计工作实施	（1）正确组合原始凭证	5分	选择错误扣1分，扣完为止
		（2）查阅资料，正确填制记账凭证并完成配套整理	25分	选择错误扣1分，扣完为止
		（3）正确完成审核任务	10分	
	现场恢复	（1）工作过程中保持环境干净、整洁	5分	每漏一项扣1分，扣完为止
		（2）办公室环境恢复	5分	每违反一项扣1分，扣完为止
4. 总结	任务总结	（1）依据自评分数	5分	
		（2）依据个人总结评分报告	8分	依据总结内容是否到位酌情给分
合　计			100分	

模块八

期末事项会计分析与应用

核心目标

- 能在完成过账的基础上进行账账、账证、账实核对，并在调账后予以结账，编制会计报表，培养对会计系统性基础工作的实务操作能力，具备会计工匠精神。

能力目标

- 1. 能在完成对账工作的基础上发现并解决对账中出现的问题。
- 2. 能根据财产清查结果正确进行账务处理。
- 3. 能根据账面记录编制资产负债表与利润表。

素养目标

- 树立会计系统性意识，培养精益求精的会计工匠精神。

案例引入

重庆渝中摩托制造有限公司2022年的期末事项业务如下：

查阅《财务会计实训》教材中以下原始凭证：12、17、68、69、报表。

问题思考：

1. 如何完成账证、账账核对？
2. 这些自制原始凭证的金额来源是什么？
3. 对确认无误的原始凭证如何进行账务处理？
4. 资产负债表、利润表的填列依据是什么？

期末事项及流程认知

期末事项是指会计期末生产经营业务以外的、为保证会计信息质量必须进行处理的事项，如财产清查、计提资产减值准备、对账、结账、编制会计报表等。其主要流程如图8.1.1所示。

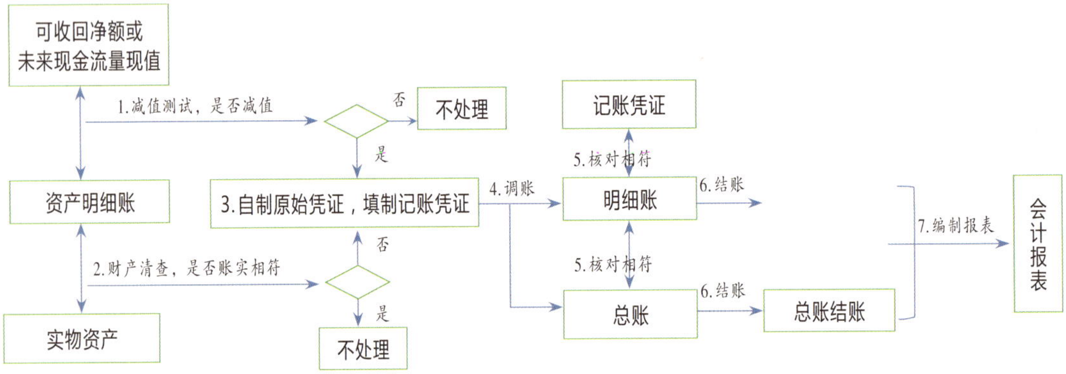

图8.1.1　期末事项处理流程示意图

任务8.1　财产清查与资产减值事项会计分析与应用

任务说明

在上期经营基础上，根据本月收到的票据（原始凭证12、17）进行业务分析，并进行记账凭证的规范编制；完成当前所有记账凭证顺序编号并进行明细账过账；完成1—10日、11—20日科目汇总表编制并登记总账；填制并审核68号原始凭证，据此编制记账凭证并过账。

学习目标

完成财产清查业务、资产减值业务，熟练地进行职业分析并正确地进行会计处理，树立资产管理意识。

知识储备

1. 财产清查与资产减值事项基本认知

（1）财产清查

扫码文字教材　　扫码微课视频

财产清查业务核算　　财产清查核算

清查前需要结出相关资产账面余额，做好清查用品准备与人员安排。

往来款项、银行存款采用对账方式确定实有数；现金及其他实物资产采用盘点方式确定实有数。

现金须日清月结；银行存款月末须与银行对账单核对；其他资产根据需要定期或不定期地进行清查。

（2）资产减值

扫码文字教材　　扫码微课视频

资产减值　　坏账准备核算

某资产的未来可收回金额现值低于其账面价值时即判定该资产发生减值。

非流动资产确定减值后不能转回。

2. 财产清查（盘亏）与资产减值业务常用账户对应关系

财产清查（盘亏）业务常用账户对应关系如图 8.1.2 所示。

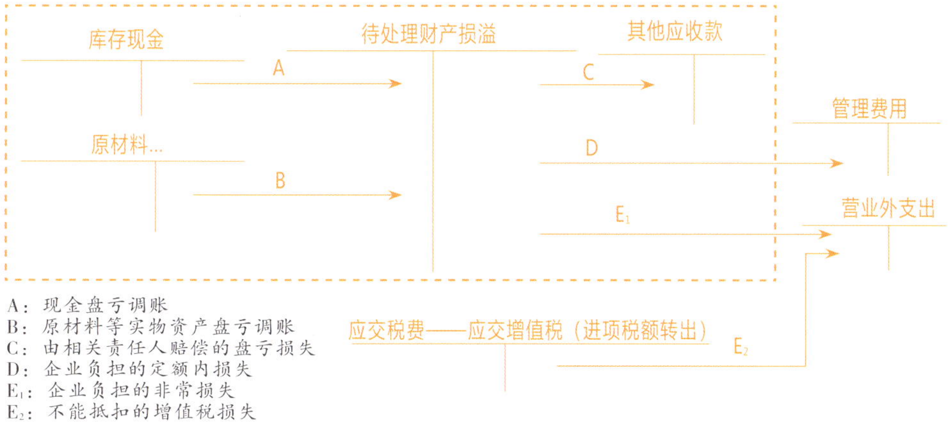

图 8.1.2　财产清查（盘亏）业务常用账户对应关系图

注：现金盘盈调账与 A 相反，无法查明原因的长款计入营业外收入。

资产减值业务常用账户对应关系如图 8.1.3 所示。

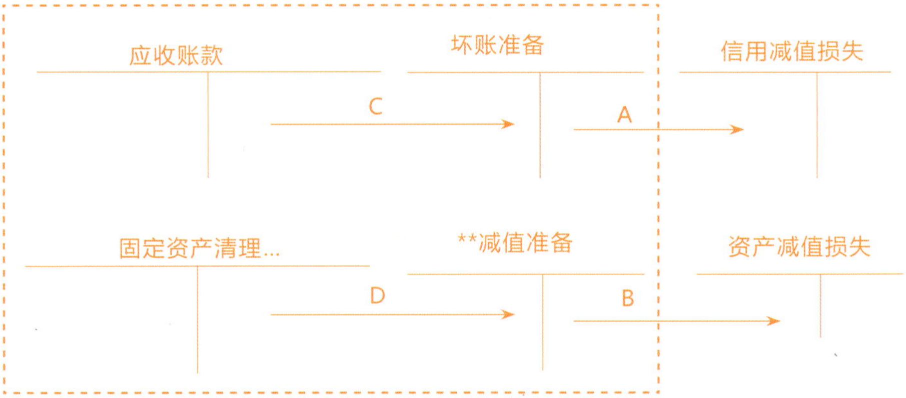

A：计提应收账款等信用资产坏账准备（也可能逆向冲减）
B：计提非信用资产减值准备
C：应收账款确认坏账
D：处置资产时结转其减值准备

图 8.1.3　资产减值业务常用账户对应关系图

学习情境描述

学习情境 8.1.1

会计主体：重庆日丽棉制品有限公司

原始凭证 8.1.1

重庆日丽棉制品有限公司

现金盘点报告表

2022 年 6 月 6 日

项　目	票　面	数　量	金　额	盘点异常及建议事项	
	100.00	20	2 000.00	由出纳进行赔偿	
	50.00	30	1 500.00		
	10.00	20	200.00		
	5.00	20	100.00		
	1.00	15	15.00		
	0.50	10	5.00	盘点结果及要点报告	
				盘亏	
				主管批示	
小　计			3 820.00	总经理	财务经理
账面数			3 920.00	同意。张林	同意。刘海
处理结果	盘盈				
	盘亏		100.00		

上列款项及票据于 2022 年 6 月 6 日 10 时 10 分盘点时本人在场，并同意赔偿。（无需通过“待处理财产损溢”账户）

出纳：陈婧　　监盘人：程怡

盘点人：陈婧　　复核人：张霞　　核准人：刘海

情境分析：

本情境为现金盘点时发生盘亏，但因出纳在现场，直接同意赔偿，故不用等待处理意见。该赔款于发放工资时扣取。出于管理需要，出纳不能直接给出现金补库，以免造成现金账实相符的假象。其会计处理为：

借：其他应收款——陈婧　　100.00

　贷：库存现金　　100.00

学习情境8.1.2

会计主体：重庆日丽棉制品有限公司

原始凭证8.1.2

重庆日丽棉制品有限公司

存货盘点盈亏报告表

2022年6月30日　　　　金额单位：元

存货类别	名称与规格	计量单位	结存数量		单价	盘盈		盘亏		原因
			账存	实存		数量	金额	数量	金额	
原材料——长绒棉	$L139B_1$	千克	300	60	15			240	3 600	自然灾害（泥石流）
	L335A	千克	200	20	12			180	2 160	
合计									5 760	

重庆日丽棉制品有限公司 财务专用章

财务主管：李慢　　审核：蔡燕　　制表：王庆

情境分析：

此情境为因泥石流导致财产损失而进行的临时盘点，因处理该事故需要报税务机关、保险机构等进行审批，时间较长，故先通过“待处理财产损溢”账户调整账面价值。其会计处理为：

借：待处理财产损溢——待处理流动资产损溢　　5 760.00

　贷：原材料——长绒棉（$L139B_1$）　　3 600.00

　　　　　——长绒棉（L335A）　　2 160.00

注：清查中发现盘盈、盘亏，应及时根据“存货盘点盈亏报告表”调整存货账面结存数。

原始凭证 8.1.3

重庆日丽棉制品有限公司

存货盘点盈亏结果审批表

2022 年 7 月 20 日

存货类别	名称与规格	计量单位	结存数量		单价	盘盈		盘亏		原　因	盘点异常及建议事项	
			账存	实存		数量	金额	数量	金额			
原材料——长绒棉	L139B₁	千克	300	60	15			240	3 600	自然灾害（泥石流）	扣除保险公司赔偿后转作营业外支出	
	L335A	千克	200	20	12			180	2 160			
											主管批示	
											总经理	财务经理
											同意。张林	同意。刘海
合　计									5 760			

财务主管：李慢　　　　审核：蔡燕　　　　制表：王庆

原始凭证 8.1.4

保险赔偿确认书

致：中国平安保险公司重庆分公司

兹有被保险人：重庆日丽棉制品有限公司 保险赔案（保单号：P160000033623958）项下的保险标的于2022年6月30日在重庆两江新区新梧路160号出险一案，经中国平安保险公司重庆分公司核定标的损失金额为￥5 760.00。在扣除保单约定的免赔额￥864.00后，最终同意接受赔偿￥4 896.00结案。

此致

敬礼

被保险人：重庆日丽棉制品有限公司

（签字、盖章）

签署日期：2022年7月20日

被保险人账户信息：重庆日丽棉制品有限公司

开户银行：重庆工商银行两江新区支行

账　　号：103801013001000６121

情境分析：

原始凭证 8.1.4 为保险公司财产损失理赔结果，原始凭证 8.1.3 为企业审批意见。相关资料已交税务机关备案。其增值税损失由国家承担（即允许进项扣除，不用作进项税额转出），总损失额为实物损失 5 760 元，扣除保险公司赔款 4 896 元后的损失 864 元由企业承担。其会计处理为：

借：其他应收款——保险公司　　4 896.00

　　营业外支出——非常损失　　864.00

　贷：待处理财产损溢——待处理流动资产损溢　　5 760.00

拓展知识：

如果资产毁损是由企业人为原因导致，则其损失还应包含对应的进项税额（由进项税额转出）。

学习情境 8.1.3

会计主体：重庆日丽棉制品有限公司

原始凭证 8.1.5

重庆日丽棉制品有限公司

坏账准备计提表

2022年6月30日　　　　单位：元

本期应收账款余额	计提比例	本期坏账准备期末余额	计提前坏账准备贷方余额	本期应提坏账准备数	备　注
268 760.00	2%	5 375.20	6 000.00	-624.80	只考虑对应收账款计提坏账准备

财务主管：李慢　　审核：蔡燕　　制表：王庆

情境分析：

此情境为自制原始凭证，用于计提当期坏账准备。经查，本期末应收账款账面余额为 268 760 元，按企业设定的坏账比例 2% 计算，应有坏账准备贷方余额 5 375.2 元。此前坏账准备已有贷方余额 6 000 元，故应冲减坏账准备 624.8 元。根据原始凭证 8.1.5，其会计处理为：

借：坏账准备　　624.80

　贷：信用减值损失——计提坏账准备　　624.80

同时，根据该会计处理登账。其中，坏账准备登账后账面记录如图 8.1.4、图 8.1.5 所示。

总　分　类　账

会计科目　应收账款　　　　第 09 页

2022年 月	日	凭证字号	摘要	借方金额（千百十万千百十元角分）	贷方金额（千百十万千百十元角分）	借/贷	余额（千百十万千百十元角分）
6	1		期初余额			借	30000000
6	30	科汇6	汇总1—30日	2000000	5124000	借	26876000

图 8.1.4　应收账款账页

总 分 类 账

会计科目 坏账准备　　　　　　第 13 页

2022年		凭证	摘要	借方金额										贷方金额										借/贷	余额									
月	日	字号		千	百	十	万	千	百	十	元	角	分	千	百	十	万	千	百	十	元	角	分		千	百	十	万	千	百	十	元	角	分
6	1		期初余额																					贷					6	0	0	0	0	0
6	30	科汇6	汇总1—30日						6	2	4	8	0											贷					5	3	7	5	2	0

图 8.1.5　坏账准备账页

拓展知识：

如果是对实物资产进行减值测试发生减值的，其会计处理为：

借：资产减值损失

　　贷：**资产减值准备

科目汇总表按年顺序编号。根据业务量自主确定汇总天数，可以10天汇总一次，也可以5天汇总一次，如业务量较小，也可一个月汇总一次。如果10天汇总一次，则每月3个号，到第6月时，应编号为科汇16、科汇17、科汇18。以此类推。

任务要求与分析

1.根据相关会计凭证与账簿，完成以下工作任务

（1）原始凭证12所发生的业务是__________，其相关账户为__________。填制并审核记账凭证。

（2）根据原始凭证17判断，本次盘点是盘盈还是盘亏？__________是否需要使用“待处理财产损溢”账户？__________填制并审核记账凭证。

（3）将当前所有记账凭证按时间顺序编号并进行明细账过账。

（4）完成1—10日、11—20日科目汇总表编制并登记总账。

（5）根据应收账款与坏账准备账面结果填制并审核第68号原始凭证，据此编制记账凭证并过账。

2.职业素养：会计工作中的工匠精神

会计过账其实是一个分类汇总的过程，也是手工账至关重要的一个环节，需要把耐心与细致做到极致。请结合工作过程，谈谈自己对会计工匠精神的认识。

____

____

3.任务评价（10%）

小组编号：		小组长姓名：	小组长评分：
序　号	评价内容	评价标准	分　值
1	原始凭证填制与审核	正确填制、审核原始凭证并描述业务	2
2	账户对应关系	相关账户及方向运用正确	1
3	记账凭证其他要素	正确填制日期及附件、制单、审核	1
4	记账凭证编号与过账	正确编写记账凭证号数并正确过账	3
5	科目汇总表编制与登账	正确编制科目汇总表并登记总账	3

4.知识自测

扫码任务测试

任务8.2　期末对账与结账工作应用

任务说明

结转损益类账户并过账；编制21—31日科目汇总表并登记总账；根据本期账面记录完成对账，编制各种平衡表；完成结账。

学习目标

能规范进行对账与结账，对会计系统性特点形成深刻认识。

知识储备

1.对账与试算平衡

（1）对账内容：总账与其所属明细账、日记账核对；明细账、日记账与记账凭证核对。

（2）试算平衡：编制试算平衡表，在保证期初余额、本期发生额、期末余额均平衡无误后再办理结账。

2.结账

（1）结账目的：用红线表示本期会计处理全部结束，并与下期会计处理隔断。

（2）结账方法：办理结账手续，划线结账。

年结用双红线，其他会计期间结账用单红线。

往来结算、实物资产类明细账，一般只需要在最后一笔业务底端划线结账，以表示与下期业务隔断。

成本费用类明细账、总账一般需要在最后一笔业务底端划线表示本期会计处理结束，然后进行本期发生额及余额的计算，完成后再划线表示与下月会计处理隔断。

学习情境描述

学习情境8.2.1

会计主体：重庆ZJ再生资源开发有限公司

月结账页如图8.2.1至图8.2.3所示。

总 分 类 账

会计科目 生产成本　　　　　　　　　　　　　　　　　　第 23 页

2022年 月	日	凭证字号	摘要	借方金额	贷方金额	借/贷	余额
5	1		期初余额			借	90692.80
5	31	科汇5	汇总1—31日	2172831.40	2223063.20	贷	40461.00

图 8.2.1　生产成本总账月结账页

生产成本　　明细账

二级科目 跳蹬6号段　　　　　　　　　　　　　　　　　　总第 23 页　分第 3 页

2022年 月	日	凭证字号	摘要	成本项目 直接材料	直接人工	制造费用	其他	合计
5	28		承前页	36428.97	5761.80	3456.35	4584.68	50231.80
5	30	记40	结转材料发出成本	632034.00				632034.00
5	30	***	计提职工薪酬		59972.23			59972.23
5	30	***	计提职工福利及利润分享计划		16104.00			16104.00
5	30	***	分配制造费用			384041.04		384041.04
5	30	***	结转完工成本	668462.97	81838.03	387497.39	4584.68	1142383.07
			本期生产费用合计	668462.97	81838.03	387497.39	4584.68	1142383.07
			本期结转生产费用	668462.97	81838.03	387497.39	4584.68	1142383.07

图 8.2.2　生产成本明细账月结账页（无在产品）

生产成本 明细账

二级科目 九江18号段　　　　总第 30 页 分第 3 页

2022年 月	日	凭证字号	摘要	直接材料	直接人工	制造费用	其他	合计
5	28		承前页	2542897	796180	248600	458423	4046100
5	30	记40	结转材料发出成本	50329200				50329200
5	30	***	计提职工工资及社保		11775998			11775998
5	30	***	计提职工福利及利润分享计划		1904300			1904300
5	30	***	分配制造费用			44058515		44058515
5	30	***	结转完工成本	50329200	13680298	44058515		108068013
			本期生产费用合计	52872097	14476478	44307115	458468	112114113
			本期结转生产费用	50329200	13680298	44058515		108068013
			月末在产品成本	2542897	796180	248600	458423	4046100

图 8.2.3 生产成本明细账月结账页（有在产品）

年结账页如图 8.2.4 所示

总 分 类 账

会计科目 坏账准备　　　　第 13 页

2022年 月	日	凭证字号	摘要	借方金额	贷方金额	借/贷	余额
6	1		期初余额			贷	600000
6	30	科汇6	汇总1—30日	62480		贷	537520
			***				
			***				
			***				
			***				
			***				
12	31	科汇12	汇总1—31日		126000	贷	526000
			结转下年				526000

图 8.2.4 坏账准备总账年结账页

总账及其明细账试算表（示意）见表8.2.1。

表8.2.1　　**总账及其明细账试算表（示意）**

总账账户	明细账账户	期初余额		本期发生额		期末余额	
		借方	贷方	借方	贷方	借方	贷方
库存现金		4 000.00		3 000.00	5 000.00	2 000.00	
	库存现金（日记账）	4 000.00		5 000.00	6 000.00	3 000.00	
银行存款		100 000.00		150 000.00	200 000.00	50 000.00	
	工商银行	20 000.00		50 000.00	50 000.00	20 000.00	
	建设银行	80 000.00		100 000.00	150 000.00	30 000.00	
	明细账合计	100 000.00		150 000.00	200 000.00	50 000.00	
生产成本		90 692.80		2 172 831.40	2 223 063.20	40 461.00	
	跳蹬6号段	50 231.80		1 092 151.27	1 142 383.07	—	
	九江18号段	40 461.00		1 080 680.13	1 080 680.13	40 461.00	
	明细账合计	90 692.80		2 172 831.40	2 223 063.20	40 461.00	

情境分析：

此情境为根据所登记的总账记录及其所属的明细账期初余额、本期发生额及期末余额进行登记，以查验总账与其所属的明细账合计数是否相等。

学习情境8.2.2

会计主体：重庆ZJ再生资源开发有限公司

试算平衡表见表8.2.2。

表8.2.2　　**试算平衡表**

会计科目	期初余额		本期发生额		期末余额	
	借方	贷方	借方	贷方	借方	贷方
库存现金	4 000.00		3 000.00	5 000.00	2 000.00	
银行存款	100 000.00		150 000.00	200 000.00	50 000.00	
原材料	130 000.00		30 000.00	80 000.00	80 000.00	
债权投资	60 000.00		50 000.00	50 000.00	60 000.00	
固定资产	300 000.00		80 000.00	70 000.00	310 000.00	
应付账款		120 000.00	60 000.00	50 000.00		110 000.00
应付债券		40 000.00	40 000.00	10 000.00		10 000.00
应付职工薪酬		30 000.00	30 000.00	20 000.00		20 000.00
应交税费		10 000.00	20 000.00	20 000.00		10 000.00
实收资本		100 000.00		20 000.00		120 000.00
⋮						
合　计	=		=		=	

情境分析：

此情境为根据总账账户相关记录进行余额与发生额的试算平衡，为资产负债表与利润表的编制做准备。

任务要求与分析

1.根据账面记录完成以下工作：

（1）根据损益类账户账面记录结果编制记账凭证并过账，结平损益类账户。

（2）编制21—31日科目汇总表并登记总账。

（3）在本期全部记账凭证编制完成并登记入账的基础上，对明细账、总账进行月末结账。

（4）根据总账登记结果进行试算平衡表的编制。

2.职业素养：会计核算结果自成体系，有许多勾稽平衡关系

根据实际工作过程，阐述截至目前遇到的会计平衡关系。

____

____

3.任务评价（5%）

小组编号：		小组长姓名：	小组长评分：
序号	评价内容	评价标准	分值
1	结转损益	正确结转损益并过账	1
2	明细账结账	根据不同类型的明细账进行结账	1
3	总账结账	正确办理结账手续并划线结账	1
4	编制试算平衡表	正确编写试算平衡表	2

任务8.3 会计报表编制工作应用

任务说明

根据相关账面记录规范编制资产负债表与利润表，为相关报表使用者提供决策服务。

学习目标

编制会计报表，领会会计服务与管理职能。

知识储备

扫码文字教材

报表编制业务

扫码微课视频

资产负债表

一套完整的财务报表至少应当包括资产负债表、利润表、现金流量表、所有者权益（或股东权益，下同）变动表以及附注。本任务仅以完成资产负债表和利润表的简单编制为目的，其他财务报表将在“财务报表编制与分析”课程中进行学习。

1.资产负债表

编制原理：资产=负债+所有者权益

填制依据：相关总账与明细账期末余额。

填制方法：

①根据相关账户期末余额直接填写或汇总后填写：如“交易性金融资产”“短期借款”“应付票据”“应付职工薪酬”“货币资金”等项目。

②根据明细账科目余额计算填列。如“应付账款”项目需要根据“应付账款”和“预付账款”两个科目所属的相关明细科目的期末贷方余额计算填列；“预收款项”项目需要根据“应收账款”和“预收账款”两个科目所属的相关明细科目的期末贷方余额计算填列；“开发支出”项目需要根据“研发支出”所属的“资本化支出”明细科目计算填列；“应交税费”项目也需要根据其明细账进行分析，确定是否有记入“其他流动资产”“其他流动负债”项目的“待认证进项税额”“待转销项税额”等。

③根据总账科目和明细账科目余额分析计算填列。如“长期借款”项目需要根据“长期借款”总账科目余额扣除“长期借款”科目所属的明细科目中将在1年内到期且企业不能自主将清偿义务展期的长期借款后的金额计算填列；“长期待摊费用”项目应根据“长期待摊费用”期末余额减去将于一年（含一年）内摊销的数额后的金额填列。

④根据有关科目余额减去其备抵科目余额后的净额填列。一般计提了折旧（或摊销）、资产减值损失（或信用减值损失）的资产，均需要按其账面净值填列相关资产项目。如“应收账款”项目需要在“应收账款”和“预收账款”两个科目所属的相关明细科目的期末借方余额计算基础上，再减去“坏账准备”中相关期末余额后填列；“固定资产”项目应当根据“固定资产”科目的期末余额减去“累计折旧”“固定资产减值准备”备抵科目余额后的净额填列。

⑤综合运用上述填列方法分析填列。如“存货”项目应根据“原材料”“委托加工物资”“周转材料”“材料采购”“在途物资”“发出商品”“材料成本差异”“存货跌价准备”等总账科目期末余额的分析汇总数填列。“未分配利润”项目平时根据“利润分配——未分配利润”“本年利润”科目分析填列，年终根据“利润分配——未分配利润”科目余额填列。

2.利润表

编制原理：收入−费用=利润

填制依据：相关损益类账户本期发生额。

编制方法：多步式计算填列。其中，营业收入包括主营业务收入和其他业务收入。

学习情境描述

会计主体：重庆红星机械股份有限公司

学习情境8.3.1

重庆红星机械股份有限公司2021年12月31日的资产负债表（上年年末余额略）及2022年12月31日的科目余额表分别见表8.3.1和表8.3.2。

表8.3.1　　资产负债表　　会企01表

编制单位：重庆红星机械股份有限公司　　2021年12月31日　　单位：元

资产	期末余额	上年年末余额	负债和股东权益	期末余额	上年年末余额
流动资产：			流动负债：		
货币资金	1 406 300.00		短期借款	300 000.00	
交易性金融资产	15 000.00		交易性金融负债		
衍生金融资产			衍生金融负债		
应收票据	246 000.00		应付票据	200 000.00	
应收账款	299 100.00		应付账款	953 800.00	
预付款项	100 000.00		预收款项		
其他应收款	5 000.00		合同负债		
存货	2 580 000.00		应付职工薪酬	110 000.00	
合同资产			应交税费	36 600.00	
持有待售资产			其他应付款	51 000.00	
一年内到期的非流动资产			持有待售负债		
其他流动资产	100 000.00		一年内到期的非流动负债	1 000 000.00	
流动资产合计	4 751 400.00		其他流动负债		
非流动资产：			流动负债合计	2 651 400.00	
债权投资			非流动负债：		
其他债权投资			长期借款	600 000.00	
长期应收款			应付债券		
长期股权投资	250 000.00		其中：优先股		
其他非流动金融资产			永续债		
投资性房地产			长期应付款		
固定资产	1 100 000.00		预计负债		
在建工程	1 500 000.00		递延收益		
生产性生物资产			递延所得税负债		
油气资产			其他非流动负债		
使用权资产			非流动负债合计	600 000.00	
无形资产	600 000.00		负债合计	3 251 400.00	
开发支出			股东权益：		
商誉			股本	4 000 000.00	
长期待摊费用			其他权益工具		
递延所得税资产			其中：优先股		
其他非流动资产	200 000.00		永续债		
非流动资产合计	3 650 000.00		资本公积	700 000.00	
			减：库存股		
			其他综合收益	300 000.00	
			专项储备		
			盈余公积	100 000.00	
			未分配利润	50 000.00	
			股东权益合计	5 150 000.00	
资产总计	8 401 400.00		负债和股东权益总计	8 401 400.00	

表 8.3.2

科目余额表

2022 年 12 月 31 日

单位：元

科目名称	借方余额	科目名称	贷方余额
库存现金	2 000.00	短期借款	50 000.00
银行存款	786 135.00	应付票据	100 000.00
其他货币资金	7 300.00	应付账款	953 800.00
交易性金融资产		其他应付款	50 000.00
应收票据	66 000.00	应付职工薪酬	180 000.00
应收账款	600 000.00	应交税费	226 731.00
坏账准备	-1 800.00	应付利息	
预付账款	100 000.00	应付股利	118 620.00
其他应收款	5 000.00		
材料采购	275 000.00	长期借款	1 160 000.00
原材料	45 000.00	股本	4 000 000.00
周转材料	38 050.00	资本公积	700 000.00
库存商品	2 122 400.00	其他综合收益	400 000.00
材料成本差异	4 250.00	盈余公积	124 770.00
其他流动资产	90 000.00	利润分配——未分配利润	104 314.00
长期股权投资	250 000.00		
固定资产	2 401 000.00		
累计折旧	-170 000.00		
固定资产减值准备	-30 000.00		
工程物资	250 000.00		
在建工程	721 390.00		
无形资产	600 000.00		
累计摊销	-60 000.00		
递延所得税资产	9 900.00		
其他非流动资产	56 610.00		
合　计	8 168 235.00	合　计	8 168 235.00

根据上述资料，编制重庆红星机械股份有限公司 2022 年 12 月 31 日的资产负债表，见表 8.3.3。

表 8.3.3

资产负债表

会企 01 表

编制单位：重庆红星机械股份有限公司　　2022 年 12 月 31 日　　单位：元

资产	期末余额	上年年末余额	负债和股东权益	期末余额	上年年末余额
流动资产：			流动负债：		
货币资金	795 435.00	1 406 300.00	短期借款	50 000.00	300 000.00
交易性金融资产		15 000.00	交易性金融负债		
衍生金融资产			衍生金融负债		
应收票据	66 000.00	246 000.00	应付票据	100 000.00	200 000.00
应收账款	598 200.00	299 100.00	应付账款	953 800.00	953 800.00
应收账款融资			预收款项		
预付款项	100 000.00	100 000.00	合同负债		
其他应收款	5 000.00	5 000.00	应付职工薪酬	180 000.00	110 000.00
存货	2 484 700.00	2 580 000.00	应交税费	226 731.00	36 600.00
合同资产			其他应付款	168 620.00	51 000.00
持有待售资产			持有待售负债		
一年内到期的非流动资产			一年内到期的非流动负债		1 000 000.00
其他流动资产	90 000.00	100 000.00	其他流动负债		
流动资产合计	4 139 335.00	4 751 400.00	流动负债合计	1 679 151.00	2 651 400.00
非流动资产：			非流动负债：		
债权投资			长期借款	1 160 000.00	600 000.00
其他债权投资			应付债券		
长期应收款			其中：优先股		
长期股权投资	250 000.00	250 000.00	永续债		
其他非流动金融资产			长期应付款		
投资性房地产			预计负债		
固定资产	2 201 000.00	1 100 000.00	递延收益		
在建工程	971 390.00	1 500 000.00	递延所得税负债		
生产性生物资产			其他非流动负债		
油气资产			非流动负债合计	1 160 000.00	600 000.00
使用权资产			负债合计	2 839 151.00	3 251 400.00
无形资产	540 000.00	600 000.00	股东权益：		
开发支出			股本	4 000 000.00	4 000 000.00
商誉			其他权益工具		
长期待摊费用			其中：优先股		
递延所得税资产	9 900.00		永续债		
其他非流动资产	56 610.00	200 000.00	资本公积	700 000.00	700 000.00
非流动资产合计	4 028 900.00	3 650 000.00	减：库存股		
			其他综合收益	400 000.00	300 000.00
			盈余公积	124 770.00	100 000.00
			未分配利润	104 314.00	50 000.00
			股东权益合计	5 329 084.00	5 150 000.00
资产总计	8 168 235.00	8 401 400.00	负债和股东权益总计	8 168 235.00	8 401 400.00

情境分析：

以上情境为根据年末相关资产、负债、所有者权益账户期末余额分析计算填列资产负债表期末余额数，同时可以与上年会计报表期末余额进行对比，分析企业财务状况。

学习情境8.3.2

重庆红星机械股份有限公司2022年度有关利润表相关账户本年累计发生净额见表8.3.4。

表8.3.4　**2022年度损益类科目累计发生净额**　单位：元

科目名称	借方发生额	贷方发生额
主营业务收入		1 250 000.00
主营业务成本	750 000.00	
税金及附加	2 000.00	
销售费用	20 000.00	
管理费用	157 100.00	
财务费用	41 500.00	
资产减值损失	30 900.00	
投资收益		31 500.00
资产处置损益		30 000.00
营业外收入		20 000.00
营业外支出	19 700.00	
所得税费用	112 596.00	
其他综合收益		100 000.00

根据上述资料，编制重庆红星机械股份有限公司2022年度利润表，见表8.3.5。

表8.3.5　**利润表**　会企02表

编制单位：重庆红星机械股份有限公司　2022年度　单位：元

重庆红星机械股份有限公司

项　目	本期金额	上期金额
一、营业收入	1 250 000.00	（略）
减：营业成本	750 000.00	
税金及附加	2 000.00	
销售费用	20 000.00	
管理费用	157 100.00	
研发费用		
财务费用	41 500.00	
其中：利息费用	—	
利息收入		
加：其他收益	—	
投资收益（损失以“-”号填列）	31 500.00	

续表

项　目	本期金额	上期金额
其中：对联营企业和合营企业的投资收益	—	
以摊余成本计量的金融资产终止确认收益（损失以“-”号填列）		
净敞口套期收益（损失以“-”号填列）	—	
公允价值变动收益（损失以“-”号填列）	—	
信用减值损失（损失以“-”号填列）	—	
资产减值损失（损失以“-”号填列）	-30 900.00	
资产处置收益（损失以“-”号填列）	30 000.00	
二、营业利润（亏损以“-”号填列）	310 000.00	
加：营业外收入	20 000.00	
减：营业外支出	19 700.00	
三、利润总额（亏损总额以“-”号填列）	310 300.00	
减：所得税费用	112 596.00	
四、净利润（净亏损以“-”号填列）	197 704.00	
（一）持续经营净利润（净亏损以“-”号填列）	197 704.00	
（二）终止经营净利润（净亏损以“-”号填列）		
五、其他综合收益的税后净额	100 000.00	
（一）不能重分类进损益的其他综合收益	略	
1.重新计量设定受益计划变动额		
2.权益法不能转损益的其他综合收益		
3.其他权益工具投资公允价值变动		
4.企业自身信用风险公允价值变动		
⋮		
（二）将重分类进损益的其他综合收益	略	
1.权益法下可转损益的其他综合收益		
2.其他债权投资公允价值变动		
3.金融资产重分类计入其他综合收益的金额		
4.其他债权投资信用减值准备		
5.现金流量套期储备		
6.外币财务报表折算差额		
⋮		
六、综合收益总额	297 704.00	
七、每股收益	—	
（一）基本每股收益		
（二）稀释每股收益		

情境分析：

表 8.3.5 根据表 8.3.4 相关损益类账户本年累计发生额计算填列。

任务要求与分析

1.根据试算平衡表与报表项目分析以下问题

（1）填列“货币资金”项目应查找的相关账户有________________。

（2）填列“应收账款”项目应查找的相关账户有________________。

（3）填列“存货”项目应查找的相关账户有________________。

（4）填列“无形资产”项目应查找的相关账户有________________。

（5）填列“其他应付款”项目应查找的相关账户有________________。

（6）填列“未分配利润”项目应查找的相关账户有________________。

2.职业素养：树立会计服务意识——会计工作服务于企业与社会

编制财务报告是为满足相关使用者的决策与管理需要，是会计工作最重要的一环，必须提供真实可靠的信息才能发挥会计在管理工作中应有的作用。结合实际案例，阐述财务报告的重要性。

____

____

3.任务评价（5%）

小组编号：		小组长姓名：	小组长评分：
序号	评价内容	评价标准	分值
1	资产负债表编制	正确编制资产负债表	7
2	利润表编制	正确编制利润表	3

4.知识自测

扫码任务测试

本模块任务参考答案

扫码实训

期末事项

本模块思维导图

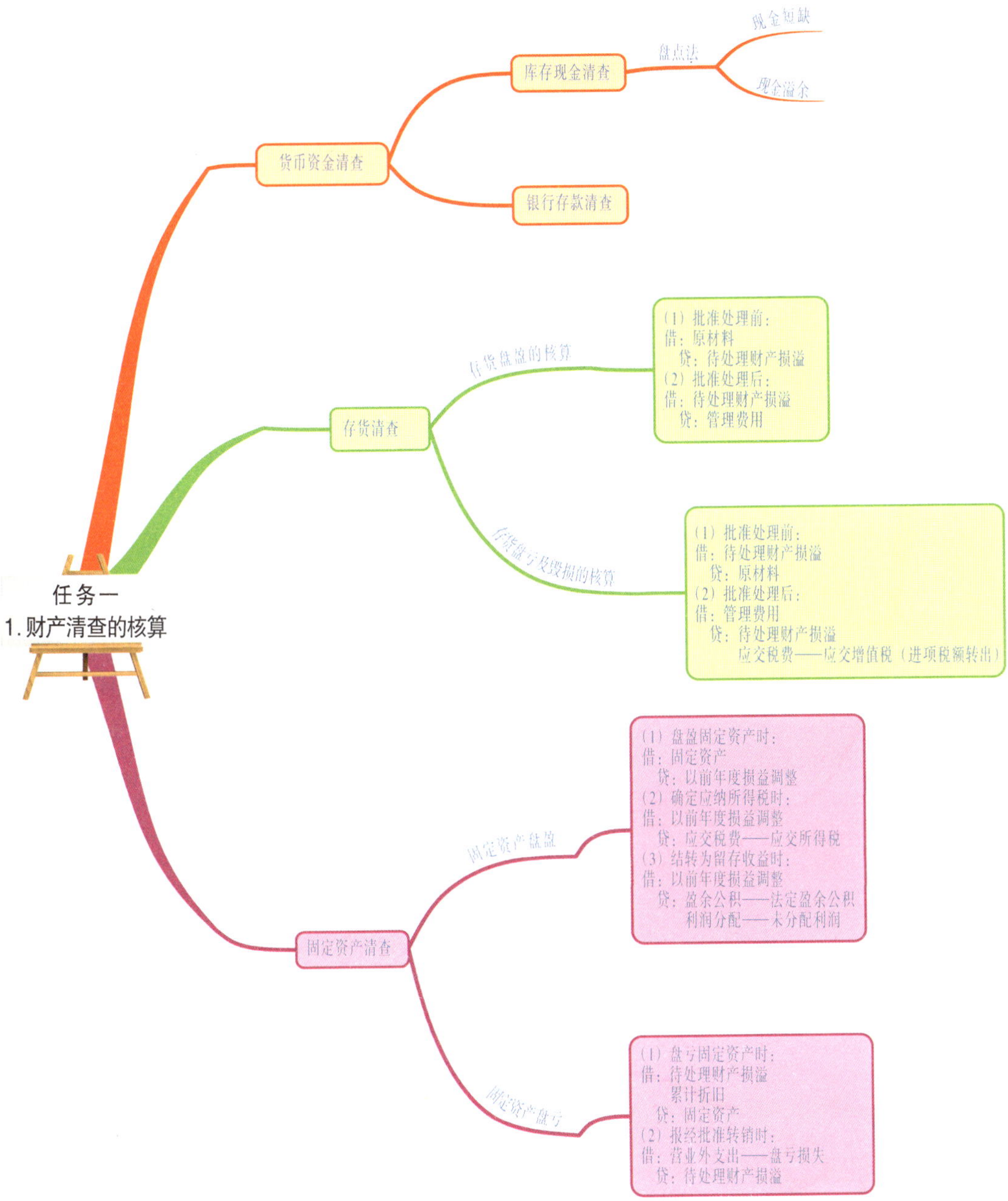
任务一
1. 财产清查的核算
货币资金清查
库存现金清查
盘点法
现金短缺
现金溢余
银行存款清查
存货清查
存货盘盈的核算
（1）批准处理前：
借：原材料
贷：待处理财产损溢
（2）批准处理后：
借：待处理财产损溢
贷：管理费用
存货盘亏及毁损的核算
（1）批准处理前：
借：待处理财产损溢
贷：原材料
（2）批准处理后：
借：管理费用
贷：待处理财产损溢
应交税费——应交增值税（进项税额转出）
固定资产清查
固定资产盘盈
（1）盘盈固定资产时：
借：固定资产
贷：以前年度损益调整
（2）确定应纳所得税时：
借：以前年度损益调整
贷：应交税费——应交所得税
（3）结转为留存收益时：
借：以前年度损益调整
贷：盈余公积——法定盈余公积
利润分配——未分配利润
固定资产盘亏
（1）盘亏固定资产时：
借：待处理财产损溢
累计折旧
贷：固定资产
（2）报经批准转销时：
借：营业外支出——盘亏损失
贷：待处理财产损溢

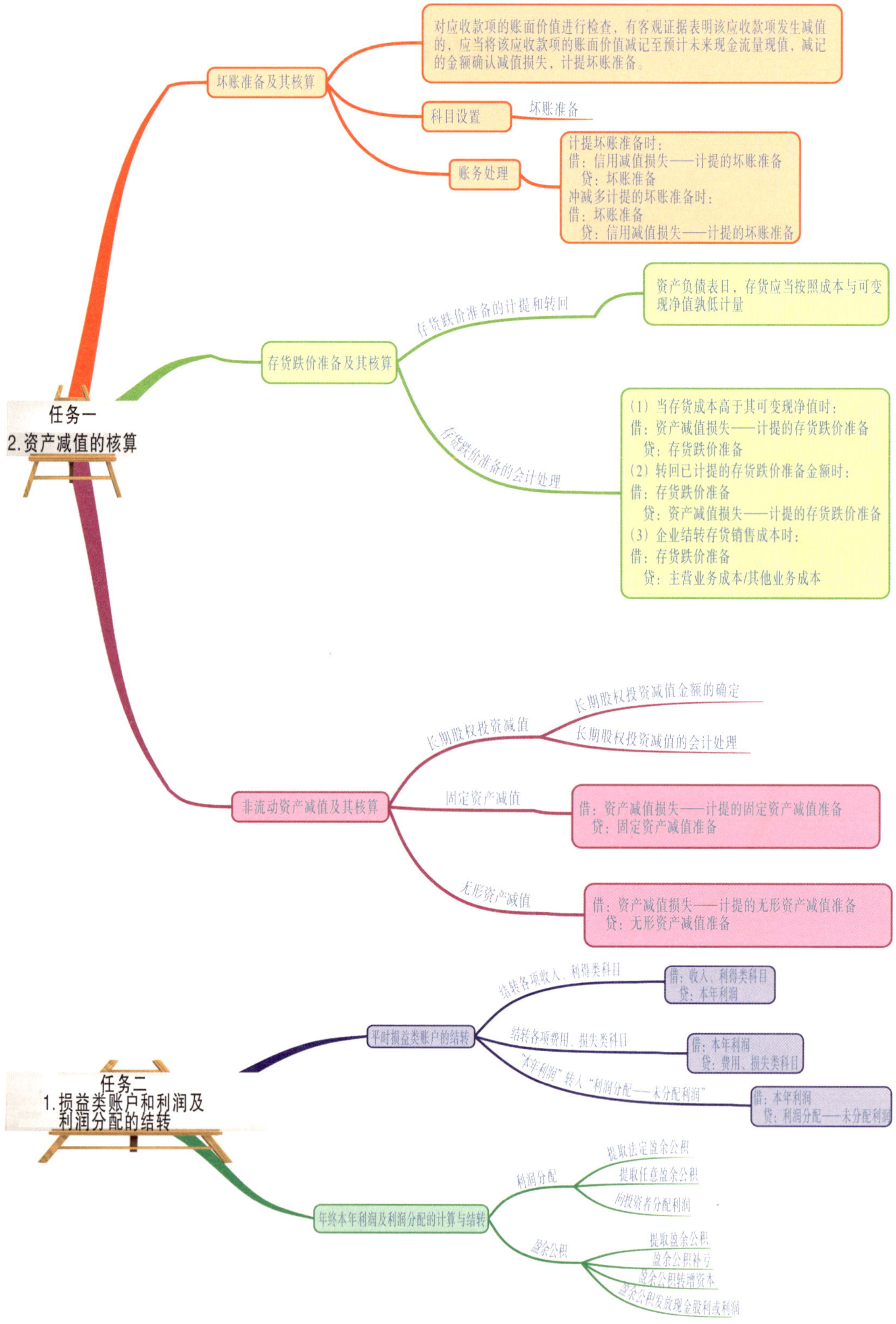
任务一
2.资产减值的核算
坏账准备及其核算
对应收款项的账面价值进行检查，有客观证据表明该应收款项发生减值的，应当将该应收款项的账面价值减记至预计未来现金流量现值，减记的金额确认减值损失，计提坏账准备。
科目设置
坏账准备
账务处理
计提坏账准备时：
借：信用减值损失——计提的坏账准备
贷：坏账准备
冲减多计提的坏账准备时：
借：坏账准备
贷：信用减值损失——计提的坏账准备
存货跌价准备及其核算
存货跌价准备的计提和转回
资产负债表日，存货应当按照成本与可变现净值孰低计量
存货跌价准备的会计处理
（1）当存货成本高于其可变现净值时：
借：资产减值损失——计提的存货跌价准备
贷：存货跌价准备
（2）转回已计提的存货跌价准备金额时：
借：存货跌价准备
贷：资产减值损失——计提的存货跌价准备
（3）企业结转存货销售成本时：
借：存货跌价准备
贷：主营业务成本/其他业务成本
非流动资产减值及其核算
长期股权投资减值
长期股权投资减值金额的确定
长期股权投资减值的会计处理
固定资产减值
借：资产减值损失——计提的固定资产减值准备
贷：固定资产减值准备
无形资产减值
借：资产减值损失——计提的无形资产减值准备
贷：无形资产减值准备
任务二
1.损益类账户和利润及利润分配的结转
平时损益类账户的结转
结转各项收入、利得类科目
借：收入、利得类科目
贷：本年利润
结转各项费用、损失类科目
借：本年利润
贷：费用、损失类科目
“本年利润”转入“利润分配——未分配利润”
借：本年利润
贷：利润分配——未分配利润
年终本年利润及利润分配的计算与结转
利润分配
提取法定盈余公积
提取任意盈余公积
向投资者分配利润
盈余公积
提取盈余公积
盈余公积补亏
盈余公积转增资本
盈余公积发放现金股利或利润

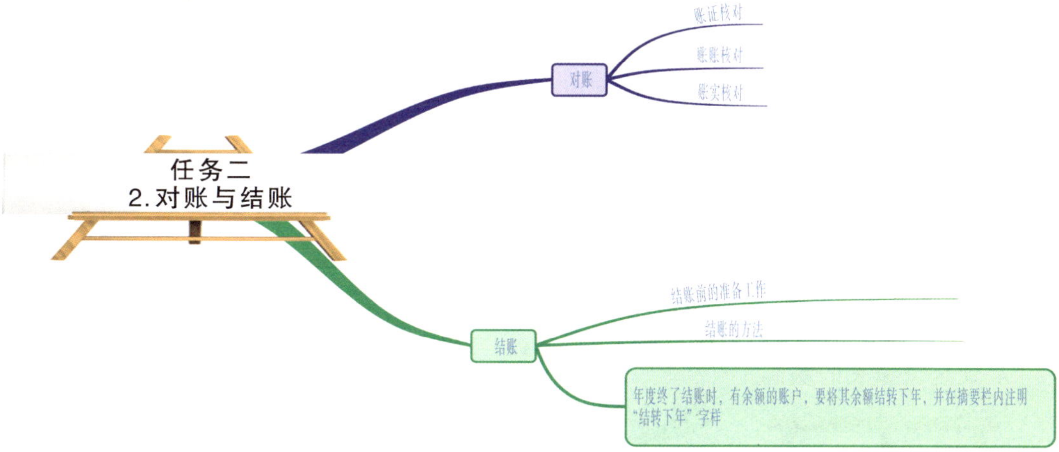
任务二
2.对账与结账
对账
账证核对
账账核对
账实核对
结账
结账前的准备工作
结账的方法
年度终了结账时，有余额的账户，要将其余额结转下年，并在摘要栏内注明“结转下年”字样

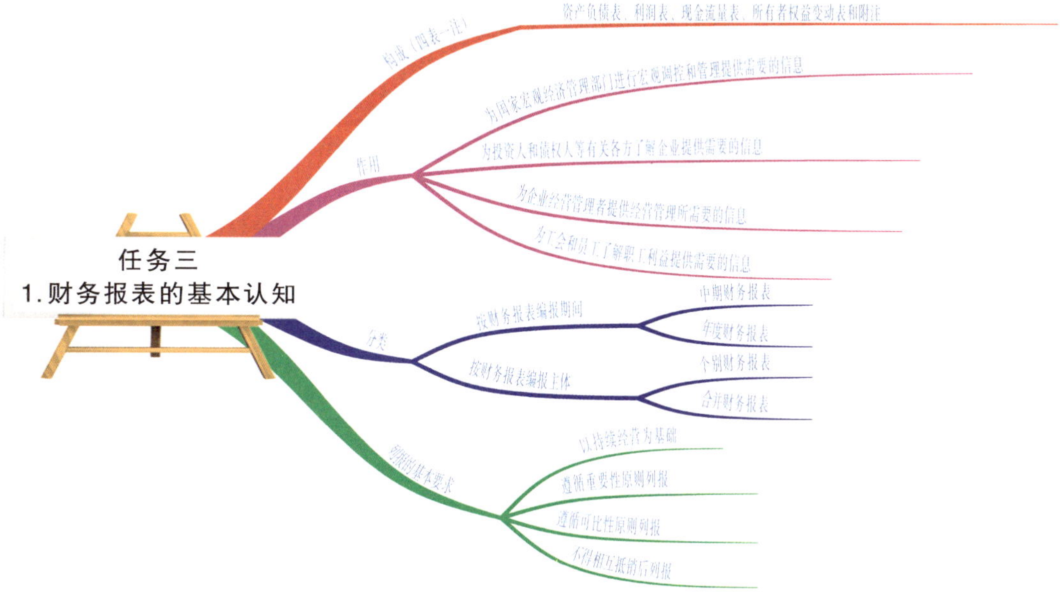
任务三
1.财务报表的基本认知
构成（四表一注）
资产负债表、利润表、现金流量表、所有者权益变动表和附注
作用
为国家宏观经济管理部门进行宏观调控和管理提供需要的信息
为投资人和债权人等有关各方了解企业提供需要的信息
为企业经营管理者提供经营管理所需要的信息
为工会和员工了解职工利益提供需要的信息
分类
按财务报表编报期间
中期财务报表
年度财务报表
按财务报表编报主体
个别财务报表
合并财务报表
列报的基本要求
以持续经营为基础
遵循重要性原则列报
遵循可比性原则列报
不得相互抵销后列报

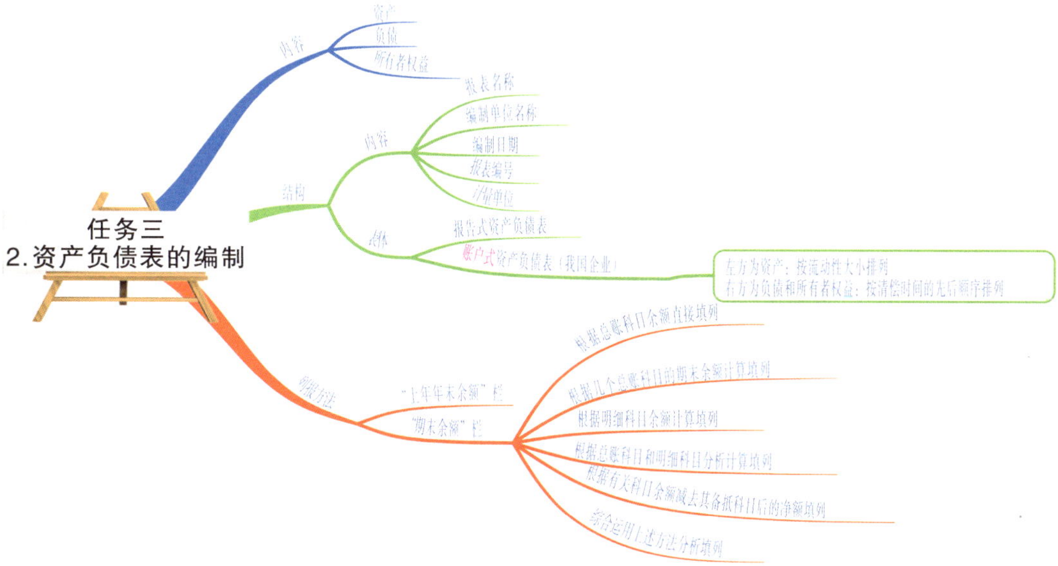
任务三
2.资产负债表的编制
内容
资产
负债
所有者权益
结构
内容
报表名称
编制单位名称
编制日期
报表编号
计量单位
表体
报告式资产负债表
账户式资产负债表（我国企业）
左方为资产：按流动性大小排列
右方为负债和所有者权益：按清偿时间的先后顺序排列
列报方法
“上年年末余额”栏
“期末余额”栏
根据总账科目余额直接填列
根据几个总账科目的期末余额计算填列
根据明细科目余额计算填列
根据总账科目和明细科目分析计算填列
根据有关科目余额减去其备抵科目后的净额填列
综合运用上述方法分析填列

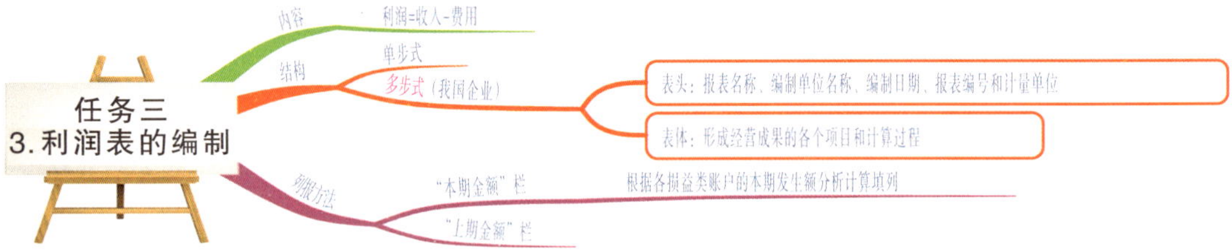
任务三
3. 利润表的编制
内容
利润=收入-费用
结构
单步式
多步式（我国企业）
表头：报表名称、编制单位名称、编制日期、报表编号和计量单位
表体：形成经营成果的各个项目和计算过程
列报方法
"本期金额"栏
根据各损益类账户的本期发生额分析计算填列
"上期金额"栏

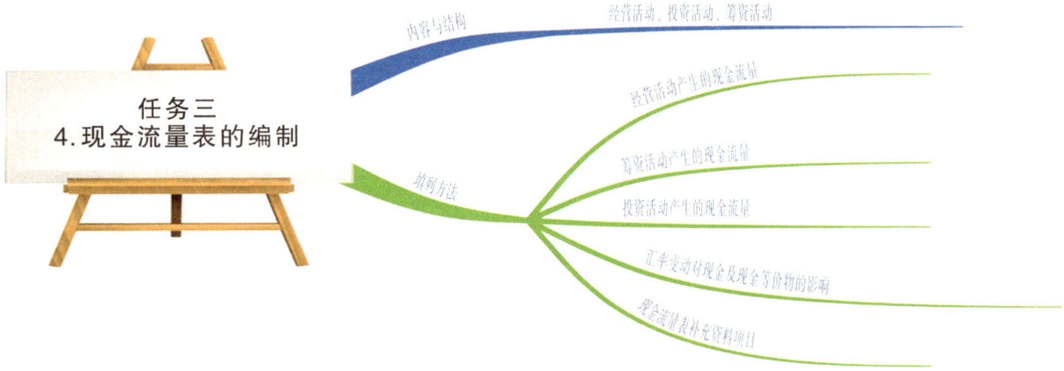
任务三
4. 现金流量表的编制
内容与结构
经营活动、投资活动、筹资活动
填列方法
经营活动产生的现金流量
筹资活动产生的现金流量
投资活动产生的现金流量
汇率变动对现金及现金等价物的影响
现金流量表补充资料项目

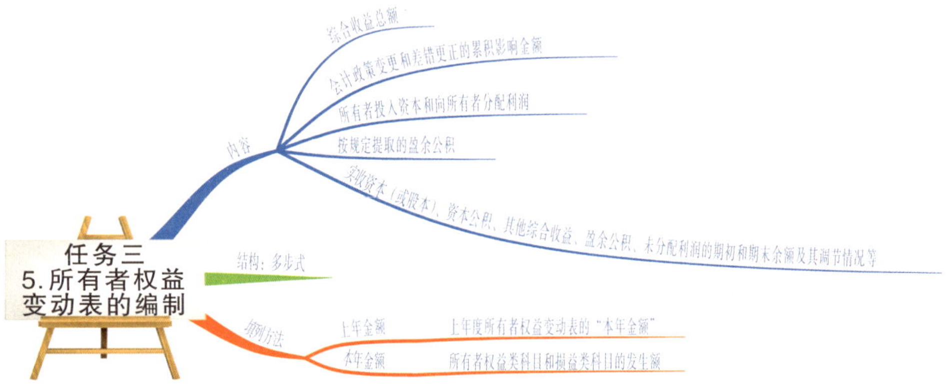
任务三
5. 所有者权益变动表的编制
内容
综合收益总额
会计政策变更和差错更正的累积影响金额
所有者投入资本和向所有者分配利润
按规定提取的盈余公积
实收资本（或股本）、资本公积、其他综合收益、盈余公积、未分配利润的期初和期末余额及其调节情况等
结构：多步式
填列方法
上年金额
上年度所有者权益变动表的"本年金额"
本年金额
所有者权益类科目和损益类科目的发生额

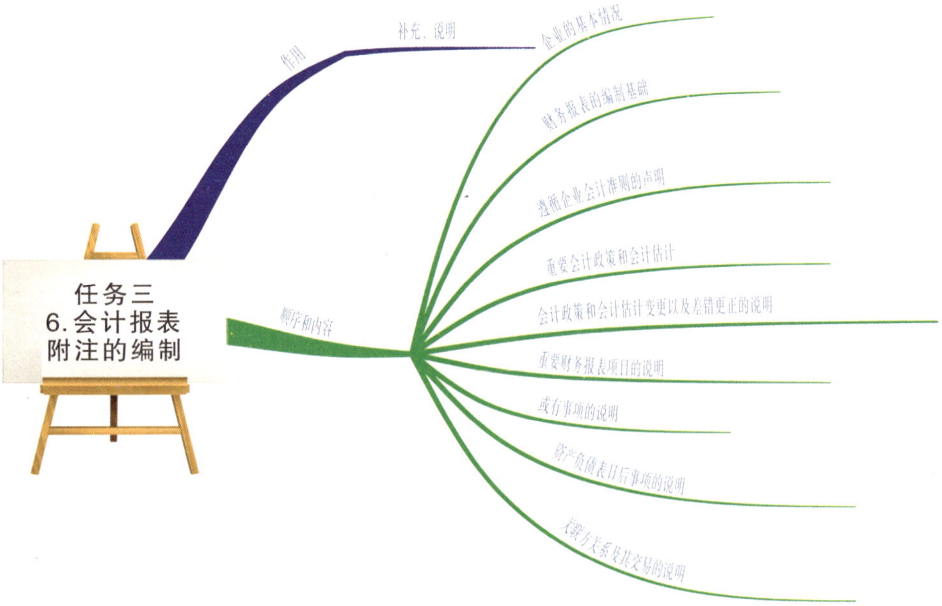
任务三
6. 会计报表附注的编制
作用
补充、说明
顺序和内容
企业的基本情况
财务报表的编制基础
遵循企业会计准则的声明
重要会计政策和会计估计
会计政策和会计估计变更以及差错更正的说明
重要财务报表项目的说明
或有事项的说明
资产负债表日后事项的说明
关联方关系及其交易的说明

本模块学习评价与反馈：小组学习总结与PPT展示

学习过程评价小组自评表

<table>
<tr><td>班　级</td><td></td><td>组　名</td><td></td><td>日　期</td><td>年　月　日</td></tr>
<tr><td>评价指标</td><td colspan="3">评价内容</td><td colspan="2">成绩评定</td></tr>
<tr><td>信息检索</td><td colspan="3">能有效利用网络、图书资源、工作手册查找有用的相关信息等；能用自己的语言有条理地去解释、表述所学知识；能将查到的信息有效地传递到工作中</td><td colspan="2"></td></tr>
<tr><td>感知工作</td><td colspan="3">熟悉工作岗位，认同工作价值；在工作中能获得满足感</td><td colspan="2"></td></tr>
<tr><td rowspan="2">参与态度</td><td colspan="3">积极主动参与工作，能吃苦耐劳，崇尚劳动光荣、技能宝贵；与教师、同学之间能够相互尊重、理解、平等相处；与教师、同学之间能够保持多向、丰富、适宜的信息交流</td><td colspan="2"></td></tr>
<tr><td colspan="3">探究式学习、自主学习不流于形式，处理好合作学习与独立思考的关系，做到有效学习；能提出有意义的问题或能发表个人见解；能按要求正确操作；能够倾听别人意见、协作共享</td><td colspan="2"></td></tr>
<tr><td>学习方法</td><td colspan="3">操作技能符合规范；能按要求正确操作；获得了进一步学习的能力</td><td colspan="2"></td></tr>
<tr><td>工作过程</td><td colspan="3">平时上课的出勤情况和每天完成工种任务情况；善于多角度分析问题，能主动发现、提出有价值的问题</td><td colspan="2"></td></tr>
<tr><td>思维态度</td><td colspan="3">能发现问题、提出问题、分析问题、解决问题、创新问题</td><td colspan="2"></td></tr>
<tr><td>自评反馈</td><td colspan="3">按时按质完成工作任务；较好地掌握了专业知识点；具有较强的信息分析能力和理解能力；具有较为全面、严谨的思维能力并能条理清楚、明晰地表达成文</td><td colspan="2"></td></tr>
<tr><td colspan="4">小组评定</td><td colspan="2"></td></tr>
<tr><td colspan="2">有益的经验和做法</td><td colspan="4"></td></tr>
<tr><td colspan="2">从其他组得到的启发</td><td colspan="4"></td></tr>
<tr><td colspan="2">总结反馈建议</td><td colspan="4"></td></tr>
</table>

教师评价表

班 级		组 名		姓 名	
出勤情况					

评价内容	评价要点	考察要点	分数	分数评定
1. 任务描述、接受任务	口述内容细节	（1）表述仪态自然、吐字清晰	2分	表述仪态不自然或吐字模糊扣1分
		（2）表达思路清晰、层次分明、准确		表达思路模糊或层次不清扣1分
2. 任务分析、分组情况	依据原始凭证分析业务，小组分工	（1）分析原始凭证关键点准确	30分	表达思路模糊或层次不清扣20分
		（2）涉及理论知识回顾完整，分组分工明确		知识不完整扣5分，分工不明确扣5分
3. 任务实施	会计工作准备	（1）记账凭证准备	5分	每漏一项扣1分
		（2）书写用具准备		没有检查扣1分
		（3）辅助用具准备		实操期间缺失扣1分
	会计工作实施	（1）正确组合原始凭证	5分	选择错误扣1分，扣完为止
		（2）查阅资料，正确填制记账凭证并完成配套整理	25分	选择错误扣1分，扣完为止
		（3）正确完成审核任务	10分	
	现场恢复	（1）工作过程中保持环境干净、整洁	5分	每漏一项扣1分，扣完为止
		（2）办公室环境恢复	5分	每违反一项扣1分，扣完为止
4. 总结	任务总结	（1）依据自评分数	5分	
		（2）依据个人总结评分报告	8分	依据总结内容是否到位酌情给分
合 计			100分	